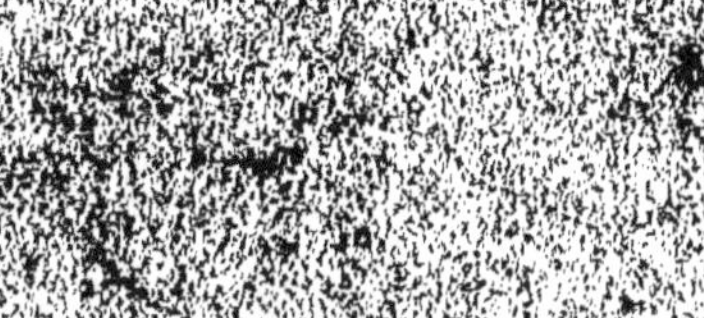

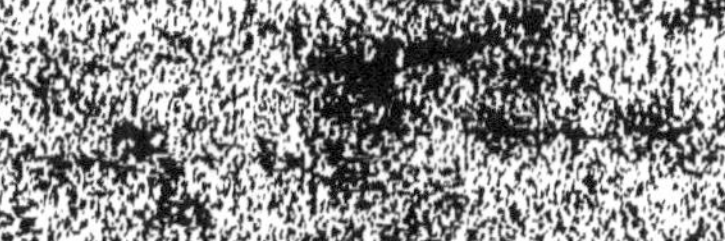

AF241067

Th. MAINAGE

des Frères Prêcheurs

Les Mouvements

de la

Jeunesse Catholique Française

AU XIXᵉ SIÈCLE

Desclée, De Brouwer et Cⁱᵉ

30, Rue Saint-Sulpice

PARIS

Librairie Desclée, De Brouwer et Cie
MAJORATION TEMPORAIRE
30 0/0 du prix marqué
*Décision du Syndicat des Editeurs
du 11 Février 1918*

Les Mouvements
de la Jeunesse Catholique Française
au XIXe Siècle

16° Ld³ 842

ACQUISITION
78-03493

DU MÊME AUTEUR

L'Heure des Âmes. Paris, Lethielleu 1912.

Introduction à la Psychologie des Convertis. Paris, Gabalda, 1912.

Mère Marie Poussepin, fondatrice des Sœurs de Charité Dominicaines, Présentation de la Sainte Vierge de Tours (1653-1744). Paris, Lethielleux, 1913. (Ouvrage couronné par l'Académie Française.)

La Psychologie de la Conversion. Leçons données à l'Institut Catholique de Paris (1914). Paris, Beauchesne, 1915.

Le Témoignage des Apostats. Leçons données à l'Institut catholique de Paris (1915-1916). Paris, Beauchesne, 1916.

Jésus-Christ. Conférences de Saint-Louis d'Antin. Paris, Roblot 1917.

Les Témoins du Renouveau catholique. Paris, Beauchesne, 1917.

Le Pape et la Paix. Paris, Desclée, 1917.

Le Caractère chrétien (brochure in-32). Paris, Roblot, 1918.

Th. MAINAGE

des Frères Prêche

Les Mouvements

de la

Jeunesse Catholique Française

AU XIXᵉ SIÈCLE

Desclée, De Brouwer et Cⁱᵉ

30, Rue Saint-Sulpice

PARIS

Cum permissu superiorum

IMPRIMATUR :

Parisiis, die 13ᵃ aprilis 1918

H. ODELIN

*Nous dédions ces pages aux jeunes gens d'aujour-
d'hui et de demain. Puissent-elles leur être utiles lorsque,
au grand soleil de la Victoire proche, la France leur
demandera d'être, plus que jamais, les ouvriers du
relèvement national et chrétien.*

Th. MAINAGE,
Rédacteur en chef à la *Revue des Jeunes* (1)

(1) Ces études ont été données, sous forme de conférences, à
l'Institut Catholique de Paris, du 21 janvier au 25 mars 1918.

I

LA JEUNESSE CATHOLIQUE
et LES GRANDS PROBLÈMES RELIGIEUX
du XIX° siècle

Presque toujours les grandes guerres ont eu ce résultat d'imprimer à la vie sociale des orientations nouvelles. Victorieuse ou vaincue, une nation n'a pas ébranlé en vain ses forces militaires. Tôt ou tard, sa destinée se trouve profondément modifiée.

Le siècle de Périclès se leva sur les champs de Marathon, de Salamines et de Platées. La puissance de Rome fut fondée sur les ruines de Carthage. L'unité française sortit, affermie, des mains de Jeanne d'Arc. L'épopée napoléonienne rayonne sur le xixe siècle. Partout l'étincellement des épées nues tranche dans le vif des idées et des mœurs.

Est-il téméraire d'annoncer au conflit actuel des conséquences moins graves ? Le monde entier est entré dans la fournaise : n'en doutons pas, une ère nouvelle a commencé.

Est-ce à dire qu'entre le passé et l'avenir, un abîme soit creusé ? Non. L'histoire ne connaît pas de ces brusques ruptures. La guerre, fût-elle mondiale, ne crée pas de toutes pièces les courants. Elle les capte, elle les accentue, elle les impose. Elle fait la trouée ; mais ce qui passe à sa suite, c'est l'âme de la nation triomphante.

Prévoir et préparer la France de demain requiert donc l'étude impartiale de la France d'aujourd'hui et d'hier. Comprendre les aspirations dont nous avons vécu, surtout depuis un siècle : les comprendre tantôt pour les diriger et tantôt pour les combattre, voilà, si je ne me trompe, l'une des tâches les plus urgentes de l'heure actuelle.

*
* *

Mais comment s'orienter parmi ce dédale où tout, de prime abord, paraît confus, contradictoire ? Le XIXe siècle n'offre pas l'unité majestueuse du XVIIe, ni le dualisme simplifié du XVIIIe. Le XIXe siècle est multiple, il est trouble, il est déconcertant. Il est monarchique et il est républicain. Il est libre-penseur et il est splendidement catholique. Il est philosophe et il est anti-intellectuel. Il est spiritualiste et il adore la matière. Il est mystique et il est scientifique. Il est social et il pratique l'individualisme farouche. Il poursuit un rêve humanitaire, et il se clôt par un massacre épouvantable. Qui nous dira le secret de son âme mobile et, semble-t-il, insaisissable ? De ces tendances, lesquelles finiront par l'emporter ?

S'il vous plaît de le savoir, c'est aux jeunes qu'il faut le demander. Et ne croyez pas que je m'en rapporte à leur témoignage uniquement pour cette raison, banale à force d'être vraie, que les jeunes sont la promesse de l'avenir. Oui, certes, ils le sont. Il leur serait même difficile de ne pas l'être. Le poète leur dit pourquoi, d'un ton fâché et, je le crains, un peu mélancolique :

Donnez-moi vos vingt ans, si vous n'en faites rien.

Mais il s'agit de tout autre chose. Parmi les traits qui composent à notre siècle sa physionomie étrange, il en est un dont vous chercheriez en vain l'analogue aux époques antérieures : c'est la part extraordinaire que les jeunes ont prise à l'histoire de leur pays.

Toujours les jeunes ont été remuants. Les écoliers du Moyen-Age ne le cèdent guère, en ardeurs combatives, à leurs cadets modernes. Ce qu'on n'avait jamais vu, c'est que la jeunesse, sortant de son rôle habituellement plus effacé, se soit mise à la tête des plus vastes mouvements qui ont modifié les destinées de notre France. Et cela pour le bien comme pour le mal. J'en puis fournir, de suite, quelques preuves, et je n'ai que l'embarras du choix.

En 1820, une renaissance littéraire s'annonce, pleine de promesses. Les vrais chefs du romantisme ne tardent pas à s'affirmer par leur génie précoce. Victor Hugo, né en 1802, publie ses *Odes* à vingt ans, la préface de *Cromwell* à vingt-cinq. Le *Cinq-Mars* de Vigny est de 1826 ; les *Nuits* d'Alfred de Musset sont de 1835, et les auteurs de ces livres n'ont pas dépassé leur vingt-cinquième printemps. Lamartine, à peine un peu plus âgé, est ce poète que Villemain, hors de lui-même, apostrophe dans un salon : « Jeune homme, qui êtes-vous, d'où venez-vous, vous qui nous apportez de tels vers ? »

De la littérature passons à la politique. Entre 1830 et 1848, la France est convulsée par d'incessantes secousses révolutionnaires. Quels sont les principaux fauteurs de ce désordre ? Des jeunes ou, plus exactement, ce qu'on nomme alors, avec une crainte révérentielle « la Jeunesse des Ecoles ». Et la Jeunesse des Ecoles, dans une large mesure, a fait la Révolution de 1830, comme elle fera, en 1831, le sac de l'Archevêché et de Saint-Germain-l'Auxerrois. Adulée par le peuple, courtisée par les ministres, qualifiée par Louis-Philippe de « glorieuse jeunesse », elle se hausse au rang d'un pouvoir public. On traite avec elle. Elle est, à son gré, l'arbitre de la paix ou de la guerre civile. Matée par l'énergique résistance de Casimir-Périer, elle devient l'âme des sociétés secrètes et, avec le socialisme qu'elle dirige, elle prépare l'effondrement de la Monarchie de Juillet.

En face d'elle, une autre jeunesse se lève, dont je rappellerai plus tard les magnifiques conquêtes. Il n'est pas téméraire de supposer que le catholicisme français n'eût pas été tout à fait ce qu'il a été et ce qu'il est maintenant, s'il n'eût rencontré, pour l'imposer au respect des pouvoirs publics et à la sympathie des classes populaires, de jeunes hommes tels que Charles de Montalembert et Frédéric Ozanam.

A l'autre bout du siècle, la même action heureuse ou néfaste s'exerce avec une efficacité égale. La jeunesse de 1880 porte sur ses épaules le lourd fardeau du désastre de 1870. Elle plie sous le faix, et son pessimisme communique à la littérature, à la vie politique et à la vie sociale sa note découragée. Mais voici que de partout, au ciel de l'idéal, surgissent l'un après l'autre des astres lumineux. Ils entraînent dans leur orbite une élite de jeunes et lui inspirent la volonté de ressusciter et de vivre. Je cite presque au hasard : Albert de Mun, de Roquefeuil, Goyau, Sangnier, Claudel, Péguy, Psichari... Et ce sont ces jeunes — ils étaient jeunes alors — qui ont fait germer la génération dont, à l'heure présente, la France attend son salut.

Le xixe siècle est le siècle des jeunes. Il l'est, en quelque sorte, par la force inéluctable des circonstances.

De dix-huit à vingt-cinq ans, le jeune homme sent s'éveiller en lui le besoin d'agir et de se dépenser. Il aborde la vie avec une confiance superbe que nulle déception profonde n'a encore ébranlée. Il est neuf, et la nouveauté l'attire. Il est impatient de briser ses lisières et il est sensible aux brises qui caressent son désir d'indépendance. Jadis, une société solidement charpentée canalisait rapidement ces ardeurs juvéniles. En tout cas, elle les contenait sous la triple autorité de la famille, de la hiérarchie sociale et

de la tradition. Mais 1789 a jeté par terre l'édifice
de la Vieille France. Il a aboli les institutions,
nivelé les classes, lancé sur l'océan houleux des
appétits déchaînés l'unique mot d'ordre des
reconstructions futures : liberté sans mesure et
sans frein. Est-il événement, plus que celui-là,
complice des instincts vivaces de la jeunesse? On
lui a rompu ses digues. Elle aspire à pleins pou-
mons les souffles du large. Devant elle se déploie,
à perte de vue, l'immensité des problèmes à
résoudre. A l'âge où l'on ne doute de rien et où
l'on brûle de se donner, — dans un milieu sillonné
tour à tour de lueurs d'incendie et de lueurs
d'apothéose, comment voulez-vous qu'elle eût été
la seule à ne pas frémir, la seule à ne pas
s'émanciper? A l'origine de nos mouvements de
jeunesse, vous découvrirez, comme sur beaucoup
d'autres domaines, l'événement énorme qui
domine notre histoire depuis cent trente années :
la Révolution française, dont ceux-là mêmes su-
bissent l'influence, qui réagissent le plus efficace-
ment contre elle. Voilà pourquoi le xixe siècle est
le siècle des jeunes. Il a créé l'ambiance propice
à l'épanouissement des tendances propres à la
jeunesse : la spontanéité et l'enthousiasme,
l'attrait de l'inconnu, le goût des grandes entreprises.

Qu'en définitive le fait soit ou non regrettable,
ce n'est pas le moment d'en discuter ; mais le fait
existe, nous ne pouvons empêcher qu'il ait existé.
Point davantage nous n'empêcherons qu'il soit
durable. Le xxe siècle recueillera l'héritage de son

aîné. A l'avant-garde des ouvriers de l'avenir, les jeunes donneront en première ligne. Leurs convictions, leurs vouloirs engagent les lendemains de la guerre. Je disais tout à l'heure que les conflits armés ouvrent des trouées par où passe l'âme des nations victorieuses. Je précise. Demain, c'est l'âme des jeunes — cette âme habituée par un siècle de luttes à prendre position dans les problèmes les plus graves — qui passera par la brèche de gloire.

Et parce que, en histoire, tout se tient ; parce que, aussi, l'expérience du passé peut être d'un grand secours aux initiatives de l'avenir, il m'a semblé qu'une étude d'ensemble sur les mouvements de la jeunesse française au xixᵉ siècle ne serait pas dépourvue d'intérêt pratique. Comment je conçois cette étude, permettez-moi de vous l'exposer brièvement.

*
* *

Retracer avec détail et selon toutes les rigueurs de la méthode historique, les annales de la Jeunesse française au xixᵉ siècle déborde, même matériellement, le cadre de ces conférences. Le domaine à explorer est d'une richesse incomparable. Plusieurs volumes n'y suffiraient pas. Je souhaite simplement que cette œuvre tente un jour la plume de quelque jeune écrivain et je salue d'avance le talent qui mènerait à terme une tâche de cette envergure. Mon but est plus modeste. Il est surtout pratique. Ma préoccupation principale est de recueillir les enseignements qui se dégagent de l'intervention des jeunes dans la vie du pays. Elle entraîne, touchant la manière de traiter le sujet, plusieurs conséquences sur lesquelles il me paraît nécessaire d'insister.

En premier lieu, ce ne sont pas les individualités qui occupent le premier plan de notre perspective. Ce sont les mouvements collectifs. Je sais, pour l'avoir expérimenté avec tout le monde, l'intérêt de ces biographies qui font revivre sous nos yeux la figure attachante des jeunes d'autrefois et d'aujourd'hui. Je n'ignore point non plus qu'un mouvement doit souvent beaucoup à la valeur personnelle de ses initiateurs. Qu'eûssent été, par exemple, les *Conférences de Saint-Vincent de Paul* sans Ozanam? Les *Cercles catholiques d'ouvriers* sans de Mun et la Tour du Pin? Le *Sillon* sans Marc Sangnier? L'*Amitié de France* sans Georges Dumesnil? Il reste néanmoins que la personnalité la plus marquée s'identifie avec le courant qu'elle a déterminé. Ce courant, à son tour, tient à des causes très profondes qui dépassent l'influence des individus. Un homme, mû par la sainte passion du bien, décide de se vouer au salut de sa patrie. Il regarde autour de lui. Il discerne les besoins de l'heure et conçoit le noble dessein d'y pourvoir. Il s'ébranle; il cherche des recrues; il en trouve. Il crée l'œuvre opportune et lui consacre son intelligence, son cœur, toute son âme. En réalité, qu'est-il, sinon le premier serviteur d'une idée, d'une cause supérieures à lui? Et c'est l'idée, la cause qui comptent, et non pas lui. C'est l'idée, la cause qui groupent et ciment la masse humaine ralliée à son appel. C'est l'idée, la cause qui impriment au mouvement un cachet distinctif, un caractère spécial.

L'histoire des jeunes au xixᵉ siècle souligne cette vérité d'un trait singulièrement expressif. Les plus belles initiatives ont eu des commencements très humbles. Leurs promoteurs ont parfois ignoré la force et la fécondité des idées qu'ils lançaient. Si l'on eût dit aux sept jeunes gens qui fondèrent les Conférences de Saint-Vincent de Paul qu'après quatre-vingts ans leur association compterait cent quarante mille membres répandus dans le monde entier, leur humilité en eût été certainement effarouchée. Et si l'on eût appris aux dix-sept jeunes qui, aux environs de 1889, jetèrent bravement les bases du syndicat des Petits-Carreaux, qu'ils avaient réinventé la formule idéale de l'organisation professionnelle, ils en eussent été fort surpris. Mais l'idée était féconde. Elle avait une portée quasi-universelle. Elle était soutenue par le dévouement commun : elle a fini par triompher.

Remonter aux origines des divers mouvements de jeunesse ; rechercher, pour chacun d'entre eux, l'idée génératrice ; suivre cette idée, noter ses progrès, ses reculs, son expansion, observer ses vicissitudes, les oppositions qu'elle a rencontrées, les échecs — il y en eut — qu'elle a essuyés, les succès qu'elle a remportés, porter enfin sur l'ensemble une appréciation objective, voilà notre méthode. Aucune autre ne nous révélerait plus sûrement le passé des jeunes et ne nous conduirait à des conclusions plus solidement établies.

En second lieu nous adoptons, pour ordonner nos matériaux, le point de vue catholique. Au cours du dernier siècle, de vrais mouvements de jeunesse se sont produits en dehors de l'Eglise. Nous perdrions, à nous y attarder, un temps précieux. Parlons net. Le Christ est-il la pierre d'angle où la France doit bâtir si elle veut survivre aux immenses sacrifices imposés par le conflit mondial? Croyons-nous que la formation d'une jeunesse catholique est, à l'heure actuelle, l'œuvre des œuvres et le gage des restaurations futures? Si nous avons cette foi, il ne peut plus être question de nous disperser sur des objets multiples et dissonnants. D'instinct, nous nous tournons vers la jeunesse catholique : qu'a-t-elle essayé pour renouveler l'idée chrétienne au sein d'une société bouleversée jusqu'en ses fondements, laïcisée à outrance, désorbitée de son axe séculaire? Voilà notre souci.

S'en suit-il que nous prononçons l'exclusive contre tout mouvement qui ne serait pas sorti du catholicisme? Nullement. Presque tous nos courants de jeunesse ont été — n'en soyez pas scandalisés — réactionnaires. Réactionnaires, non pas au sens mesquin, étroit des « mangeurs de prêtres ». Mais réactionnaires en ce sens que nos jeunes gens se sont groupés ou bien parce qu'ils éprouvaient le besoin de défendre leurs convictions; — ou parce qu'ils voulaient mettre au cran d'arrêt les utopies qui convoyaient la France aux abîmes ; — ou encore parce qu'ils entendaient assimiler — en la christianisant — l'âme de vérité qu'ils découvraient chez leurs adversaires. En ce sens, je le répète, ils ont été réactionnaires. Mais en ce sens, le soldat qui fait de sa poitrine un rempart contre l'invasion, est aussi un réactionnaire. En ce sens, tout homme qui juge au nom de principes arrêtés, est également un réactionnaire. Or comment saisir la portée, l'orientation d'un mouvement, si l'on ignore d'où lui est venu le choc libérateur ?

Et puis, ne l'oublions pas, il y a eu des courants, commencés à cent lieues de l'Eglise, qui se sont peu à peu dirigés vers elle, et ont fini par s'engouffrer sous le portail du sanctuaire. Les plus récentes générations ont franchi une longue étape. Elles reviennent de loin. Elles sont venues de Renan à Jésus-Christ. La distance est appréciable. Raison nouvelle d'élargir les cadres, afin de situer exactement les points de repère de la marche et les mobiles du retour.

Le catholicisme est donc notre centre de ralliement et d'irradiation. Quant à fixer les limites du cercle, je m'y refuse absolument. Nous irons partout où la jeunesse nous conduira. Et Dieu sait où elle n'est pas allée. Et nous reviendrons avec elle, semblables au moissonneur biblique : les bras chargés de notre gerbe d'or.

Mais, au fait, qu'entendons-nous par « mouvements de jeunes » ? La question est délicate, voire même un peu subtile. Je ne puis la négliger sous peine d'encourir le reproche d'avoir péché par défaut de clarté. Tout en observant que la vie réelle se moque agréablement de nos tableaux synoptiques, je risque une classification.

Il y a les *Œuvres de jeunesse* : ainsi, par exemple, les Patronages, les Cercles d'études. Ici les jeunes sont plutôt passifs. On s'occupe d'eux. On les rassemble pour achever leur éducation chrétienne.

Il y a des groupes qui n'ont pas été fondés par des jeunes mais auxquels les jeunes ont fourni un appoint fort appréciable. Ainsi, par exemple, *l'Action française*. Ici la jeunesse catholique est active ; mais elle n'est point chez elle. Elle alimente de ses recrues une armée plus vaste où fraternisent les vétérans et les conscrits.

Et il y a, enfin, des mouvements dont les jeunes ont été les promoteurs ou du moins les principaux initiateurs. Ce correctif est indispensable. A l'origine de ces courants on constate, en effet, presque toujours, l'influence d'hommes mûrs, laïques ou prêtres. Ainsi, la rédaction de *l'Avenir* que domine le génie inquiet de Lamennais. Les deux cas les plus représentatifs de ce genre seraient peut-être *les Conférences de Saint-Vincent de Paul*, au début, et *le Sillon*. Ici, la pensée, l'élan initial sont bien la propriété des jeunes. La direction des aînés ne s'y manifeste que d'une manière discrète, effacée. Elle conseille, soutient, encourage. Elle reste extérieure. Elle ne gouverne pas.

Il va de soi que cette dernière catégorie nous

intéresse plus que les autres. C'est là que nous saisissons sur le vif l'activité spontanée des jeunes gens. Si toutefois ces mouvements ont englobé les formes d'action appliquées ailleurs ; s'ils ont pratiqué le touchant apostolat des jeunes par les jeunes, s'ils ont modifié, par leur intervention, un courant qu'ils n'avaient pas créé, nous serons trop heureux de le dire. Lacordaire et Montalembert n'ont pas été les seuls à s'improviser maîtres d'école. Et Joseph Lotte nous apprendrait comment on réinstalle le catholicisme dans l'Université.

Je résume. Notre étude, subordonnée à un but pratique, embrasse les mouvements, c'est-à-dire les initiatives collectives de ces groupes de jeunes, qui, au xix° siècle, ont travaillé à répandre et à développer, dans notre pays, la vie du catholicisme. Ainsi délimitée, la tâche est encore vaste. Vous en jugerez par la vue d'ensemble que je vais vous soumettre. Elle servira de préface et de fil conducteur à notre enquête.

*
* *

Le xix° siècle, avec sa complexité déroutante, évolue autour de trois grands problèmes : un problème politique, un problème social, un problème religieux. Historiquement, ces trois problèmes sont distincts, bien que tous se rattachent à la même source : la Révolution française qui, nous l'avons déjà vu, donne à la jeunesse son acte d'émancipation.

Les hommes de 89 ont posé le problème poli-

tique en abolissant la Royauté et en substituant
au régime monarchique la souveraineté du peuple, la Démocratie. Ils ont posé le problème
social en proclamant l'égalité des citoyens
devant la loi. Par eux, les associations professionnelles de la vieille France se sont dispersées
dans la poussière de l'individualisme. Ils ont
posé le problème religieux en dressant leurs
autels au déisme de Jean-Jacques Rousseau,
mâtiné du rationalisme voltairien.

Mais ce n'est pas en un jour que ces idées nouvelles ont révélé leurs conséquences extrêmes.
Lentement leurs virtualités se sont dégagées. Lentement leurs ondulations se sont amplifiées. Elles
ont tout d'abord enfanté un état de malaise, d'ins-
tabilité sous-jacent, depuis un siècle, aux manifestations de la vie nationale. Puis, coup sur coup,
des événements inattendus se sont produits. Tom-
bant sur ce brasier où couvait la révolte, ils ont
déchaîné, avec une logique implacable, les conséquences des principes révolutionnaires.

Le rêve napoléonien s'effondre à Waterloo. Les
Bourbons remontent sur le trône de leurs pères.
La crise politique se noue. Ne demandez pas à
ces rois revenus d'exil s'ils ont bien gouverné,
s'ils ont commis des fautes, et si leurs fautes ont
hâté leur chute. La vraie question n'est pas là.
En réalité, la Restauration est une avancée, un
promontoire d'Ancien Régime sur l'océan démocratique. Il s'agit de savoir, dès ce moment, qui
l'emportera, du gouvernement d'un seul, ou de
la souveraineté de tous. La monarchie constitu-

tionnelle est un premier pas sur le plan incliné des concessions. Charles X l'oublie, il est balayé par la vague furieuse. Louis-Philippe est porté au pouvoir sur les bras de l'émeute. Il est le prisonnier du peuple. Il en sera la victime. Napoléon III tente de ressaisir, par surprise, le sceptre de fer du vainqueur d'Austerlitz. Il est débordé. L'Empire libéral introduit la Commune et le régime actuel. De plus en plus la poussée démocratique s'est exercée, sourde, implacable. Et ce que les hommes de 1830 n'avaient pas osé ; ce que les meneurs de 1848 avaient à peine ébauché, est maintenant un fait accompli. La république s'est fondée sur la base incohérente du suffrage numérique. Elle n'a pas, nous le savons, l'adhésion cordiale de tous les français. Si bien qu'aujourd'hui encore nous percevons en nous-mêmes le tressaillement lointain et affaibli des générations qui, au cours du siècle, sont entrées dans le sillage révolutionnaire ou ont essayé d'échapper à son emprise, mais qui, toutes, ont posé le problème politique sous ce dilemme : monarchie ou démocratie. Le conflit date de 1815. L'Empire en avait simplement retardé l'avènement.

Il était en route lorsque, aux environs de 1840, éclate la seconde crise : la crise sociale. Elle éclate, et cela suppose que, depuis longtemps, l'âme tourmentée du peuple en préparait l'explosion. Elle eut pu, tout aussi bien, se déclarer vingt ou trente ans plus tôt. Si en effet tous les hommes sont égaux devant la société, l'ordre existant est une anomalie monstrueuse, puisqu'il

repose sur l'inégalité des droits et sur les sacrifices des individus au bien commun. Mais pour
réaliser les conséquences pratiques de ces idées
meurtrières, il a fallu des faits nouveaux. Il a
fallu que l'essor prodigieux de la grande industrie rassemblât autour des usines de vastes agglo-
mérations ouvrières. Il a fallu que les industriels
appliquassent, les premiers, au domaine de la
production les principes de l'individualisme, entendez la libre concurrence et la notion du travail, valeur marchande et vénale. Il a fallu que
tout conspirât pour exaspérer les convoitises des
prolétaires : le malheur des temps, l'insouciance
d'une bourgeoisie nantie, l'habileté des politiciens démagogues, la folie des utopistes et l'imprudence coupable des littérateurs. De 1830 à
1839 le fossé s'agrandit entre les classes dirigeantes et les classes laborieuses. Et dans ce
fossé roulent, pêle-mêle, les déclamations des
romantiques, les romans de George Sand et de
Balzac, le théâtre de Dumas, les agissements des
sociétés secrètes, les programmes excitants des
réformateurs. A ces appels d'en haut, répondent
d'en bas, les grondements sourds du volcan
proche de l'éruption. Dans les usines, la fermen-
tation est telle que ceux qui la voient en sont
épouvantés. Le rythme des marteaux scande des
chansons horribles. A la lueur fauve des foyers,
on dévore les discours de Marat, de Robespierre
et les feuilletons d'Eugéne Süe. De ci, de là, des
fumerolles fusent et dénoncent l'incendie souter-
rain. En 1830 le peuple-roi meurt de faim et les

ouvriers parcourent par milliers les rues de la capitale en demandant du travail et du pain. En 1831, la grève est maîtresse de Lyon : quatre-vingt mille ouvriers chôment et le drapeau noir flotte sur la cité. Les années suivantes d'autres grèves éclatent simultanément sur plusieurs points de la France.

Et pourtant, jusqu'en 1840, l'agitation prolétarienne est demeurée, dans l'ensemble, pacifique. Le parti républicain n'a pu l'entraîner. A partir de cette date, le mouvement change d'aspect. C'est que, depuis un certain nombre d'années, une doctrine est en l'air. Elle s'appelle le socialisme d'Etat. Puisque tous les hommes sont égaux, n'est-il pas souhaitable que les inégalités sociales disparaissent et que chacun reçoive, à brève échéance, sa part égale de bonheur terrestre ? Supprimer les classes, installer au-dessus des appétits soigneusement nivelés, un gigantesque pourvoyeur de jouissances, voilà l'idéal. L'Etat sera tout à la fois rouleau compresseur et père nourricier. Or, c'est en 1840 que la doctrine se condense en formules de plus en plus nettes. En 1840, Cabet publie son *Voyage en Icarie*, Louis Blanc, son *Organisation du travail* et Proudhon son *Mémoire sur la propriété*. Et ces livres, ardemment lus, professent, avec quelques nuances, le Socialisme d'Etat. Mais si l'Etat est le messie attendu, pourquoi ne hâterait-on point sa venue ? Et comment ? Par la guerre sociale. Louis Blanc déclare que la révolution est l'unique chemin qui conduit à la Cité future. Et c'est encore en cette même année 1840 que, le 16 mai, Arago tendant la main aux socialistes, du haut de la tribune de la Chambre, présente le suffrage universel et l'organisation du travail comme les préliminaires de la réforme sociale. A partir de ce moment, on peut dire qu'il existe une question sociale. Il a fallu, pour s'apercevoir qu'il y en avait une, que le socialisme dressât sur la France sa menace de mort. Et cette menace continue de planer sur elle.

Sur la crête de ces deux vagues moutonneuses, la vague démocratique et la vague socialiste, une troisième lame monte, déferle et s'abat sur tout le reste, c'est la vague antireligieuse. Qu'il y ait eu, au siècle dernier, un problème religieux, cela est évident. Mais il nous importe de noter, une fois encore, le moment où ce problème apparaît doué, si l'on peut dire, de son existence propre. Notation malaisée. Est-il contestable que le courant démocratique, issu de la Révolution, ne garde de ses origines une forte dose d'hostilité contre le catholicisme? Interrogez plutôt les libéraux de la Restauration et les républicains du règne de Louis-Philippe. Il est également certain que le socialisme s'est mis, du premier coup, en rupture de ban avec les religions. Proudhon a pu exagérer, il n'a pas trahi l'esprit du mouvement lorsqu'il a proféré son célèbre blasphème : « Dieu, c'est le mal ». Sur le terrain philosophique, l'éclectisme officiel de Victor Cousin et la douloureuse incertitude de Jouffroy ne sont point de nature à rassurer l'Eglise, pas plus

d'ailleurs, sur le terrain pratique, que le scepticisme voltairien des bourgeois et l'impiété précoce des lycéens. Mais alors, le doute, l'incrédulité, l'indifférence constituent un état généralisé,
diffus à travers le corps social. Aucune situation
ne se prête davantage à l'éclosion d'un mal spé-
cifique. Un organisme anémié contracte et développe, au hasard des rencontres, n'importe quel
germe morbide. Or c'est aux environs de 1860
que le mal se localise et qu'il prend forme.

De mémorables découvertes ont marqué la
première partie du siècle. Par la simple analyse
des faits, l'homme se sent capable de s'élever
jusqu'à la connaissance des lois qui régissent
l'Univers, et d'arracher à la nature son secret.
De là à conclure que la Science est l'instrument
unique et le terme du Progrès, il n'y a qu'un pas.
Et le pas est vite franchi. En 1824, avec une
tranquille assurance, Auguste Comte a formulé
la loi des Trois Etats. La civilisation, d'après lui,
traverse trois moments. L'âge théologique, qui
est celui des religions : l'ignorance des causes
scientifiques des phénomènes suggère à l'homme
de forger des dieux à son image. L'âge métaphysique : les divinités se vident de leur contenu
et se muent en des abstractions qui ne sont rien
que des fétiches démarqués. L'âge positif : armé
de ses puissantes méthodes d'investigation,
l'homme substitue aux concepts irréels les lois
dégagées de la série hiérarchisée des faits. Et
par conséquent, métaphysique et religion sont
appelées à disparaître fatalement, comme les

vestiges d'une période de barbarie. Telle est, sous sa forme fruste, l'idée dominante de toute la crise religieuse du xixᵉ siècle. Elle ne s'impose pas d'emblée. Mais il faut croire qu'elle aussi flotte dans l'atmosphère, puisque plusieurs penseurs, à l'insu les uns des autres, l'inventent et l'expriment en termes équivalents. En 1848, Renan écrit d'un seul jet son *Avenir de la Science*, et cet ouvrage qu'il publiera seulement en 1892, renferme la substance de son œuvre néfaste qui mène, dans un char couvert de fleurs, la religion à son tombeau. En 1856, Taine édite ses *Philosophes classiques*, et son livre contient l'exposé de tout son système : le système des « petits faits » à l'aide de quoi l'on se flatte de construire un art nouveau, une morale, une politique nouvelles.

Et nous voici au point critique, à l'un de ces tournants d'histoire qui décident l'orientation intellectuelle d'une époque. En 1859, Herbert Spencer inaugure la formidable entreprise des *Principes*. En 1859, Darwin lance, à grand fracas, l'*Évolution des Espèces*. L'*Histoire de la littérature anglaise*, de Taine, est de 1862. La *Vie de Jésus*, par Renan, est de 1863. Et que ressort-il de l'ensemble de ces ouvrages qui semblent s'être donné le mot pour tenir en haleine la curiosité inquiète et la foi chancelante des esprits cultivés ? Laissez tomber les différences qui tiennent au tempérament de chaque écrivain ou aux domaines explorés, vous retrouverez la même idée dont la philosophie d'Auguste Comte avait été la première phosphorescence : l'opposition absolue de la Science à la Religion et à la Métaphysique. Et vous conclurez avec sagesse que cette opposition est arbitraire, puisqu'elle procède d'une conception du progrès humain qui n'est rien moins que scientifique. En réalité, le Scientisme s'est trouvé, à point nommé, pour capter l'irréligiosité du siècle. Il faudra plus de quarante années pour percer la nuée de ses sophismes.

Le cycle des grands problèmes est clos. Chacun d'eux, pris à part, est embrouillé. Chacun ajoute à l'autre un surcroît d'obscurité. Le Scientisme prête au Socialisme des arguments qui prétendent le justifier. Le Socialisme exploite à son profit l'évolution démocratique. Est-il téméraire d'affirmer que jamais siècle n'a entretenu plus d'équivoques, semé plus de vent et récolté plus de tempêtes que celui dont le lourd passif demeure entre nos mains?

*
* *

L'Eglise catholique ne peut rester étrangère à ce triple courant. Coûte que coûte, elle est obligée de prendre position en face de lui.

En politique, la monarchie mourante est aux prises avec les revendications jalouses de la souveraineté populaire. De quel côté l'Eglise se rangera-t-elle ? Soutiendra-t-elle les trônes qui s'effondrent? Prendra-t-elle parti pour le peuple? Si, comme le lui enjoindra brutalement Lamennais, elle rompt avec la Royauté, elle déchire un pacte séculaire et elle s'attire le reproche d'encourager la Révolution. Maintient-elle ce pacte ? Le peuple irrité enveloppe dans la même haine le trône et l'autel, et il couvre de faciles prétextes les pires mesures de persécution. L'Eglise et la Démocratie! Sujet brûlant qui remonte beaucoup plus haut que le toast du cardinal Lavigerie et la lettre de Léon XIII sur le ralliement.

Le problème social s'impose davantage encore à l'attention du catholicisme. La fourmillante armée des prolétaires se plaint. Elle souffre. Elle crie sa misère. Et ce serait déjà un motif suffisant de se pencher sur elle avec amour. Ah! s'il ne s'agissait que de promouvoir en sa faveur un vaste élan de générosité matérielle ! Mais non. L'ouvrier réclame quelque chose de plus. De l'aumône, il n'en veut pas, il la juge avilissante. La justice ! il exige la justice ! Qu'y a-t-il donc de légitime au fond de ces clameurs passionnées ? L'Eglise ne recule pas devant cette enquête. Après tout, qui sait si les détenteurs du capital n'abusent pas de leur puissance pour opprimer les travailleurs ? La tentation est facile, lorsque la liberté ne subit plus aucun contrôle. Mais d'autre part l'Eglise n'ignore pas que si l'ouvrier rêve de renverser l'ordre social, c'est parce qu'on lui a arraché l'espoir des compensations éternelles, et qu'on a allumé dans son cœur la soif des jouissances immédiates. Elle sait bien aussi que l'égalité inscrite aux *Droits de l'homme* est une utopie malfaisante et que la fraternité laïque et sans Dieu est le parfum d'un vase brisé.

Entre le patron, oublieux de ses devoirs et l'ouvrier, berné de chimères, comment exercer l'arbitrage ?

A plus forte raison, l'Eglise ne saurait traiter à la légère les négations radicales du Scientisme. Il y va de son existence. Le Scientisme conteste au Christianisme le caractère divin, surnaturel de ses origines, de ses dogmes, de son autorité ; les fondements naturels ou rationnels de la foi, la théorie de la certitude, la force probante du miracle, l'authenticité des Ecritures : tout cela est battu en brèche, et c'est tout cela qu'il faut défendre. Que dis-je ! Ce ne sont plus ni les croyances, ni le choix entre les divers cultes que l'on discute : c'est la valeur du sentiment et du besoin religieux qui est remise en question.

Retenir les fidèles sur la pente glissante de l'agnosticisme est une tâche relativement facile. Mais comment persuader aux adversaires de la foi qu'ils se trompent ? L'apologiste n'est-il pas suspect à leurs yeux puisqu'il sait d'avance et qu'il *veut* la conclusion de ses raisonnements ? Ce préjugé menace d'éterniser le débat. Forcera-t-on jamais la citadelle où le Scientisme se retranche à l'abri des fins de non-recevoir ombrageuses et méprisantes ?

L'Eglise a donc suivi, sur tous les chemins où elle s'engageait, l'âme aventureuse de notre temps. Et ceux qui lui reprochent amèrement d'ignorer le XIXe siècle, prouvent simplement, ou qu'ils n'ont pas lu l'histoire, ou qu'ils ignorent ce qu'est l'Eglise catholique.

Oui, l'Eglise a fait de la politique, à sa manière, c'est-à-dire au-dessus des partis, n'affichant, en principe, aucune préférence pour tel régime déterminé, mais attentive à respecter les droits consacrés par les siècles et les prescriptions que des faits majeurs imposaient à ces droits.

L'Eglise s'est mêlée au mouvement social. Elle a tiré de l'Evangile un programme d'enseignement et d'action dont l'Encyclique *Rerum Novarum* tracera les grandes lignes avec une incomparable fermeté.

L'Eglise s'est élevée énergiquement contre les prétentions de la fausse science, de la science frelatée d'*a priori* philosophiques. Pour couvrir les croyants elle a mis en ligne la multitude de ses théologiens, de ses apologistes, de ses exégètes. Quant aux adversaires, elle a eu la surprise de voir se dessiner, parmi eux, en dehors de toute apologétique, un mouvement de retour à la foi. L'idole du Scientisme s'est écroulée sous les coups de ses plus fervents adorateurs. Nous assistons aux derniers râles de son agonie.

*
**

En esquissant cet aperçu des grands problèmes religieux — car vous comprenez maintenant que tous sont en rapport avec la religion — je n'ai point perdu de vue le sujet de nos études. Je viens, au contraire, d'établir la trame où s'insèreront l'un après l'autre les mouvements de la Jeunesse catholique française au xix° siècle.

Il me reste à désigner, pour chacun d'entre eux,
le point d'insertion.

De 1800 à 1830, notre jeunesse est surtout
représentée par un groupe d'élite, auquel l'anticléricalisme d'alors fit une célébrité imméritée :
la *Congrégation* du P. Delpuits. Ce n'est certes
point là une association politique. Mais les jeunes
hommes qui la composent — elle compta, d'ailleurs, des hommes mûrs, voire même des
ministres, des évêques et des cardinaux — ne
cachent nullement leurs convictions monarchi-
ques. Sacrifier l'ancien régime leur paraîtrait
une trahison. On ne leur pardonne pas d'entourer
de la même auréole la Royauté et l'Église. Leur
œuvre est emportée par l'orage qui deux ans
plus tard, renversera le trône de Charles X.

Instruite par l'expérience, la génération
de 1830 sépare nettement la cause du trône de
celle de l'autel. Louis-Philippe a accepté la
Charte et cette charte est une promesse de
liberté. Réclamer, pour les catholiques, la stricte
application du droit commun, c'est l'idée qui
inspire la politique de l'*Avenir* et du catholicisme
libéral. Implique-t-elle l'adhésion pure et
simple aux principes de la démocratie égalitaire ? Est-elle une tactique dictée par les nécessités de l'heure ou une thèse absolue qui oblige
l'Église, maîtresse de vérité, à subir les fluctua-
tions de la politique humaine ? Pour avoir
méconnu l'importance de cette distinction,
l'École menaisienne est désavouée par Rome,
mais ses jeunes disciples, trempés par l'épreuve,

respectueux des droits inaliénables de l'Eglise, conscients aussi de la situation humiliante où l'Eglise est réduite en France, entraînent les catholiques à la conquête de la liberté. Plût au ciel que les « Chartes » d'aujourd'hui permissent des campagnes semblables à celle qui aboutit en 1850 à la loi sur la liberté de l'enseignement. Autre temps, autres mœurs.

Les jeunes reprendront plus tard la question pendante de la démocratie. En attendant, leurs aînés enregistrent avec angoisse les signes avant-coureurs de la crise sociale. Ici, la courbe suivie par la jeunesse catholique est curieuse à observer. Lente d'abord, sous la monarchie de juillet, puis, à peu près stationnaire sous l'Empire, elle s'accélère à partir de 1871 et se précipite, à la fin du siècle. Ozanam, volontairement, se tient sur le seuil du problème. Mais son apostolat de charité ardente force toute une élite à prendre contact avec les misères du peuple. Et Dieu sait quelles étincelles de lumière jailliront de ce rapprochement. Avec Albert de Mun les jeunes feront un pas en avant. Ils élaboreront un vaste plan de restauration sociale, dont l'œuvre des *Cercles ouvriers* sera la première assise. Le jeune fondateur des Cercles sera le chef incontesté de notre école sociale française. Née des horreurs de la Commune, sa vocation en a entraîné une foule d'autres, et sa pensée a dirigé l'un des plus beaux mouvements que nous aurons à étudier; *l'Association catholique de la jeunesse française*. L'Encyclique de Léon XIII sur *la condition des ouvriers* achève d'ébranler l'activité des catholiques. C'est la grande époque du catholicisme social. Les jeunes y occupent une place prépondérante. Congrès sociaux, semaines sociales, organisations syndicales, secrétariats du peuple, universités populaires, cercles d'études, ils sont de tout et souvent l'honneur leur revient d'avoir innové. Au milieu de cette merveilleuse floraison d'initiatives, un groupe se détache en plein relief : le *Sillon*. Il ne ressemble pas en effet aux groupes qui l'entourent. Il a son esprit, son âme. Et cette âme généreuse, insensiblement paraît s'égarer. Pendant un siècle la pensée catholique avait combattu la fausse égalité ; elle avait instauré l'ordre, la hiérarchie des droits et des devoirs. Le *Sillon* semble prendre au rebours ce travail de réorganisation sociale. A l'entendre jusqu'au bout, la Démocratie serait ramenée à ses origines troubles, elle redeviendrait, comme au début, dangereusement égalitaire. Et que ce soit la charité chrétienne qui ait suggéré cette erreur, il y a là l'un des plus tristes malentendus de ce temps. Le *Sillon* s'est trompé, soit. Ce n'est pas une raison pour méconnaître qu'il fut, en dépit de ses illusions, un foyer de christianisme intense et d'apostolat splendide.

Par ce sens de la vie intérieure, le *Sillon* présente quelque analogie avec la génération la plus récente. Mais celle-ci est partie d'un autre point de l'horizon et ses visées sont à l'antipode des tendances sillonnistes. Elle est, en fait, le terme ultime d'un mouvement commencé vers 1880.

L'impuissance du Scientisme à tenir ses promesses, les aspirations qu'il laisse inassouvies,
l'état de décomposition morale où il précipite la
France, ont provoqué une réaction dont les
étapes successives se prolongent jusqu'à la veille
de la guerre de 1914. Et cette réaction, à laquelle
tant de personnalités et d'événements ont con-
couru, se peut caractériser d'un mot : la prédo-
minance, de plus en plus accusée, des valeurs de
vie et d'action sur les spéculations stériles. Ce
n'est pas tout de jouer avec les idées. Il faut
vivre. Or il est manifeste que l'élite française,
nourrie de Taine et de Renan, se meurt. Parmi
les valeurs vitales, la religion occupe le premier
plan. Et de toutes les religions, le catholicisme
avec ses dogmes immuables, avec sa liturgie,
avec sa discipline génératrice d'ordre, avec son
histoire intimement unie à l'histoire de la France,
est celle qui porte à son plus haut degré d'intensité la vie complète de l'homme. Donc le catholicisme est vrai. Il est la source de toute vie.
Replongez ce raisonnement dans la masse énorme
des idées et des faits en fusion depuis trente
ans. Voyez-le ensuite se condenser peu à peu
dans l'esprit d'un certain nombre de jeunes
hommes, surtout à partir de 1905; vous com-
prendrez pourquoi il est juste d'affirmer qu'il
existe une génération nouvelle. Vous compren-
drez aussi le sens de la devise que cette génération s'est choisie : mystique et réaliste. *Mystique*,
et cela veut dire qu'on entend *vivre* et non pas
uniquement « penser » ou « admirer » la foi catho-

lique. *Réaliste*, et cela veut dire que la foi vécue contient dans sa fécondité le germe de toutes les réalisations : divines et humaines, nationales et politiques, sociales et économiques, tout le champ d'action où se meut déjà le xxe siècle naissant.

Et c'est ainsi que les jeunes, entre la société qui s'épuisait en efforts gigantesques pour trouver sa voie et l'Eglise qui lui offrait son secours, ont assumé, inlassablement, la mission de faire le *trait d'union.*

Si parfois ils n'ont pas réussi, la faute n'en incombe pas à leur vouloir, mais à l'inextricable réseau où ils étaient engagés. Ne fut-ce que pour avoir osé ce qu'ils ont osé, ils mériteraient la gratitude des catholiques de France. Leur fréquent succès ajoute à ce sentiment celui d'une certitude inébranlable : on peut avoir confiance en la destinée d'un pays capable de donner encore et toujours la même moisson d'intelligence, de foi et d'héroïsme.

II

A L'OMBRE DE LA MONARCHIE

Le passant matinal qui, en 1802, traversait la rue de Grenelle-Saint-Germain à la hauteur de la rue Saint-Guillaume, pouvait observer que plusieurs jeunes gens s'arrêtaient au numéro 27 de cette dernière rue, et pénétraient dans une maison de modeste apparence. Si ce passant eût été curieux et s'il eût voulu surprendre le secret de ces rendez-vous, il eût franchi deux étages. Après avoir traversé un vestibule, il se trouvait sur le seuil d'une chambre assez vaste. En face de lui, un autel ; à sa droite et à sa gauche, des pans de bibliothèque ; dans un coin, un bureau-secrétaire ; et dans l'espace libre, le groupe animé de ces mêmes jeunes hommes dont plusieurs portaient l'uniforme de Polytechnique. Il était au cœur de cette fameuse Congrégation qui, vingt-cinq ans plus tard, essuierait l'une des plus formidables tempêtes d'opinion que la France ait connues au xixe siècle.

C'est là, en effet, dans cet humble logis, que les Congréganistes tinrent leurs réunions jusqu'au jour où, en 1814, ils émigrèrent rue du Bac, au Séminaire des Missions-Étrangères. Ils devaient toujours conserver à leur pieuse association le cadre extérieur que l'on vient de décrire. La pièce où ils s'assemblaient se voit encore aujourd'hui. Elle est simple. Mais ses murs ont entendu prononcer les plus grands noms de l'aristocratie ; ils ont vu défiler les plus illustres membres du clergé de l'Empire et de la Restauration. Par ses origines et par son but immédiat, la Congrégation est un mouvement de jeunes. A ce titre, elle intéresse l'objet de nos études. Son histoire est d'ailleurs fertile en enseignements. Comment est-elle née? Quelle fut son action? Pourquoi a-t-elle disparu? On peut éclaircir ce troisième point sans diminuer ni la beauté de l'œuvre, ni la valeur de ces hommes qui unirent la fermeté de leurs convictions religieuses à la sincérité de leurs opinions politiques.

Certains biens ne sont guère appréciés que par le vide et le besoin dont leur disparition est la cause. La renaissance catholique, aux environs de 1800, en est une preuve très frappante. Les proscriptions et les massacres de la Terreur ont pu comprimer le sentiment religieux des masses : ils ne l'ont pas aboli. Ils l'ont surtout exaspéré. On a beaucoup souffert, et « les cœurs brisés » appellent « une main divine pour les guérir ». On est las des grotesques parodies imaginées par les adorateurs de la Raison et l'on regrette les splendeurs de l'ancien culte. La présence des prêtres constitutionnels est odieuse, et l'on souhaite le rétablissement de la hiérarchie dépositaire des pouvoirs authentiques du salut. Ce malaise, cette lassitude, se muent peu à peu en une irritation déclarée. La Vendée n'a pas été seule à nourrir des Chouans. Presque tout le Midi s'est soulevé pour faire valoir son droit à rester chrétien. Sous le Consulat, l'insurrection gagne plus de trente départements. Les catholiques qui siègent au Conseil des Cinq-Cents répercutent, dans leurs discours, l'écho de la clameur universelle. Deux génies, aussi aptes l'un que l'autre à capter les tendances profondes du pays, donnent, chacun selon sa destinée, une réponse à ces revendications impérieuses : Bonaparte et Châteaubriand. Celui-ci, en décrivant la beauté du christianisme, offre à la religiosité ambiante un point d'attache où se prendre. Celui-là, persuadé que le catholicisme est une puissance dont il importe de se ménager l'appui et les services, signe le Concordat de 1801. On sait la détente produite par cet acte de politique avisée ; la joie, l'enthousiasme des foules, à Paris, en Province. De Rome, Pie VII décrit « le spectacle nouveau » que la France présente à l'Univers entier : « les temples du Très-Haut rouverts, les brebis rendues à leurs légitimes pasteurs, les sacrements de l'Eglise publiquement administrés, l'étendard de la Croix de nouveau déployé et le chef suprême de l'Eglise solennellement reconnu ». Rien de plus légitime et de plus touchant que ces explosions d'allégresse et que ces cantiques d'action de grâces.

Et pourtant, il s'en faut de beaucoup que la religion ait reconquis dans les âmes, à partir de cette époque, les positions perdues. Tout au contraire la décadence du sentiment chrétien ne cessera de s'accentuer jusqu'en 1830. Si la Révolution n'a pas réussi à extirper les germes du catholicisme, elle a ensemencé d'autres germes dont la pullulation n'est pas enrayée par les décrets impériaux. Tandis que l'on procède, péniblement, à la réorganisation du culte et de la hiérarchie, le travail de décomposition morale se poursuit sourdement. Symptôme fort alarmant : c'est la jeunesse qui en est à la fois la première victime et le signe dénonciateur.

L'enseignement primaire est tombé entre les mains de maîtres choisis au hasard, sans instruction et sans scrupules. Ces mercenaires cumulent les charges les plus incompatibles. Ils font l'école, et ils tiennent le cabaret ou la maison de jeu. Pour simplifier leur tâche, ils entassent, pêle-mêle, dans la salle de classe, les garçons et les filles. Souvent ils professent l'athéisme, presque partout l'irréligion.

Dans les lycées, le vernis chrétien dissimule à peine l'absence des convictions sincères et, plus simplement, les manifestations d'une impiété écœurante. Lamennais serait suspect d'exagération lorsqu'il qualifie les collèges de l'Etat « d'horribles repaires du vice », s'il ne citait, à l'appui de son dire, un fait qui donne à réfléchir : « On a vu trente élèves aller ensemble à la Table Sainte, garder l'hostie consacrée et par un sacrilège que les lois auraient autrefois punies, en cacheter les lettres qu'ils envoyaient à leurs parents. » Alfred de Musset parlera, lui aussi, de ces enfants qui « crachaient le pain de Dieu » et « tenaient des propos qui auraient fait frémir d'horreur les bosquets immobiles de Versailles ». Ils sont de la même espèce que ces « petits philosophés qui, interrogés gravement par leurs professeurs de quelle religion ils voulaient être, répondaient, plus gravement encore, qu'ils y réfléchiraient ». Ailleurs, les nouveaux élèves, assez osés pour affirmer leur foi, sont accueillis par les brimades de leurs camarades : on les persécute jusqu'à ce qu'ils aient consenti à une rétractation publique, attestée, hélas! par un changement de mœurs.

Le même esprit règne dans les grandes Ecoles. Sur quatre cents jeunes gens qui les fréquentent, il n'y en a pas vingt qui font leurs Pâques. Le reste, élevé sans la moindre notion religieuse, est aussi ignorant des choses de Dieu qu'instruit des sciences humaines. A Polytechnique, la licence du langage et la vulgarité d'allure sont de règle. Les maîtres s'y livrent à une propagande détestable : « Dans cette école, écrit un contemporain, l'élite de la jeunesse française, sortie à peine des horreurs de l'anarchie révolutionnaire, avait porté toute l'énergie que donnent les grandes secousses politiques, mais aussi toute l'immoralité qui accompagne d'ordinaire toutes les révolutions. Le désir de la gloire y était devenu une frénésie... l'amour de Dieu, seul moteur des grands et nobles sentiments, trouvait tous les cœurs fermés ; la France semblait placer l'espoir de son bonheur dans cette jeunesse bouillante, tandis que la religion, pleurant sur les malheurs passés, tremblait sur les suites des triomphes qui s'annonçaient. »

En assemblant les deux faces de ce dyptique : l'aspiration chrétienne, consacrée par le Concordat, et l'impiété dont l'attitude des jeunes nous révèle l'étiage, on serait tenté de crier à la contradiction. De contradiction, il n'y en a pas. Il y a seulement l'antagonisme de deux forces qui se disputent l'âme française. Et l'on voit dès lors où gît le nœud du problème à résoudre. Si la jeunesse continue, bride abattue, sa course sur les pentes de l'incrédulité, avant peu d'années la France entière sera passée à l'athéisme. La reconstitution des cadres extérieurs du culte n'opposera qu'une barrière fragile à la poussée violente des instincts. Les carapaces vides, tôt ou tard, se désagrègent, et le christianisme ne se maintient dans le monde que par la vie intérieure de ceux qui lui appartiennent. Aussi, les ennemis de l'idée catholique, sous l'Empire et sous la Restauration, se soucient peu du Concordat. Leur champ de bataille est ailleurs. Miner sourdement le terrain, pour préparer l'effondrement de l'édifice ; dissoudre les croyances et corrompre les mœurs par la diffusion effrénée des mauvais livres, et par des campagnes de calomnies, de dénigrement systématique : voilà leur tactique. A chaque instant, les évêques dénonceront le débordement de ces livres licencieux qui « infestent tous les âges et tous les rangs de la société », et cette sorte d'émulation ignoble « dans le trafic de l'innocence et du bonheur du premier âge ».

Coûte que coûte, il faut donc s'occuper de la jeunesse. Et quand je dis « coûte que coûte » ce n'est point là une expression en l'air. Pour entreprendre, sur une vaste échelle, cette forme urgente d'apostolat, des effectifs considérables devraient se mettre en ligne. Or, ces effectifs manquent. Les anciens Ordres religieux voués à l'éducation ont été dispersés. Ils se relèvent lentement de leurs ruines. D'autres se fondent, mais ils sont peu répandus. Le clergé paroissial ne suffit même pas aux besoins du ministère habituel. Il a été décimé. Il se recrute mal. De 1801 à 1815, six mille prêtres ont été ordonnés et ce chiffre représente le taux des ordinations annuelles sous l'Ancien Régime. Cent prêtres au lieu de quatorze cents : la proportion ne manque point d'éloquence. Et non seulement le clergé se recrute mal ; mais en dépit, et peut-être à cause des lois, son influence, à tous les degrés de l'enseignement universitaire, est entravée, presque paralysée. Aumôniers, professeurs, proviseurs ecclésiastiques, sentent peser sur eux la surveillance jalouse du pouvoir impérial, et les susceptibilités ombrageuses du libéralisme égalitaire. « Pas de zèle » : ce mot d'ordre les immobilise et, pour écarter un moindre mal, ils obéissent à la consigne.

Ces circonstances expliquent la rareté des œuvres de jeunesse nées en ce temps-là. L'imminence du péril réclamerait la mobilisation d'une armée de dévouements : à peine, çà et là, voit-on surgir des initiatives clairsemées. En 1799, l'abbé Allemand restaure les patronages de Marseille ; en 1800, à Annonay, l'abbé Lapierre fonde la Congrégation des Basiliens ; en 1801, à Poitiers, le P. Coudrin fonde celle des Picpuciens ; en 1804, l'abbé Liautard, à Paris, ouvre le collège Stanislas. Encore ces institutions visent-elles surtout les adolescents. Mais la jeunesse plus âgée, restera-t-elle sans guides ? C'est elle, pourtant, qui aurait le plus grand besoin d'être secourue. Parmi les jeunes gens qui fréquentent les écoles supérieures, il en est, Dieu merci, qui résistent à l'emprise de leur milieu. Ils ne se connaissent pas. Ils sont dispersés, perdus dans la masse. L'on se représente aisément la dose d'énergie dont ils doivent être munis pour ne pas céder à l'entraînement. Que faudrait-il pour les fortifier et les défendre ?. Les grouper d'abord, les organiser ensuite, et puis, avec cette élite généreuse d'éléments sains, tenter auprès des autres une action discrète, qui prolongerait celle du prêtre dans les cercles inaccessibles à son ministère direct.

Cette idée belle et féconde, un religieux se rencontra qui voulut lui donner un premier essai de réalisation : le P. Delpuits. C'est lui dont le P. Lacordaire a fait ce digne éloge : « d'autres ont acquis plus de gloire dans leurs rapports avec la jeunesse de France ; aucun ne l'a méritée davantage ». Je me permets d'ajouter que le premier directeur de la « Congrégation » a droit au pieux souvenir de toutes les générations de jeunes, car son idée a été comme le fond permanent et indestructible d'une foule d'initiatives semblables au xixᵉ siècle. La plupart de nos mouvements de jeunes procéderont de cette double inspiration : concentrer les forces vives du christianisme, — fournir au sacerdoce ses auxiliaires les plus actifs, les plus précieux. C'est l'honneur du P. Delpuits que d'avoir présenté et inauguré le rôle magnifique dévolu aux laïques dans les œuvres de notre époque.

***

Le P. Delpuits n'était plus jeune lorsqu'il jeta les bases de la congrégation. Né en 1736, jésuite à 17 ans, il était rentré dans le clergé séculier après la suppression de l'ordre en 1762. Il fut vicaire général de deux diocèses. Rentré à Paris, il se voua aux études hagiographiques et à la prédication des retraites sacerdotales. Exilé sous la révolution, il n'attendit pas la chute de Robespierre pour revenir dans la capitale, où il se fit apprécier de plus en plus par sa direction ferme et éclairée. Quelques étudiants en médecine et en droit venaient lui demander l'appui de son expérience. Au contact de ces âmes ardentes il vit tout le réconfort que leur procurerait une association pieuse.

A dire vrai, il n'innovait pas. Le passé de la

Compagnie lui fournissait un illustre précédent.
Jadis, — et ce jadis remonte à la fin du xvie siècle,
— la coutume s'était introduite, dans les nombreux
collèges dirigés par les Pères jésuites, de réunir,
à l'issue des classes, les élèves les plus appliqués.
On leur faisait entendre des lectures sérieuses et
des conseils appropriés à leur état de vie. On les
incitait à la messe quotidienne, à la confession
hebdomadaire, à la communion mensuelle, et à
la visite des malades dans les hôpitaux. Les
« congrégations de la T. S. Vierge — ce fut leur
nom, dès l'origine — eurent un plein succès et
réalisèrent un bien considérable. Elles disparurent
avec l'Ordre qui les avait établies. Lamennais
attribue à leur disparition l'affaiblissement général des pratiques religieuses, « présage trop certain de l'anéantissement de la foi ».

De ce modèle vénérable, le P. Delpuits, largement, s'inspira. Son œuvre a reçu l'empreinte
manifeste d'une institution un peu lointaine,
mais qui, sagement rajeunie, s'adapterait à des
besoins nouveaux. Les rôles, en effet, se trouvaient
renversés. Tandis que l'ancienne congrégation
filtrait, en quelque sorte, les meilleurs éléments
d'un milieu déjà chrétien, la congrégation nouvelle allait replonger un noyau de chrétiens fervents dans une masse tout imprégnée de paga-
nisme. Et ceci diffère sensiblement de cela. La
qualité des premières recrues accuse, à elle seule,
le contraste des époques. Ce ne sont point des
enfants, ni même de petits jeunes gens couvés
dans la chaude atmosphère d'un collège catho-

lique, qui répondent à l'appel du P. Delpuits. Ce sont des hommes qui savent la valeur de la foi, parce qu'ils l'ont payée au prix de luttes et d'efforts personnels.

Parmi le modeste groupe — ils étaient six — qui assista à l'assemblée de fondation, le 2 février 1801, figurent deux jeunes médecins. Ils donnent, du niveau moral de l'ensemble, une idée assez exacte. Régis Buisson, cousin du docteur Bichat, avait été aide-chirurgien aux armées de la République. Il complétait à Paris ses études médicales. Son intelligence hors ligne, sa puissance de travail imposaient autour de lui le respect de ses convictions, qu'il ne songeait pas à dissimuler. Ses camarades de l'école l'appelaient, avec une déférente ironie, *le Père des Croyants*. Charles Frain de la Villegontier, le « bon Frain », aurait pu, avec sa fortune et son nom, se faire une vie facile. Il préféra la vie difficile. Interne des hôpitaux de Rennes, il avait usé de son titre pour visiter, dangereusement, les prisons de la Terreur. La nuit, il courait à la recherche des prêtres cachés dans la lande bretonne. Il mourait en 1804, victime de son dévouement auprès des fiévreux, deux ans après que Régis Buisson aurait lui-même succombé au surmenage d'une existence écrasée de labeur.

A ce genre de recrues, le dispositif d'un règlement rédigé pour des collégiens aurait paru un peu étroit. Le P. Delpuits conserva l'esprit et transforma la lettre. Le but était maintenu. Avant tout, la Congrégation visait à développer la piété de ses adeptes, en les fortifiant « des exemples et des encouragements que l'on doit rencontrer dans une réunion de chrétiens sincères ». On était très sévère sur le choix des candidats. Pour être admis, il fallait non seulement professer la foi catholique et jouir d'une réputation intacte, mais encore témoigner d'une assiduité exemplaire au devoir religieux, et bénéficier, dans son état, « d'une sorte d'estime que la manière de s'y conduire et les habitudes connues de la vie procurent ordinairement ». Le P. Delpuits tenait particulièrement à ce dernier point. « Par nous-mêmes, aimait-il à répéter avec son aimable bonhomie, nous ne sommes rien. Mais il ne faut pas qu'on puisse dire que les chrétiens sont plus bêtes que les autres ». Exigence d'autant plus indiquée que le congréganiste devait porter bien haut, dans un entourage hostile, l'étendard de la cause catholique.

Comme autrefois, les moyens de sanctification étaient les réunions et l'exercice de la charité. Les réunions avaient lieu chaque quinzaine. Elles débutaient par de fraternelles causeries. A s'entretenir de leurs études, de leurs projets, les jeunes gens contractaient ces amitiés durables qui sont, pour les individus, des coefficients d'énergie. Au signal donné, on prenait place. On écoutait la lecture d'un chapitre de *la Vie des Saints*. Le directeur procédait ensuite à l'appel des membres, distribuait ses avis, et prononçait une courte instruction. Souvent il cédait la parole à un jeune orateur qui présentait une conférence écrite sur un sujet de morale. La messe, accompagnée du chant du *Veni creator*, de l'*Ave maris stella* et de la récitation du *Miserere*, terminait la cérémonie. Aux jours de réception, le postulant récitait une formule de consécration à la Vierge, après le *Pater* de la messe. Deux fois par an, le 2 février et le 15 août, tous renouvelaient l'acte consécrateur par la voix du président. Car la Congrégation avait sa hiérarchie : un président ou préfet, des assistants, un secrétaire, un trésorier, des lecteurs, des visiteurs. Quant aux œuvres de bienfaisance, elles durent leur orientation initiale à la situation des premiers adhérents, pour la plupart médecins. A leur suite on s'ébranla vers les hôpitaux, surtout celui de la Charité. A tour de rôle on y allait porter les lumières de la science et les consolations de la foi.

Cette organisation, on le voit, était fort simple : à quoi bon compliquer lorsqu'on cherche le royaume de Dieu et sa justice? Mais elle avait l'avantage de répondre merveilleusement à la fin que le bon P. Delpuits avait en vue : former une élite de chrétiens. Par sa sélection rigoureuse, la Congrégation conservait la pureté et la vigueur de sa sève ; par la fréquence de ses assemblées, elle prévenait les ralentissements de la ferveur commune. Enfin par l'âge et la situation de ses membres, elle inaugurait la lignée des vrais groupements de jeunesse catholique.

Telle je viens de la décrire, telle elle devait rester jusqu'en 1812. Sous cette période, elle s'accroît en nombre, mais son recrutement est assez homogène. L'Ecole de Médecine, l'Ecole de Droit, l'Ecole Polytechnique, l'Ecole des Ponts-et-Chaussées sont le champ préféré de ses conquêtes. Il y en eut de célèbres. Je cite entr'autres : Paul Emile Tesseyre et Gabriel Brutée de Rémur qui, devenus prêtres, exerceront une influence décisive sur la carrière de Lamennais ; Hyacinthe Laënnec, le chirurgien ; Charles de Forbin-Janson, auditeur au Conseil d'Etat, futur évêque de Nancy ; Augustin Cauchy, le grand mathématicien. Et tous ces jeunes prennent à cœur de remplir leur mission d'avant-garde, dans le camp où le libertinage règne en maître. Le respect humain ne les arrête guère. Ils ne détestent point les escarmouches. Souvent ils mettent les rieurs de leur côté et parfois ils embarrassent leurs professeurs. Un jour, à l'Ecole de Médecine, certain maître en physiologie ne s'avise-t-il pas, à propos des muscles de l'œil, d'adresser à la France ses félicitations, pour avoir expulsé les « capucins » et « autres moinillons ». Il s'attira ce petit épigramme de Laënnec :

> Quand sur les capucins de France,
> Je vous vois exercer, avec tant d'élégance,
> Votre anatomique gaieté,
> Cléon, je crois en vérité
> Qu'entre vos mains le dieu de l'éloquence.
> A fait le vœu de pauvreté.

Un autre jour, à Polytechnique, Andrieux, membre de l'Institut et anticlérical farouche, jugea fort intelligent de proposer à ses élèves, comme sujet de composition littéraire, Galilée et l'Inquisition. Deux congréganistes, Vuillet et Bailleul, rédigent un travail très documenté où ils prennent carrément la défense de l'illustre tribunal. Andrieux lit, se fâche, dénonce publiquement ces fanatiques qui déshonorent l'Ecole. Mais il se garde bien de faire circuler le mémoire incriminé. Mal lui en prit. Quelques jeunes gens se procurent le manuscrit, se déclarent convaincus et soulèvent toute la classe. Le pauvre Andrieux endossa l'une de ces ovations à rebours dont les polytechniciens n'ont pas encore perdu le secret. Il arriva même que le zèle des congréganistes fut couronné par de plus douces victoires. Ainsi, par exemple, Tesseyre, durant son séjour à Polytechnique, soit comme élève, soit comme répétiteur, convertit à lui seul une centaine de familles : il avait dix-huit ans.

Cette action individuelle se transformait, dans les grandes circonstances, en action collective. On ne s'imagine pas l'impression prodigieuse que provoquait l'apparition de ces centaines d'étudiants dans les grandes cérémonies religieuses. En ce temps-là, la présence d'un homme dans une église prenait les proportions d'un événement. Lorsqu'en 1804, Pie VII vint à Paris pour le sacre de l'empereur, toute la Congrégation lui rendit ses hommages à Saint Sulpice. Les journaux ne purent s'empêcher de relater ce fait inouï. Le Pape lui-même en témoigna sa surprise. On lui présentait une députation de cinq docteurs congréganistes : « Qui sont ces hommes, demanda-t-il? — Ce sont de pieux médecins. — Oh, répartit le Pape, *medicus pius, res miranda* : de pieux médecins ! c'est bien extraordinaire ». Le 10 août 1806, à Notre-Dame, eut lieu la translation de la Sainte Couronne d'Epines. Nos jeunes eurent place réservée dans la nef de la cathédrale. Et voici qu'au moment de la communion, on les vit se lever en masse et s'approcher de la Sainte-Table. Un silence ému plana sur l'assemblée. Et l'on entendit un bon vieux chanoine qui murmurait : « Mais d'où viennent-ils donc? d'où viennent-ils donc? »

Cette question, Napoléon Ier dut, à son tour, se la poser. L'idylle de 1804 se terminait, quatre ans plus tard, à Savone. Pour avoir résisté à César, Pie VII fut arraché brutalement de son trône. A tout prix, l'Empereur voulait que rien ne transpirât en France ni de l'attentat, ni de la réplique pontificale. Mais les congréganistes veillaient. Deux d'entre eux reçurent à Lyon la bulle du Saint-Père. Un troisième en apporta à Paris la copie cachée dans ses bottes. Le lendemain, la nouvelle de la captivité de Pie VII et de l'excommunication de Napoléon éclatait comme une bombe. Le nom des audacieux transpira. On perquisitionna rue Saint-Guillaume. La congrégation fut supprimée par décret impérial. Elle avait sauvé l'honneur du Saint-Siège !

Ce ne fut guère qu'en 1812, deux ans après la mort du P. Delpuits, qu'elle reprit sa vie normale, rue du Bac. Il semble qu'alors, sans changer nullement son caractère primitif de société pieuse, elle ait modifié son recrutement et élargi son champ d'apostolat. Déjà, avant cette date, nous voyons figurer, à côté des élèves des grandes Ecoles, les fils de la plus haute noblesse : les Montmorency, les Rohan-Chabot, les Béthume de Sully. Le P. Delpuits, nous le savons, habitait le faubourg Saint-Germain. Il entra en relation avec plusieurs des familles aristocratiques de ce quartier, et ne crut pas devoir leur interdire l'accès de son œuvre. Sous la Restauration, avec le P. Ronsin, l'usage paraît s'être généralisé. En outre, la Congrégation, à partir de 1817, ouvre ses rangs à l'épiscopat. Dix-huit congréganistes, qui avait pris les ordres, devinrent évêques dans la suite, tels, par exemple, Bruté, de Forbin-Janson, de Mazenod, Sibour, le duc de Rohan, et naturellement ils restèrent fidèlement attachés à l'association. Mais d'autres personnages y entrèrent, lorsqu'ils étaient déjà élevés à la dignité épiscopale. De 1817 à 1830, on compte trente-six évêques, archevêques, nonces apostoliques, cardinaux, qui prononcèrent leur acte de consé-cration à la Très Sainte Vierge dans la chapelle de la rue du Bac. Cela donne au total cinquante-quatre évêques. La proportion est appréciable si l'on songe que pendant les trente années de son existence, la Congrégation de Paris compte à peine 1350 membres.

Une évolution parallèle s'accomplit sur le domaine des œuvres. Le P. Delpuits avait em-prunté à l'ancienne congrégation le point relatif à la visite des malades. Craignant toutefois que les jeunes gens, poussés par l'ardeur de leur zèle, ne fussent quelque peu distraits de leurs études, il jugea plus sage de ne point développer outre mesure ce côté de l'association. Avec les années, l'inconvénient disparut. Les jeunes recrues d'autrefois avaient conquis leurs diplômes académiques. D'autres avaient été admises qui, à raison de leur situation sociale, disposaient de plus longs loisirs. On pouvait donc marcher de l'avant avec plus de hardiesse. L'abbé Legris-Duval, directeur de 1812 à 1814, organisa la charité des congréganistes en établissant la *Société des Bonnes OEuvres*. Bien que les seuls congréganistes en fissent partie, cette société était distincte de la Congrégation, sans doute afin de laisser à chacun la pleine liberté d'en faire ou non partie, suivant les exigences du devoir d'état. Elle comprenait trois sections, ayant leurs présidents et leurs assemblées annuelles. La section des hôpitaux, placée sous le patronage de Saint-Vincent de Paul, continuait, sur une plus vaste échelle, le ministère des pieux médecins du P. Delpuits. La section des prisonniers, sous le patronage de Saint-Pierre aux liens, grâce au dévouement de l'abbé Arnoux, érigea une maison de refuge pour les jeunes détenus libérés. La section des Savoyards, sous le patronage de Saint-François de Sales, évangélisait les ramoneurs venus d'Auvergne et de Savoie dans la capitale. Malgré leur importance, ces trois objets étaient loin d'épuiser l'activité des congréganistes. En fait, ils se trouvent mêlés à toutes les entreprises charitables de la Restauration. Ils soutiennent, de leur influence et de leurs deniers, les petits séminaires et le noviciat des Frères des Ecoles chrétiennes. Ils s'adonnent, avec de Bonald, à la formation des maîtres chrétiens pour les campagnes. Ils administrent l'Institution des jeunes aveugles fondée sous Louis XVI par Valentin Haüy. L'un d'eux préside la célèbre association de Saint-Joseph, premier essai d'une œuvre ouvrière, où l'on s'occupe des commerçants, des employés de magasin, des ouvriers, des apprentis et des enfants destinés au commerce ou à l'industrie. Ils prennent part aux brillantes réunions de la *Société des Bonnes Etudes*, que nous retrouverons plus tard, en parlant d'Ozanam. Ils luttent contre la mauvaise presse en établissant à Paris la *Société catholique des Bons Livres*, imitée de celle de Bordeaux. Ils prêtent leur plume aux principaux organes de la défense religieuse : l'*Ami de la religion*, avec Picot ; le *Mémorial catholique*, avec Gerbet, futur rédacteur de l'*Avenir* ; le *Correspondant*, avec Bailly de Surcy, futur premier président de la Société de Saint-Vincent de Paul. M. Gossin, futur second président de la même Société, fonde l'*OEuvre de Saint-François Régis*, pour la régularisation des mariages illicites.

Notons enfin l'extension de la Congrégation en province. Sous l'Empire, huit groupes se sont affiliés à celui de Paris. Sous la Restauration, on en compte cinquante-huit. Détail intéressant, beaucoup de ces centres provinciaux s'établissent dans les petits séminaires. Quelques-uns même prospèrent dans les collèges royaux. La majeure partie cependant reproduit le type du groupe parisien et se recrute dans un milieu à peu près semblable. En 1826, il n'est pas une seule province de France qui ne possède un ou plusieurs de ces foyers intenses de vie chrétienne et de rayonnement apostolique.

Et lorsqu'on parcourt, avec attention, le tableau dont je viens d'esquisser les grandes lignes, on demeure persuadé que ce mouvement commencé avec prudence, poursuivi sans déviation, contenait les plus magnifiques promesses d'avenir. La Congrégation avait trouvé la vraie formule dont aucune initiative de jeunesse catholique ne doit s'affranchir sous peine d'échec : l'action jaillissant de la vie intérieure. Elle avait sans doute dilaté ses rangs, mélangé les hommes mûrs et les éléments plus jeunes : mais ce contact avec les aînés n'était pas sans avantages : il maintenait l'esprit de l'association, il était un encouragement et un soutien. Peu à peu, et sans jamais abaisser le niveau religieux de ses membres, la Congrégation avait ensemencé la France d'une véritable élite sociale. Elle était en voie de s'introduire partout : dans les établissements de l'enseignement secondaire comme dans les grandes Écoles ; dans l'aristocratie comme parmi le peuple. Elle eut pu couvrir le pays d'un splendide réseau d'œuvres qui répondaient aux besoins de l'époque et présageaient les réalisations les plus fécondes du XIXᵉ siècle. Son dessein d'entretenir la vitalité de la foi par l'exercice de la bienfaisance annonçait la société de Saint-Vincent de Paul. Il eut suffi d'un léger progrès, accompli à son heure, pour transformer l'association de Saint-Joseph en confréries corporatives. Par la solidité de ses bases surnaturelles, par l'ampleur de son activité qui n'excluait aucune forme viable, l'œuvre du P. Delpuits et du P. Ronsin pouvait être la pépinière d'où seraient sorties une foule d'initiatives généreuses et une légion d'apôtres, prêtres ou laïques. Et pourtant elle disparut. Et quand, plus tard, elle essaya de se reconstituer, elle ne retrouva plus son ancien éclat. Elle avait été remplacée par d'autres œuvres. La raison de cet insuccès, disons-la simplement.

*
* *

Je ne sais s'il existe, dans notre histoire contemporaine, une époque plus critique que celle de la Restauration. D'autres furent plus agitées. Aucune n'a posé, sur le domaine de la politique religieuse, des faits plus lourds de conséquences.

Lorsqu'en 1814 les Bourbons remontent sur le trône, ils renouent le fil brisé des traditions qui réglèrent jadis les rapports de l'Eglise avec la Royauté. De temps immémorial, la monarchie française et l'Eglise ont marché la main dans la main. Des nuages ont obscurci cette union séculaire : ils ne l'ont pas dissoute. Et si les Bourbons reprennent en bloc les coutumes ancestrales, y compris le gallicanisme, ils sont à la fois trop imprégnés du passé et trop conscients de leur situation précaire, pour ne point désirer, plus

étroite que jamais, l'alliance du trône et de
l'autel. A l'estime des royalistes, la religion est
la seule puissance capable de raffermir les fondements de la dynastie restaurée. Réciproque-
ment la monarchie est le seul pouvoir capable
de rendre à la religion sa place dans la vie publique et dans les consciences. Cet idéal, un
journal du temps, l'*Ami de la religion et du
trône*, le traduit en termes de conviction profonde
et touchante : « La religion et la monarchie ont
toujours eu en France des destinées communes,
elles se réjouissent et s'affligent ensemble.
Toutes deux filles du ciel, leurs intérêts sont
semblables, leur cause est la même; on ne peut
combattre l'une sans se déclarer l'ennemi de
l'autre, et on les sert toutes deux à la fois. Aussi
quand l'une pleure, l'autre partage ses douleurs
et pleure avec elle ». Vous avez là l'esprit de la
restauration bourbonnienne, au point de vue
catholique.

Malheureusement, en face de cette position si
nette et si tranchée, se dresse le parti de ceux
qu'on appelle, assez vaguement, les libéraux.
Imbus des idées de la Révolution, ils sont, à des
degrés divers, les ennemis du régime et les dé-
tracteurs du catholicisme. L'amour qui, ailleurs,
embrasse d'une même étreinte l'autel et le
trône, se change chez eux en une haine implacable. Puisque la monarchie régnante cherche
son point d'appui dans la religion, combattre la
religion, c'est travailler à l'abolition de la monarchie. Et puisque la monarchie se déclare pro-

tectrice officielle de la religion, ébranler le trône sera, par contre-coup, renverser l'autel.

Que sortira-t-il de cet antagonisme? La solution de ce problème angoissant dépend, dans une large mesure, de l'attitude même de la royauté. En dehors de quelques poignées de fanatiques, l'immense majorité des Français, de 1814 à 1830 et au-delà, ne désire nullement la substitution du régime républicain au régime monarchique. Mais on constate la tendance irrésistible à tempérer l'absolutisme des anciens rois par des institutions démocratiques. Une monarchie constitutionnelle, plus ou moins imitée de celle de l'Angleterre, tel est le résidu d'aspirations que le courant révolutionnaire a précipité au fond de la conscience nationale. Si donc les rois adoptent ce point de vue ; si, à force d'habileté et de patience, sans compromettre leur prestige et sans froisser des susceptibilités facilement irritables, ils sont eux-mêmes les ouvriers de cette transition qui doit acheminer l'ancien Régime vers le nouveau, peut-être sauveront-ils leur trône. Si au contraire ils marchent à une allure incertaine, s'ils créent dans les esprits l'impression d'un retour aux institutions abolies, la poussée démocratique emportera les derniers rejetons de leur race. Et alors, le catholicisme, enveloppé dans le même tourbillon, s'en ira à la dérive. Il aura perdu son crédit auprès du peuple. Voilà le drame poignant qui se joue sous la Restauration.

Louis XVIII, plus souple, plus averti, réussirait à retarder l'échéance des conflits redoutables.

Mais autour de lui un groupe se serre, qui n'admet point de concession. Ce sont les « ultras ». Pour ces hommes, sincères mais illusionnés, la Restauration doit s'entendre au sens strict. Par-dessus l'Empire et le Consulat, par-dessus la Terreur, la Convention et la Constituante, le nouveau règne se doit souder au règne de Louis XVI, et comprimer, que dis-je, écraser dans cette rencontre, tout ce qui a jailli de l'âme française dans ce prodigieux quart de siècle. Tentative impossible, car les deux tronçons ne se rejoindront jamais. Or à la tête de cette réaction, explicable, mais inopportune, il y a le comte d'Artois. Et le comte d'Artois, demain, s'appellera Charles X. Et Charles X incarnera dans sa personne, dans ses actes, la contre-révolution, l'ancien Régime. Au Parlement, que peu à peu les fractions les plus avancées des libéraux ont envahi ; dans les bas-fonds obscurs où grouillent, dès 1822, les 60.000 membres des sociétés secrètes, l'opposition va se soulever, s'affermir et s'étendre. En vain la Chambre des Pairs s'efforcera-t-elle d'enrayer la course aveugle des « ultras ». Peu importe que les lois votées sous le ministère de M. de Villèle soient ou non approuvées par la Haute Assemblée. L'impression est produite. Elle est désastreuse. Lois électorales, lois de presse, lois financières, tout est matière à controverses irritantes, tout devient une arme entre les mains des adversaires du Régime. Et le cours des choses suit sa logique impitoyable. La religion et la royauté, indissolublement unies, ressemblent à ces prisonniers, rivés à la même chaîne, dont l'un ne peut faire un pas sans meurtrir son compagnon de servitude. Leur solidarité est pour l'une et l'autre la source des plus amers déboires. Un instant, Charles X, affolé par le danger, pensera sauver la dynastie en sacrifiant la religion. Un jour viendra où le même prince, qui avait approuvé la loi punissant de mort le sacrilège, signera les *Ordonnances* qui bâillonnent la liberté de l'enseignement chrétien. Concession superflue : pour l'autel comme pour le trône, il est trop tard : la politique a tué la religion.

Et maintenant revenons à la Congrégation. Qui sont-ils ces jeunes hommes, ces prêtres, ces évêques qui fréquentent les pieuses assemblées de la rue du Bac ? Et ne vous méprenez pas sur le sens de cette question. S'imaginer que la société du P. Delpuits se soit muée, sous le P. Ronsin, en un foyer d'intrigues politiques serait une erreur monstrueuse dont il a été fait pleine justice. Il ne s'agit pas de la Congrégation en elle-même, il s'agit des individus qui la composent. Or, pour la plupart, ils sont voués, corps et âme, à la dynastie bourbonnienne. Ils partagent, sur les rapports nécessaires de l'Eglise et de la Royauté, les convictions des plus fervents royalistes. On ne voit même pas que leur attitude pourrait être différente. Les visions affreuses de la Révolution ont hanté leur enfance. Leurs familles ont été désunies, spoliées, jetées à l'exil, Plus tard, ils ont vu l'Eglise humiliée par les attentats sacrilèges de Napoléon Ier. Comment n'auraient-ils pas souhaité ardemment le retour de la monarchie consacrée par le sang d'un roi martyr ? Royalistes, ils le sont jusqu'au bout ; ils le sont par atavisme, ils le sont par éducation, ils le sont par expérience. En 1814, ils ont accueilli le retour de Louis XVIII comme une aurore de résurrection. Aux *Cent-jours*, ils ont dit bien haut leur volonté d'être fidèles à leur roi. Quand Napoléon s'est présenté aux barrières de Paris, devant la garde nationale ; lorsque, sous l'œil fixe de l'Empereur, on a fait l'appel des hommes prêts à défendre la royauté par les armes, Il n'y a eu, dans toute une compagnie, pour sortir des rangs que trois jeunes gens : le duc de Rohan, d'Haranguiers et Xavier de Ravignan ; et tous trois sont des congréganistes. D'autres ont suivi Louis XVIII à Gand. Sous les deux règnes, les congréganistes ont reçu les témoignages les plus flatteurs de la confiance royale. Huit ont siégé au conseil des pensions sur la liste civile. Le marquis de Vaulchier, directeur général des postes ; Guy de Lavau, préfet de police ; Franchet d'Espérey, directeur de la police générale au ministère de l'intérieur sont des congréganistes. Deux présidents de la Congrégation ont même rempli les fonctions de ministre : Mathieu de Montmorency et Jules de Polignac. Serviteurs de la monarchie, les congréganistes le sont dans des postes moins en vue. Leur loyalisme est poussé si loin qu'en 1830, nombre d'entre eux préféreront briser leur carrière, plutôt que de prêter serment à Louis-Philippe. Royaliste décidé encore, le clergé qui figure sur les registres de l'association : les d'Astros, les Clermont-Tonnerre, les Cheverus, les de Poulpiquet de Brescauvel, les Mazenod... Quiconque, je le rappelais au début, eût pénétré dans l'humble salle des missions étrangères, y eût coudoyé la fine fleur de la noblesse légitimiste.

On comprend que l'opposition libérale se soit emparée de la Congrégation pour la présenter en épouvantail à l'opinion déjà très montée. Nous sommes en 1826. A la Chambre, les « ultras » ont fait voter des mesures inopportunes, parce qu'elles accentuaient les tendances absolutistes du règne : attribution d'un milliard aux émigrés, rétablissement de la censure, suppression de la garde nationale... A travers le pays, la propagande antireligieuse se poursuit avec un acharnement inouï. En six ans, douze éditions de Voltaire, treize de Rousseau ont été jetées en pâture à la bourgeoisie et au peuple, Elles forment un total de plus de 2.000.000 de volumes. Le *Tartufe* a été réimprimé à 100.000 exemplaires et distribué jusque dans les collèges. L'admirable poignée de missionnaires qui, sous la conduite de l'abbé Rauzan, évangélise les villes et les campagnes, est en butte aux plus infâmes calomnies, pour avoir été trop ouvertement soutenue par le pouvoir. A ces heures où les nerfs d'une nation sont tendus à se rompre, il suffit d'un mot pour rallier et unifier tous les mécontentements. Ce mot, tout à coup, perce la lourde nuée des passions en effervescence. Le personnage bizarre, fantasque et grotesque qui

l'a mis en circulation s'appelle M. de Montlosier.
Cet homme est méprisable. Mais il s'entend à
manier l'arme familière aux démagogues. Il
évoque le fantôme troublant d'une puissance
occulte, qui, de ses retraites ténébreuses, gouverne les conseils royaux, dirige la Chambre,
débauche toutes les catégories sociales, y compris
les ouvriers, les marchands de vin et les femmes
de chambre ; ourdit enfin un vaste complot contre
la religion, le roi et la société. Quelle est donc
cette puissance mystérieuse et redoutable ? Le
mot est lâché : c'est la Congrégation. Et ceux qui
en manœuvrent les ficelles, ce sont les Jésuites !
L'effet de ce réquisitoire, dont la teneur est un
défi à la vérité et au bon sens, est foudroyant,
invraisemblable. Une intervention maladroite de
Frayssinous, ministre des affaires ecclésiastiques,
augmente le malaise. Les journaux libéraux
organisent une réclame tapageuse. Les *Débats*
saluent en Montlosier « le flambeau de la France ».
Le *Constitutionnel*, — la *Lanterne* d'alors, —bave,
contre le clergé, des articles outrageants.
M. Dupin lance un opuscule où il compare la Congrégation à une confrérie de Bacchanales, séminaire nocturne « de toutes sortes de crimes et de
débauches ». Le P. Ronsin est l'objet d'un ignoble
pamphlet. On l'insulte jusqu'en sa maison. Au
Collège de France, le docteur Récamier, congréganiste, qui vient de succéder à Laënnec, essuie
un épouvantable tapage. C'est un débordement,
c'est un vertige de haine basse et de lubricité. Et
jamais ne fut mieux vérifiée la boutade de

Mme de Staël: « Il est inouï combien il est facile de faire prendre pour étendard une bêtise au peuple le plus spirituel de la terre ».

Encouragé par ce succès inattendu, Montlosier saisit les Cours Royales d'une dénonciation en règle. La cause est évoquée, renvoyée à la cour des Pairs qui la remet à M. de Villèle. Elle resterait sans doute dans les cartons du ministère si la chute de M. de Villèle ne ramenait Portalis au pouvoir. Celui-ci n'aimait pas les Jésuites. Il le fit bien voir. Malgré l'avis de la commission chargée de l'affaire, il résolut de sévir. Ce fut à son instigation que Charles X édictait les fameuses ordonnances du 16 juin 1828 qui, en atteignant les Jésuites, frappaient le pasteur et dispersaient le troupeau. Privée de son chef, couverte d'opprobres, la Congrégation cessa de se réunir rue du Bac. Elle devait, quelques mois encore, rassembler ses débris dans les salons du duc de Rohan. En réalité, elle avait vécu. Elle était morte, victime de l'opposition libérale et aussi, hélas ! de la politique imprudente des « ultras ».

A cette jeunesse ardemment royaliste, ferons-nous un grief de n'avoir pas eu l'intuition totale de son époque ? A Dieu ne plaise : elle était trop rapprochée encore des origines de notre histoire contemporaine. Et c'est à peine si nous-mêmes, après un siècle, nous démêlons la part de vérité que pouvaient contenir les revendications des hommes de 89. En ce temps-là, la Révolution apparaissait à certains comme un accident grave, mais transitoire, que le retour énergique

et intégral aux traditions de la Vieille Monarchie
parviendrait à conjurer. C'était une erreur. La
crise était beaucoup plus profonde. Il ne s'agissait pas seulement de restaurer : il fallait
adapter. Qui sait si, profitant de cette heure
unique où la souveraineté populaire hésitait à
tirer les conséquences extrêmes de ses principes,
qui sait, dis-je, si la Royauté n'aurait pu commencer l'éducation des forces sainement démocratiques ? Et qui sait si, au prix de l'abnégation
de ses rois, la France ne fût pas restée monarchique, et si la religion n'eût pas bénéficié de
son alliance avec les trônes ? Un Pape dont le
pontificat fut trop court, Pie VIII, témoin du zèle
très chrétien de Charles X, avait prononcé cette
parole digne d'être méditée, aujourd'hui comme
alors : « Il fallait laisser tomber dans l'oubli
certaines choses délicates dont on ne parlait plus
depuis un siècle ». Pour n'avoir pas assez « oublié », les « ultras » ramenaient à leur insu
l'aspect religieux du problème politique aux termes
que Bonaparte, avec sa prodigieuse clairvoyance,
définissait en 1800, dans son discours de Milan :
« Les philosophes modernes se sont efforcés de
persuader à la France que la religion catholique
était l'implacable ennemie de tout système démocratique et de tout gouvernement républicain ».
Ce préjugé, l'expérience de la Restauration n'a
pas peu contribué à l'enraciner dans le cœur des
masses. Si nos jeunes congréganistes ressusci-
taient parmi nous, l'alliance du trône et de l'autel
leur paraîtrait sans doute une idée un peu vieillie.

Seraient-ils républicains ? Je n'ose l'affirmer. Après tout, peut-être estimeraient-ils qu'il vaut mieux ne pas subordonner le triomphe de l'Eglise à l'avènement d'un régime politique, quel qu'il soit. Et je serais bien tenté de leur donner raison.

SUR LE TERRAIN DE LA LIBERTÉ

Au lendemain des journées de juillet 1830, le catholicisme paraissait aux contemporains définitivement vaincu. Les temples dévastés ou fermés ; les croix abattues ; le clergé réduit à se cacher ou à se travestir, abreuvé d'insultes, couvert d'accusations ignominieuses et n'osant se défendre ; un pouvoir athée exerçant sur le sacerdoce une autorité humiliante, vexatoire ; la basse irréligion des foules encouragée par l'exemple des « messieurs bien mis » ; le respect humain clouant sur place les chrétiens muets d'épouvante : « Jamais, dit Montalembert, on n'avait vu une nation aussi officiellement irréligieuse ». De toutes parts, l'idée s'accréditait que l'Eglise catholique avait vécu. « Depuis la grande secousse de 89... elle était bien malade, écrivait Jules Janin : la révolution de juillet l'a tuée tout à fait ». Henri Heine renchérissait : « La vieille religion est radicalement morte, elle est déjà tombée en dissolution ; la « majorité des Français » ne veut plus entendre parler de ce cadavre et se tient le mouchoir devant le nez quand il est question de l'Eglise ». Ce cadavre, il fallait donc l'enterrer au plus vite : « Messieurs, vaticinait un inspecteur général de l'Université, nous marchons vers une grande

époque, et peut-être assisterons-nous aux funérailles d'un grand culte ».

Or dix-huit ans plus tard, lorsqu'à son tour,
Louis-Philippe eut été renversé par l'émeute,
Cousin, l'éclectique, rencontrant Rémusat sur le
quai Voltaire, s'écriait : « Courons nous jeter aux
pieds des évêques; eux seuls peuvent nous sauver
aujourd'hui ». Thiers, le souple adversaire de la
liberté d'enseignement, écrivait, à la même date :
L'ennemi, c'est la démagogie ; je ne lui livrerai
pas le dernier débris de l'ordre social, c'est-à-
dire l'établissement catholique ». Et on lisait
encore dans l'hostile *Revue des Deux-Mondes*, ces
lignes singulières : « Il s'est trouvé que dans une
civilisation où tout s'écroule ou tremble, l'Eglise
seule survivait, partout présente et agissante. »

Le contraste méritait d'être relevé. Que s'était-
il donc passé entre ces deux moments de notre
histoire? Etait-ce par une illumination soudaine
que la France venait d'entrevoir, dans le catholicisme, l'unique recours contre la démagogie ?
Non. Si l'Eglise fût demeurée ce qu'elle était en
1830, on n'eut guère songé à elle en 1848. Il y
avait donc dans sa situation quelque chose de
changé. L'Eglise de France avait ressuscité. Et
qui donc avait été l'instrument de ce miracle ?
Bien loin de moi la pensée de confisquer au profit
d'un groupe particulier, une œuvre à laquelle
concoururent tant d'ouvriers généreux. Mais je
crois rester fidèle à la vérité historique en affir-
mant que l'ébranlement imprimé à la vie du
catholicisme, sous la Monarchie de Juillet, est

parti de la jeunesse, et a trouvé en elle son plus actif soutien.

Quelle fut alors la tactique de nos jeunes ? En quoi le second renouveau chrétien du xixe siècle leur est-il redevable ? Je vais essayer de le dire. Suivant la méthode adoptée au cours de ces études, je m'attacherai principalement à dégager l'esprit et les grandes lignes de mouvement.

*
* *

La Révolution de Juillet s'est donc faite au profit des libéraux et aux dépens du monarchisme bourbonnien. Celui-ci, nous l'avons vu, représente l'Ancien Régime ; celui-là, les tendances démocratiques : tendances fort troubles, mais qui prétendent se couvrir d'un même pavillon : la liberté. Des libéraux aux catholiques, le terrain se creuse d'une large fondrière. Les libéraux méprisent ou haïssent les catholiques parce qu'ils les jugent inféodés au régime disparu. Ils sont bien décidés à exploiter leur triomphe jusqu'au bout. Les catholiques, même en dehors de tout attachement à la dynastie évincée, tiennent en défiance et en suspicion cette singulière Liberté qui, à peine maîtresse du pouvoir, exerce contre eux les plus durs sévices. Volontiers, ils reprendraient à leur compte ce mot terrible, hélas ! trop juste, et qui n'a pas cessé de l'être, de Montalembert : « ... infâmes qui sous le nom de Liberté préparent à l'univers la plus odieuse tyrannie ; ... hypocrites qui ne veulent être libres que du joug de la liberté et qui spéculent sur la souffrance des peuples ».

De là à adopter, dans la vie publique, une attitude négative et boudeuse, il n'y a qu'un pas : « laissons cette fausse Liberté suivre sa voie ; notre silence et notre abstention montreront que nous ne sommes pas dupes. »

Oui, sans doute. Mais en attendant, le libéralisme est au pouvoir. Aussi longtemps qu'il y restera — et rien ne prouve qu'il n'y doit pas rester — l'Église sera opprimée, écrasée sous le poids de sa « formidable » impopularité. Comment sortir de l'impasse ? Il est fort curieux de noter que ce soit un homme, peu suspect de désirer grandement, à cette époque, le relèvement du drapeau catholique, qui ait suggéré l'inévitable issue : « Royalistes, disait V. Cousin, voulez-vous vous débarrasser de la canaille libérale ? faites-vous libéraux ! » Le conseil est hardi ; il est étrange ; il paraît inacceptable. Eh quoi ! tendre la main par-dessus le fossé, aux « infâmes », aux « hypocrites ? » Imaginez qu'à l'heure actuelle un Cousin quelconque nous dise : « Voulez-vous vous débarrasser de la canaille internationale ? Allez à Stockholm ! » Je sais bien ce qu'en penseraient nos proconsuls. Gardons-nous soigneusement des anachronismes. En 1830, le conseil de Cousin était fort sage, et voici pourquoi.

Quels que fussent l'inassouvi et l'illimité des aspirations démocratiques et libertaires, la lave brute s'était coulée, provisoirement, dans un moule assez consistant d'aspect. Ce moule s'appelait la Charte. Et si cette charte différait assez peu de celle que Louis XVIII et Charles X n'avaient

« octroyée » qu'avec regret, elle avait, aujour-
d'hui, pour gardien un roi porté au trône par
l'émeute et, dès lors, intéressé, semblait-il, à n'en
point violer les articles. Or, parmi les promesses
de la Charte, figuraient la liberté des cultes, la
liberté de la presse, la liberté d'enseignement.
Ce n'étaient là que des promesses. Mais, en stricte
justice, une promesse constitutionnelle doit, tôt
ou tard, se « régler » par une loi. En tout cas,
elle fonde, chez les citoyens, un droit à réclamer
cette loi, conforme à l'esprit qui l'annonce.

Ainsi donc, en vertu de la Charte, tous les
français, sans distinction ni de classe ni de parti,
seront autorisés à pratiquer la religion que leur
conscience leur désigne pour vraie, à exprimer
leurs idées au grand jour, à donner à leurs
enfants l'éducation de leur choix. Et l'on voit
par là comment la porte s'entr'ouvre à la rentrée
du catholicisme dans la vie nationale. Les catholiques ne sont-ils pas, eux aussi, des français ? A
ce titre, ils participent à l'octroi des libertés
proclamées par la révolution récente. A ce titre
encore, ils peuvent revendiquer hautement la
faculté légale de relever leurs temples, d'affirmer
leurs convictions et d'avoir leurs écoles. Et si,
dans la masse des libéraux, il se rencontre des
hommes désintéressés, sincères, on peut compter
sur leur concours, puisque, en défendant *une*
liberté, celle de l'Eglise, on défend la cause
générale de *la* Liberté. Quant aux autres, entendez ceux qui maquillent la tyrannie en libéralisme, leur opposition revêche les condamnera.

De toute façon, l'Eglise sortira de cette lutte grandie et auréolée de popularité. Vraiment le conseil de Cousin avait du bon.

Assurément cette ligne de conduite comporte des sacrifices. Les catholiques, attachés de cœur à la dynastie tombée, devront renoncer à leurs espoirs légitimistes et se rallier franchement au nouveau régime. Auraient-ils conclu, avec Louis-Philippe, le pacte de la réconciliation, il leur faudrait en outre résoudre un autre cas de conscience extrêmement délicat.

Ce que la voix des circonstances leur suggère, c'est de se placer sur le terrain du droit commun. Or l'Eglise, à moins de renier ses origines surnaturelles ne peut, en principe, consacrer cette situation humiliante. Elle est l'unique religion; sa doctrine vient de Dieu. La mettre au rang des autres religions et des autres doctrines équivaut à ramener sur le même plan la vérité et l'erreur, à investir des mêmes prérogatives le bien et le mal. Prétention absurde et immorale. A supposer que les catholiques aient tourné cette difficulté, peuvent-ils se flatter de donner le change à leurs adversaires ? Cet exclusivisme de l'Eglise, les libéraux ne l'ignorent pas. Leur fera-t-on croire que, subitement, les « ultramontains » ont oublié leur séculaire intransigeance : « Vous demandez, diront-ils, la liberté, parce que vous vous sentez les plus faibles. Le jour où, grâce à elle et grâce à nous, vous serez une force, vous redeviendrez des oppresseurs. Vous ne pouvez pas être des libéraux sincères. C'est vous qui êtes la tyrannie ! »

Toutes ces objections sont graves et elles ne semblent supporter que deux solutions pratiques. Ou bien les catholiques promettent sans réserve, et dans ce cas, ils érigent le libéralisme en système et Rome les condamne. Ou bien ils maintiennent les droits imprescriptibles de l'Eglise et ils s'interdisent le recours au droit commun. De l'*Avenir* au *Syllabus* voilà le douloureux problème qui déchire la conscience des catholiques français. Suivant que le coup de barre est donné dans le sens de la liberté ou dans le sens de l'absolu, Rome proteste ou les catholiques s'inquiètent. Rome proteste, et elle a raison, car elle ne peut abdiquer. Les catholiques s'inquiètent et ils n'ont pas tort, car ils savent bien que s'ils se tiennent à l'écart, l'évolution du libéralisme s'accomplira infailliblement au profit de l'irréligion.

Leur faudra-t-il donc dédaigner les promesses de la Charte ? laisser la révolution poursuivre son œuvre néfaste ? assister, impuissants, à la ruine de la foi ? N'existerait-il pas une forme de libéralisme compatible, à la fois, avec les exigences des faits et les revendications du droit éternel ? Oui cette forme existe et, peu à peu, elle se dégagera des tâtonnements du début. Notons d'abord qu'en 1830, les catholiques n'ont guère le choix des moyens. Vivre en parias ou saisir la planche de salut qu'on leur offre : pas de milieu. Or la morale la plus austère reconnaîtra toujours qu'entre deux maux il faut choisir le moindre, surtout s'il est question de sauvegarder un intérêt aussi vital que celui de la religion. Consalvi ne raisonnait pas autrement lorsque jadis il signait le Concordat.

De plus, les articles constitutionnels représentent déjà, vis-à-vis de l'Eglise, un minimum de restitution. C'est peu de chose, et du droit au fait la marge reste immense. Mais ce minimum n'est pas quantité négligeable. A trop demander, on risque fort de ne rien obtenir. Les « ultras » de la Restauration l'ont appris à leurs dépens. Et puis une dernière considération intervient qui mérite d'être mûrement pesée. Après tout, l'Eglise n'a pas peur de la liberté ! N'est-ce pas elle qui l'a donnée au monde ? Sans doute, elle ne peut pas autoriser ses défenseurs à accepter, sans contrôle et les yeux fermés, les idées nouvelles. Mais il est au moins une entreprise qu'elle ne peut leur défendre : et ce serait de réapprendre à cette génération enivrée de l'idéal révolutionnaire, la vraie notion de liberté, non pas la liberté anarchique, qui mène les peuples aux abîmes, mais la liberté organisée, la liberté dans l'ordre ! Et puisque, en vertu de son dogme farouchement égalitaire, la France issue de 89 semble autoriser la libre concurrence et le libre-échange des opinions, n'est-il pas indiqué que l'on accepte les conditions de la lutte, à armes égales, avec l'unique souci de hâter le triomphe de la vérité ? Réduire au même niveau la vérité et l'erreur, le bien et le mal, il ne s'agit pas de cela. Il s'agit simplement, et selon l'esprit invétéré de l'époque, de permettre à toutes les opinions de se produire, afin que de ce chaos, où les catholiques sont jetés avec tout le monde, jaillisse enfin par eux la pure lumière de l'Évangile. Si l'on commençait par refuser à autrui la faculté de parler, on ne serait pas écouté. On ne saurait acquérir le droit d'élever la voix, qu'à la condition d'accorder à autrui le même privilège. On ne saurait revendiquer pour soi-même une liberté, qu'à la condition de ne pas entraver la liberté des autres. Mais le jour où, par la loyauté de leur tactique, les catholiques auraient désarmé les défiances, réussi à se faire une place au soleil, l'idéal chrétien se lèverait sur la France, il s'imposerait non par la violence, mais par la force intime de la persuasion, et, en lui, resplendirait l'image de la vraie liberté !

Telle est l'idée latente du mouvement dont nous allons suivre les phases.

Envisagé sous cet aspect, le libéralisme n'est plus un système. Il est une méthode d'action. Méthode scabreuse, je n'en disconviens pas. Il est si facile, dans le feu de la lutte, d'oublier la ligne de démarcation qui sépare le fait du droit, la *thèse* de l'*hypothèse* ! Mais je le répète, en 1830, les catholiques n'avaient le choix qu'entre ces deux partis : mourir, ou réclamer le droit commun. Ils préférèrent ne pas mourir, et résolument ils s'engagèrent sur le terrain de la liberté.

****

Ils s'y engagèrent à la suite des jeunes. Le fait n'a rien de surprenant ; il importe néanmoins pe lui rendre tout son relief. On a peine à s'imaginer l'effervescence qui, au crépuscule de la Restauration, règne dans le monde des écoliers, grands et petits. La propagande intensive des libéraux y a porté ses fruits, et l'étrange malaise qui, au dehors, travaille le pays, trouble l'atmosphère recueillie où monte la génération nouvelle. En 1827, au plus fort de la crise ministérielle, dix-sept élèves sont expulsés du collège de Lyon, pour avoir répandu clandestinement une proclamation révolutionnaire : « Silence ! voilà notre devise ! A demain : le bonheur nous appelle, le génie de la République nous attend ! » Cela est enfantin, mais significatif. La jeunesse catholique, éparpillée, noyée dans ce milieu agité, suit, elle aussi, la marche des événements. Républicaine, elle se refuse de l'être. La République lui semble « une sanglante folie, qui nous a coûté déjà si cher ! » Mais elle ne peut s'empêcher d'observer que les déboires essuyés par l'Eglise dérivent de l'étroite solidarité qui unit le trône à l'autel. Ils souhaitent la délivrance et, pour la religion, un régime de liberté.

Parmi les plus attentifs de ces jeunes, citons un rhétoricien qui, sur la montagne Sainte-Geneviève, au collège Sainte-Barbe, achève ses études classiques. Il s'appelle Charles-René de Montalembert. Chose curieuse, son adolescence a été enveloppée d'influences congréganistes. Son confesseur, l'abbé Busson ; le P. Mac-Carthy, qui a converti sa mère, sont des congréganistes. Lui-même est en relations avec Matthieu de Montmorency, avec l'abbé de Forbin-Janson. Il fréquente les salons du duc de Rohan. Ecoutez son impression : « Le duc... m'a témoigné une véritable affection, et cependant j'éprouve je ne sais quoi qui m'éloigne de lui. Jamais mon cœur ne pourra se livrer à un prêtre, à un Français qui déclare hautement que la liberté et l'égalité constitutionnelles sont des chimères. On me prêche l'arbitraire de l'ancien Régime. Mais je ne désespère pas de rencontrer un jour des hommes qui comme vous et moi, prennent pour modèle de leur conduite Dieu et la liberté ». C'est déjà le programme et la devise du journal l'*Avenir*. Quelques mois, et la pensée se complète. « Il faut nous efforcer de mettre le christianisme à la tête du mouvement de la civilisation et des lumières. C'est à nous, chrétiens jeunes et libéraux, qu'il appartient de montrer que l'union de la religion et de la liberté est non seulement chose possible, mais chose nécessaire. Montrons qu'en pratiquant toutes les obligations de notre auguste religion, nous pouvons être aussi instruits et aussi libres que ceux qui croient faire preuve de lumière et d'indépendance en méprisant la religion, parce qu'ils sont trop faibles pour y croire, ou trop vicieux pour lui obéir ». Et c'est l'idée largement apostolique qui animera tous les chrétiens libéraux.

Montalembert à bien raison d'espérer que d'autres partageront ses aspirations généreuses. Vers la même époque, un jeune prêtre, sorti de Saint-Sulpice, catéchise les élèves d'un couvent de la Visitation. Sa famille l'avait élevé dans le culte de Napoléon. Après la chute de l'Empereur, il était devenu libéral et voltairien. Puis peu à peu, à Dijon, à Paris, sous la triple action de son esprit vigoureux, de son caractère loyal, et de la grâce divine qui le travaillait à son insu, il s'est retourné vers la religion de son enfance. Il s'est converti parce que, disait-il, « rien ne me semble mieux démontré que cette conséquence : la Société est nécessaire, donc la religion chrétienne est divine, car elle est le seul moyen d'amener la Société à la perfection, en prenant l'homme avec toutes ses faiblesses, et l'ordre social avec toutes ses conditions ». Mais en recouvrant la foi catholique, il n'a point perdu sa foi libérale. Sa conviction est affermie à jamais. Il est et restera un « libéral impénitent ». Pour que l'Église remplisse auprès de la Société sa mission providentielle, il faut qu'elle soit libre, et libre selon la Charte. Ce jeune prêtre, vous l'avez deviné, c'est Henri Lacordaire. Avant d'être le frère d'armes et l'ami de Montalembert, il communique avec lui dans le même idéal.

Conduit par ce secret instinct qui rapproche les âmes faites pour se comprendre, Lacordaire n'a point tardé à découvrir le foyer où couve l'esprit nouveau. Au lycée Henri IV, une élite de jeunes gens se groupe autour de l'abbé de Salinis et de l'abbé Gerbet. Ce sont des intellectuels. Au sein de l'incrédulité générale et chez des hommes supérieurement doués, ils ont discerné les signes d'un revirement timide en faveur du catholicisme. Ces hommes, ils rêvent de les gagner. Persuadés qu'un apostolat intellectuel ne s'improvise pas, ils se réunissent le dimanche et se livrent ensemble à l'étude des grandes questions du jour. Il y a là, Ed. de Cazalès, L. de Carné, Fr. de Champagny, Bonnetty, E. de la Gournerie, Emmanuel d'Alzon, Foisset, Léon et Eugène Boré, Melchior du Lac. En 1824, le jeune cénacle se donne un organe : *le Mémorial catholique*. Parmi les rédacteurs figurent, avec Gerbet : Rohrbacher, Guéranger, Lacordaire. Et quelles sont les idées de ces jeunes gens destinés presque tous à la célébrité ? Ils professent d'abord un principe assez neuf en ce temps-là : ils estiment que « pour agir sur son siècle, il faut l'avoir compris ». S'ils abordent les plus hautes spéculations de la philosophie et les vastes champs de l'histoire, c'est afin d'entrer en contact avec la pensée moderne. S'ils fondent un périodique à eux, c'est parce que la presse catholique tout entière est inféodée à la politique de la Restauration. Leur ultramontanisme déclaré leur vaut même quelques brimades. Bref, ils sont, et ils ne s'en cachent pas, des libéraux. Et c'est à eux que Melchior du Lac pensera lorsque, plus tard, il déposera ce précieux témoignage : « Je ne crois pas qu'il y ait jamais eu dans la jeunesse catholique plus d'entrain, de mouvement et de vie. Il est permis de penser que le mouvement de retour qui se manifesta après 1830 et qui, depuis, a pris de si grandes proportions, n'est qu'une suite et comme la transmission de l'impulsion donnée à la jeunesse chrétienne des dernières années de la Restauration ».

Et pourtant, à cette génération vibrante, il manque un chef. Le chef, le voici. Parfois, aux réunions du Lycée Henri IV, on voyait apparaître un petit homme chétif, au front immense et dont le regard semblait toujours fouiller des horizons invisibles. C'était Lamennais. Comment l'auteur de l'*Essai sur l'Indifférence*, qui signait jadis des articles au *Conservateur*, journal des ultras, avait-il évolué à son tour vers le Libéralisme ? A partir de 1818, son génie divinateur lui avait fait entrevoir qu'un gigantesque bouleversement se préparait, où le peuple tiendrait le principal rôle. Non qu'il fût, dès lors, un démocrate. Personne n'a eu pour la démocratie des paroles plus dures et plus cinglantes. Il la juge « corruptrice au suprême degré », et son « despotisme » l'épouvante. Mais parce qu'il voit en elle la puissance de demain, il demande que, sans retard, on l'organise. Seule l'Eglise est capable d'entreprendre cette tâche énorme. Compter sur la Royauté serait un leurre, elle est vouée à disparaître : « on la voit partout occupée d'écrire son testament de mort. » Que dis-je ! à cause de son « gallicanisme » obstiné, elle paralyse l'essor de la religion. Donc l'Eglise, affranchie de la servitude gallicane, arrachée à l'étreinte des monarchies chancelantes, fera, directement, la conquête de la démocratie. Ce n'est qu'en 1828, après le retentissant procès du gallicanisme, que Lamennais prend pied sur ce nouveau terrain. C'est lui, — rendons-lui cette justice, — qui va donner aux tendances de la jeunesse, leurs formules les plus fermes et les plus exactes. Ces tendances, il ne les a pas créées. Mais il les attire vers lui, il les fusionne avec les siennes, et il les rend en un langage d'une clarté et d'une force splendides : « l'essentiel serait de... montrer que le christianisme est compatible avec tous les désirs sages ; qu'il ne livre pas les peuples au Pouvoir, comme de vils troupeaux ; qu'il protège tous les droits ; qu'en lui seul est la garantie de toutes les libertés légitimes. Le monde est changé, il cherche un maître , il est orphelin, il cherche un père. Les trouvera-t-il ? là est la question. » Et comment l'aider à les trouver : « Nous demandons, pour l'Eglise catholique, la liberté promise par la Charte à toutes les religions. Ce n'est pas, je pense, trop demander, et vingt-cinq millions de catholiques ont bien le droit de se compter pour quelque chose ; le droit de ne pas trouver bon qu'on fasse d'eux un peuple de serfs, des espèces d'ilotes ou de parias. On s'est trop habitué à ne voir en eux qu'une masse inerte, née pour subir le joug qu'on voudra bien lui imposer. Le repos de l'avenir exige qu'on se détrompe à cet égard. Que le libéralisme s'en souvienne ». Et quel est le but dernier de cette campagne en faveur de la liberté ? « Elevez, au-dessus des ruines de la liberté chrétienne, le sacré flambeau de la Vérité! Qu'il brille à tous les yeux et que ses rayons, se prolongeant à travers les nuages de l'erreur, éclairent peu à peu les esprits égarés en des voies trompeuses ! Montrez, sous toutes leurs faces, les immuables principes du droit, développez les lois éternelles, fondement inébranlable du pouvoir et de la liberté, jusqu'à ce que la raison, lasse enfin de ses stériles labeurs, comprenne qu'il n'y a et ne peut y avoir, hors du christianisme catholique, qu'erreur, désordre, calamités et servitude sans remède ». Et enfin quelle est la condition préalable à consentir pour que ce bien soit possible ? La liberté de discussion ; « Lorsque les croyances subsistent dans leur pleine vigueur... on conçoit que l'autorité publique » interdise « des controverses inutiles et dangereuses ». Mais quand l'unité est rompue, réduire la controverse au silence par des mesures de rigueur est « une idée folle ». « On ne met pas les esprits aux fers ». En les contrariant, « loin de les ébranler... on les affermit dans leur conviction ». Reconnaissez-vous, à travers ce langage énergique, les pensées qui préoccupent et le jeune rhétoricien du collège Sainte-Barbe, et Lacordaire, et le groupe des Salinis et des Gerbet ? Tout est contenu dans ces formules lapidaires, tout ce qui constitue l'essence de ce libéralisme, qui n'est pas un système, mais une méthode d'action : de ce libéralisme qui ne réclame la liberté de tous que pour permettre à l'Église de reprendre la sienne et d'élever la voix au-dessus de la tempête déchaînée et hurlante de la démocratie révolutionnaire !

Les jeunes ont leur chef. Va-t-il, de suite, les jeter dans la mêlée ? Non. L'heure n'est pas venue. L'École menaisienne, sous le toit solitaire de la Chesnaie, ne sera d'abord qu'un atelier où l'on forge les idées pures. La personnalité accapareuse du maître le veut ainsi. Lamennais croyait avoir découvert une philosophie et une apologétique inédites, étayées l'une et l'autre sur la théorie du *sens commun*. « Le christianisme est vrai s'il a toujours été la religion du genre humain ». Cela mène loin : avant de conclure, en effet, il faut enquêter tous les peuples et toutes les langues de la terre. Et cet homme, qui a eu vraiment l'intuition de notre âge moderne, réinvente la philologie, l'histoire des religions, la théologie positive et la spécialisation des disciplines scientifiques. Mais tout à coup, un long frémissement a secoué la France. Qu'est-ce donc ? Les prophéties viennent de s'accomplir. Le trône est renversé et la Révolution triomphe. Adieu les paisibles recherches ! A Paris, Gerbet traite la fondation de l'*Avenir*. Lamennais accourt de la Chesnaie avec ses disciples. Le prospectus du journal est lancé. Il tombe, par hasard, entre les mains de Montalembert qui voyageait en Irlande : « L'*Avenir* ! s'écrie le jeune homme, le titre est sublime. Je tâcherai d'y entrer. » Et sous le coup de son enthousiasme il écrit à Lamennais : « Tout ce que je sais, tout ce que je peux, je le mets à vos pieds ». Huit jours plus tard, Montalembert débarquait à Paris, rencontrait, pour la première fois, Lacordaire. La campagne libérale était commencée.

*
* *

Je me suis attardé volontairement à reconstituer les origines du mouvement libéral. Ce n'était pas sans raison. Non que je prétende diminuer, à l'encontre de l'histoire, la part de Lamennais. Mais il était bon de rappeler que l'orientation nouvelle dérivait d'une source commune à laquelle les jeunes et leur chef avaient simultanément puisé. Cette source, ce n'est pas la pensée solitaire d'un génie, c'est un état de l'âme française vers 1830. Supprimez Lamennais, il est fort probable que le libéralisme catholique eut dessiné sa courbe, avec moins d'éclat sans doute, mais peut-être avec plus de sécurité. Cette remarque éclaire d'un jour moins douloureux la regrettable aventure de *l'Avenir*. Campagne rapide : elle dura treize mois ; campagne féconde, je le dirai tout à l'heure ; campagne manquée, on sait pourquoi. Pour la première fois, la jeunesse catholique allait encourir le désaveu de Rome.

A qui incombe la responsabilité de cet échec ? On a parfois rejeté sur l'imprudence des disciples la condamnation qui précipita le maître dans l'apostasie. J'avoue franchement ne point partager cette manière de voir. Que les jeunes rédacteurs de *l'Avenir* aient commis des imprudences, je l'accorde. Cela est incontestable. Le nœud de la question n'est pas là. Il me semble qu'entre Lamennais et son groupe, une équivoque, plus ou moins consciente, ne cessa point de régner : elle explique bien des choses. Et voici toute ma pensée.

Le libéralisme modéré que nous décrivions au début de notre étude, n'a été, en réalité, qu'une étape, un moment de la vie de cet homme qui, peu à peu, glissait vers la démagogie. Il est trop facile de prophétiser après l'événement. Il est permis de rattacher les faits accomplis à leurs causes profondes. Or le principe de l'évolution menaisienne était posé lorsque, dans le second volume de l'*Essai sur l'Indifférence*, l'auteur écrivait ceci : « La société politique atteste les vérités contingentes ou les faits sur lesquels elle repose, ses institutions, ses lois, etc., et son témoignage, *expression de la raison générale*, est certain » ; et ceci : « La société spirituelle atteste les vérités immuables sur lesquelles elle repose, ses dogmes, ses préceptes, etc., et son témoignage, *expression de la raison générale*, est certain ». Cela veut dire que le caractère de toute doctrine politique, de toute morale, de tout dogme révélé est, en dernière analyse, le sens commun, le consentement universel, et plus précisément encore, l'immanence sociale. Or tout système d'immanence aboutit fatalement à prononcer la déchéance de l'autorité. A quoi bon, en effet, une autorité extérieure, si la masse humaine, en s'écoutant elle-même, entend sa propre loi ? Elle n'a plus besoin d'être dirigée ; elle se dirige toute seule ; le pouvoir ne peut qu'entraver sa marche infaillible, sur la large route du progrès. Donc il faut briser les moules qui la contiennent ; il faut lui restituer la plénitude de son indépendance, condition indispensable au jeu de sa spontanéité. Telle est la « liberté », la vraie liberté menaisienne. Et voilà pourquoi Lamennais, exagérant la portée des

événements dont il est témoin, prédit la chute des
trônes et la disparition de la royauté ; voilà
pourquoi, dès le second numéro de l'*Avenir*
(16 octobre), il annonce, seul parmi les catholiques, le régime républicain comme une nécessité imposée « par la nature des choses »; voilà
pourquoi le monde futur lui apparaît sous les
espèces d'une immense théocratie, ayant à son
sommet l'Eglise et à sa base l'humanité affranchie des pouvoirs politiques ; voilà pourquoi
enfin, lorsque Rome aura refusé de consacrer son
rêve, il tirera la dernière conséquence, supprimera
l'Eglise et ne laissera subsister que la démocratie
autonome et, pour nous, anarchique.

En 1830, il n'en était pas encore à ce point. Il
y tendait. Et nous comprenons mieux ainsi le
sens qu'il attache aux libertés qu'il réclame. Il
veut la séparation de l'Eglise et de l'Etat, puisque
demain l'Etat ne sera plus, tandis que l'Eglise
doit durer. Il veut la liberté de presse et d'enseignement, parce que ce sont les seuls moyens
par quoi la « raison générale » exprime ses
volontés immanentes, y compris celle de se donner à l'Eglise. Il veut, dans tous les pays de
l'Europe, soutenir le parti de la liberté contre
les monarchies, puisque la monarchie c'est l'oppression. Et c'est cela que Grégoire XVI condamne
en bloc. La perspicacité du Pontife lui montre
que « cette liberté d'opinions pleine et sans
bornes », que « cette ardeur sans frein d'une
indépendance audacieuse » renvoient l'écho am-
plifié, redoutable de la maxime inscrite aux Droits

de l'Homme : « La loi est l'expression de la volonté générale » : Lamennais, plus radical, disait : du consentement universel.

Est-il bien nécessaire d'observer que cette forme de libéralisme n'est pas celle que les jeunes catholiques avaient conçue, soit en commun, soit à l'insu les uns des autres ? Eux, ils se plaçaient en face d'une situation concrète, positive ; lui, s'évadait dans un avenir hypothétique. Eux, s'inquiétaient de voir les intérêts religieux trop étroitement liés aux intérêts d'une dynastie impopulaire, mais ils ne songeaient nullement à contresigner le « testament de mort » de la Royauté ; lui, avec l'empressement et peut-être avec la volupté d'un théoricien qui plie les faits à son système, sonnait le glas des monarchies. Eux, appelaient de toute leur âme un régime de liberté, mais nous savons comme ils l'entendaient et la fin précise qu'ils lui assignaient ; lui, visait au fond un autre but. Le hasard voulut qu'un instant les deux formules se recouvrissent, ou plutôt que le sage libéralisme des jeunes s'insérât dans la trame inflexible du libéralisme abstrait du maître. Et alors la griffe puissante de l'aigle altier les saisit et les emporta dans son vol affolé vers les cîmes lointaines et nébuleuses. Avec lui ils s'égarèrent, avec lui ils ameutèrent l'opinion, le gouvernement ; avec lui ils froissèrent la hiérarchie catholique. Mais lorsque la foudre tomba du Vatican sur le malheureux égaré, ils le laissèrent, non sans déchirement, poursuivre au ras du sol, sa course éperdue. Et tandis qu'il s'enfonçait, le cœur gonflé d'amertume, dans la sombre nuit de la révolte, eux, ils se relevèrent, meurtris, assagis, mais libéraux toujours et comme autrefois, non par système, mais par méthode : et cela est tout différent.

*
* *

Dieu bénit leur sacrifice. Du reste le faux départ de *l'Avenir* n'avait pas été sans fruit. Le groupe menaisien avait opéré une première concentration des forces libérales. Il avait dénoncé aux catholiques le péril des résignations faciles et indolentes et leur avait enseigné le moyen de redevenir une force en sortant de leur solitude et en réclamant leurs droits. Le procès de l'Ecole libre avait posé la question de la liberté d'enseignement. La fondation de *l'Agence générale pour la défense de la liberté religieuse* avait montré qu'il n'était pas impossible d'imposer au pouvoir civil le respect de la Charte. Plus d'une fois le gouvernement avait dû reculer devant la vigoureuse offensive de cette petite armée qui comptait, un peu partout, des recrues décidées. A Aix, l'ordre est donné à la gendarmerie « d'arrêter comme mendiant et vagabond tout individu revêtu du costume de capucin » : *l'Agence* intervient et force le Conseil d'Etat à révoquer cette odieuse mesure. A la Meilleraye, elle prend fait et cause pour les trappistes expulsés de leur monastère sous prétexte de « légitimisme ». A Beauvais, elle accule à la démission un prêtre indigne, maladroitement nommé à l'épiscopat par

Louis-Philippe. Hors de France, elle soutient les catholiques de tous pays. Montalembert révèle l'Irlande et l'œuvre d'émancipation entreprise par O'Connell. En Allemagne, *l'Avenir* coopère au mouvement de renaissance religieuse dont Gœrres est l'initiateur. En Suède, il ranime de ses cendres la pauvre église de ce pays, réduite à quelques centaines de fidèles. Et c'est *l'Avenir* encore qui, en favorisant l'alliance des libéraux et des catholiques, affermit l'indépendance du petit pays qui devait un jour dresser la liberté et le droit contre la barbarie brutale : J'ai nommé la Belgique. Et c'est lui enfin qui, de son argent, de sa publicité et de son éloquence vengeresse, encourage la catholique Pologne à secouer le joug des Tsars. Ce ne sont point là des résultats minimes : les fautes les plus regrettables ne sauraient les faire oublier.

L'impulsion avait été trop brusque. Comme l'a dit un des biographes les plus sympathiques à Lamennais, « peut-être [les catholiques] se seraient-ils montrés moins timides, si celui qui s'offrait à être leur guide avait été moins audacieux. Peut-être, peu à peu, se seraient-ils décidés à le suivre, s'il avait consenti à marcher plus doucement ». L'observation ne manque pas de justesse. La preuve en est que bientôt le libéralisme allait poursuivre en paix sa marche conquérante.

*
* *

Ce nouveau branle lui est donné par l'action combinée des jeunes catholiques et de Lacordaire.

Nul n'ignore que ce fut à la demande des membres de la naissante société de Saint-Vincent de Paul que les Conférences de Notre-Dame furent instituées. Ce qui paraîtra plus singulier, de prime abord, c'est de rattacher ces magnifiques joutes de l'éloquence à l'histoire du mouvement libéral. Et pourtant, le doute n'est pas permis : les Conférences de Notre-Dame ont inauguré une époque du catholicisme français au XIX° siècle.

Le plan des libéraux — je le rappelle, dussé-je tomber dans la redite — se ramenait à ces trois idées logiquement enchaînées : rompre avec le vieux parti royaliste ; revendiquer pour l'Eglise les droits octroyés à tout le monde ; user de ces droits pour montrer dans le christianisme la seule puissance capable de réorganiser la société bouleversée. Il va de soi que ce dernier objectif était le plus important. Mais il était bien évident aussi qu'aucun homme ne se ferait écouter s'il ne visait en même temps les deux premiers. Un prédicateur compromis avec les Bourbons aurait bénéficié de la défiance et des haines attachées au nom de « carliste » ; et s'il boudait la liberté, il prêcherait dans un désert. « Pour agir sur son siècle, disaient les jeunes rédacteurs du *Mémorial Catholique*, il faut l'avoir compris » : celui-là seul trouverait le chemin des âmes qui témoignerait avoir compris la bouillante génération des années 1830. Mais s'il se rencontrait un prêtre qui eut le rare privilège d'unir à son verbe enflammé la connaissance approfondie de son époque, on ne pouvait calculer l'influence prodigieuse qu'il exercerait autour de lui.

L'heure était favorable. Le progrès de l'irréligion semblait subir un temps d'arrêt : « Du moment, notait de Tocqueville, où le clergé eut perdu son pouvoir politique, et dès qu'on crut apercevoir qu'il était plutôt menacé de persécution que l'objet de la faveur du gouvernement, les haines qui l'avaient poursuivi pendant toute la Restauration... commencèrent à s'attiédir d'une manière visible ». « Tous les libéraux, ajoutait-il, reconnaissent l'utilité politique d'une religion et déplorent la faiblesse de l'esprit religieux de la population ». M. de Sacy, jadis libéral et voltairien, abondait dans le même sens : « Le sentiment vrai, c'est le sentiment du vide ; c'est un besoin de croyance ; c'est une sorte d'étonnement et d'effroi, à la vue de l'isolement où la philosophie du xviiiᵉ siècle a laissé l'homme et la société... Nous sentons notre cœur errer comme un char vide qui se précipite... Nous levons les yeux en haut, nous y cherchons une lumière éteinte, nous gémissons de ne plus la voir briller... » Ce revirement salutaire s'observait surtout dans la jeunesse : « Un sentiment religieux, vague dans son objet, mais très puissant déjà dans ses effets, se découvre parmi les jeunes gens. Le besoin de religion est un texte fréquent de leurs discours. Plusieurs croient ; tous voudraient croire ».

Oui, le moment était propice. Quel serait l'homme providentiel qui, selon la parole de l'infortuné Lamennais, élèverait enfin « au-dessus des ruines de la civilisation chrétienne, le sacré flambeau de la Vérité » ? Cet homme ce fut Lacordaire. Après trois ans d'obscurité et de solitude laborieuse, il reparaissait dans la lice, mûri par la souffrance, armé pour de nouvelles luttes. Ah ! il pouvait bien dire que « toute sa vie antérieure, jusqu'à ses fautes, lui avait préparé quelque accès dans le cœur de son pays et de son temps ». Et il lui suffisait d'évoquer les souvenirs de sa propre conversion pour savoir ce qu'il fallait enseigner à cette foule que travaillait, tout ensemble, le besoin religieux et l'horreur de l'anarchie. « La société est nécessaire ; donc la religion est divine ». Relisez les immortelles *Conférences*, la pensée du jeune homme s'y retrouve intacte, et c'était celle-là même qu'attendait son époque.

Le succès fut inouï. Mais ce fut tout autre chose encore qu'une victoire de l'éloquence. En réalité, la question qui se débattait était de savoir si un changement considérable allait être apporté dans l'attitude des catholiques en face de la France du xixᵉ siècle, en face des partis et des écoles qui la divisaient. Jusqu'alors, l'opinion restait persuadée qu'aucune action religieuse ne pouvait se produire, qui ne fût à la dévotion des Bourbons. Et voici qu'un prêtre, ultramontain décidé et libéral notoire, gravissait les degrés de la chaire de Notre-Dame, en protestant ne point vouloir « couvrir de sa robe sacerdotale un parti ancien, généralement honorable, mais enfin, un parti ». Et c'était ce même prêtre qui, la veille

encore, dans la chapelle de Stanislas, avait osé
dire que le premier arbre de la liberté fut planté,
il y a longtemps, dans le Paradis, par la main de
Dieu même ! Cette rupture éclatante avec l'Ancien
Régime, portait un coup droit aux préjugés de la
société nouvelle. Car c'était bien elle qui se pres-
sait dédaigneuse, indifférente d'abord, puis attentive, puis subjuguée et enfin haletante au pied de
la chaire sacrée. Les cinq ou six mille hommes,
jeunes pour la plupart, qui envahissaient chaque
dimanche les vastes nefs, n'étaient pas du tout
les pieux habitués de nos églises. Ils étaient l'élite
de la génération formée à l'école de Rousseau et
de Voltaire ; ils étaient la grande jeunesse libérale, croyante de désir, incrédule de fait et qui
donnait déjà ou donnerait demain à la France ses
littérateurs, ses publicistes, ses philosophes, ses
hommes d'Etat. Par eux, et grâce à Lacordaire,
les relations se renouaient entre le pays et le
christianisme. Et quand bien même le plus grand
nombre ne serait-il pas revenu à la foi et aux
pratiques religieuses, tous emportaient, de ces
lumineux et brûlants colloques avec une âme
d'apôtre, un sentiment de respect et d'égard pour
l'Eglise. Dans ces milieux intellectuels, Lacordaire créait un courant de sympathie et de tolérance. Et ce fut le point de départ de tout ce qui,
sous la monarchie de Juillet, tourna au profit des
libertés catholiques : l'élan imprimé à la vie
chrétienne, et dont le P. de Ravignan, dans cette
même chaire de Notre-Dame, serait le principal
ouvrier ; la cessation des tracasseries mesquines

qui entravaient l'essor public de la dévotion populaire ; l'apaisement de l'opinion qui permit la restauration des ordres religieux, trappistes, bénédictins, en attendant que l'orateur de Notre-Dame réclamât fièrement, de son pays, pour l'ordre de Saint-Dominique, cette même liberté qu'il avait conquise pour les autres. Semblable à ces grands génies pacificateurs qui, d'un mot et d'un geste, dénouent les conflits les plus tragiques, Lacordaire avait fait passer l'Eglise « du mépris à l'honneur ».

On peut aller plus loin. L'année même où il interrompait ses Conférences, en 1836, un projet sur la liberté d'enseignement était déposé sur le bureau de la Chambre. Ce projet, malgré ses insuffisances, l'emportait de beaucoup, par son esprit vraiment libéral, sur ceux qui devaient être successivement proposés en 1841, en 1844, en 1847. Ces dispositions bienveillantes étaient dues, dans une large mesure, à la détente provoquée par les imposantes manifestations de Notre-Dame. Guizot avait été l'auditeur de Lacordaire. Le rapporteur du projet, Saint-Marc Girardin, universitaire et rédacteur aux *Débats*, avait, lui aussi, contemplé la jeunesse, « cherchant, au milieu des désordres du siècle, où se prendre et se retenir, et demandant aux croyances de ses pères si elles ont un peu de vie et de salut à lui donner ». On comprend que l'un et l'autre se soient fait un devoir de défendre, à la Chambre, une politique de justice et de respect pour les catholiques. Or, c'est à la suite de cette proposition de loi que le clergé français accepte de se placer sur le terrain de la Constitution et de la liberté. Montalembert, désormais, prendra la tête du mouvement. Contraint par l'hostilité des faux libéraux, jaloux du monopole de l'université, il formera *le parti catholique*. Il entraînera la majorité des évêques. Il aura pour lui la presse catholique, représentée par l'*Univers* et le *Correspondant*. Mgr Dupanloup et Mgr Parisis seront les régulateurs de « l'agitation légale ». Après de multiples vicissitudes dont le récit ne rentre pas dans le cadre de notre étude, — après, surtout, que la Révolution de 1848 aura fini d'ouvrir les yeux des politiciens sur le danger d'opprimer la liberté religieuse, la loi Falloux sera la conclusion d'un effort de quatorze années.

J'achève ici cette brève esquisse. Aussi bien ce n'est pas un exposé intégral des faits, même en raccourci, mais la définition d'une méthode d'action que j'ai voulu vous présenter. Et maintenant je ne puis me soustraire à l'obligation de juger. Que penserons-nous du libéralisme des jeunes de 1830 ? Autre question : leur ligne de conduite serait-elle viable à l'heure actuelle ?

En soi, et dégagée de l'esprit de système que lui avait passagèrement inculqué Lamennais, le libéralisme est une attitude parfaitement légitime. J'en ai dit assez pour justifier cette assertion. Si nous en doutions encore, il suffirait de relire les pages que Mgr Parisis publiait, en 1847, pour rassurer la conscience timorée de certains catholiques. L'évêque de Langres y répudiait les thèses absolues condamnées par l'Encyclique *mirari vos*. Mais il montrait qu'en fait, « tout bien pesé, nos institutions libérales, malgré leurs abus, sont les meilleures pour l'Etat et pour l'Eglise », que « dans ces circonstances, la publicité et la liberté sont plus favorables à la vérité et à la vertu que le régime contraire », et que, pour toutes ces raisons « les catholiques doivent accepter, bénir et soutenir, chacun pour sa part, les institutions libérales qui règnent aujourd'hui sur la France ». Je ne sache point que Mgr Parisis ait jamais été blâmé ni à Rome, ni ailleurs. Il traduisait une expérience, à cette époque, évidente pour tous.

Evidente, le serait-elle encore aujourd'hui ? Il y a quelque temps, je relisais une brochure de l'*Action libérale populaire*. Elle contenait le programme du groupe. Et l'on y émettait ce vœu : « qu'une série de déclarations soient insérées dans nos lois constitutionnelles et placent sous les garanties de celles-ci, vis-à-vis de tout pouvoir public, les droits et libertés dont la jouissance et le libre exercice sont assurés déjà aux citoyens d'un grand nombre de pays ». J'en conclus que s'il y a, actuellement, un libéralisme possible, ce n'est assurément pas celui de 1830. En 1830, les catholiques libéraux réclamaient la liberté inscrite dans la Constitution. Aujourd'hui, les libéraux, catholiques ou non, réclament que la liberté rentre dans la Constitution. C'est que, depuis quatre-vingts ans, la situation a changé. Le libéralisme jacobin, dont les Lamennais, les

Montalembert et les Lacordaire avaient essayé d'enrayer le progrès foudroyant a fini par l'emporter. L'idée chrétienne, chassée des foyers, des écoles, des prétoires, a dû se replier sur elle-même et renoncer à l'espoir d'étendre son statut légal. Les quelques bribes qui subsistent de ce régime de conciliation, inauguré par nos vaillants ancêtres, ressemblent à ces constructions grandioses interrompues soudain par un désastre. S'en suit-il que les jeunes d'aujourd'hui ne pourraient demain reprendre l'œuvre commencée? Je ne le crois pas. Il y a une liberté que les lois humaines, même les plus draconiennes, ne peuvent étrangler : c'est la liberté de Dieu. Et il semble que Dieu se plaise en ce moment à agir dans le secret des consciences. Il semble qu'en dépit des proscriptions la source de la vitalité chrétienne n'ait point tari. Qu'une génération de jeunes catholiques se lève et sache se grouper : demain elle sera une force ; après-demain, elle ne demandera plus, elle imposera la liberté à ces petit-fils de 89 qui l'ont indignement trahie.

IV

AU SEUIL DU PROBLÈME SOCIAL

Il était réservé à la jeunesse de 1830 d'inaugurer deux des plus grands courants de la vie catholique au XIXe siècle. Nous l'avons vue prendre position sur le terrain de la politique en y introduisant la méthode libérale. Nous la verrons aujourd'hui préluder à ce mouvement qui, de plus en plus, entraînera l'élite chrétienne sur le vaste champ des initiatives sociales.

L'honneur de l'innovation revient à Ozanam et à ses admirables *Conférences*. Toutefois, comme le devoir de l'historien est d'apprécier les événements à leur juste valeur, sans parti-pris et sans exagération, je tiens à définir, aussi nettement que possible, la place qu'occupe la Société de Saint-Vincent de Paul dans la longue série des efforts tentés pour le bien des classes ouvrières.

A quelques-uns, je le crains, il paraîtra singulièrement osé de saluer, dans la personne d'Ozanam, le promoteur d'une action qui a revêtu après lui un caractère si différent de ce qu'il fut aux origines. Il y a loin de la visite des pauvres aux syndicats professionnels! Je m'en persuade aisément. Mais il y a loin aussi du gland au chêne, et ce n'est pas une raison pour méconnaître la fécondité du germe.

Nous verrons donc en quel sens il est juste de dire que les humbles confrères de Saint-Vincent de Paul ont orienté l'activité sociale des catholiques de France. Tout d'abord nous assisterons à l'éclosion de l'œuvre : c'est l'une des pages les plus touchantes de l'histoire des jeunes. Puis, de cette œuvre, nous dégagerons l'esprit et la portée incalculable.

*
* *

A l'automne de 1831, un petit clerc d'avoué, âgé de dix-huit ans, prenait gite dans une pension de famille du quartier latin, et s'inscrivait à la Faculté de droit. Frédéric Ozanam — car c'était lui — arrivait de Lyon. Il y avait été, après Edgard Quinet, l'élève de ce collège royal où circulaient les inquiétantes proclamations des républicains en herbe. D'une crise religieuse, conjurée par son professeur de philosophie, l'abbé Noirot, il avait recueilli les deux pensées dominantes de sa vie : construire avec l'histoire une apologie du christianisme ; se dévouer au salut des jeunes gens guettés par le péril de l'incroyance. Il avait tellement à cœur ce dernier projet, qu'il était résolu, sitôt à Paris, de lui donner suite. L'isolement triste où le jeune homme se trouva réduit accrut encore son désir de le réaliser. Loin de sa famille et de ses amis, Ozanam se sentait mal à l'aise dans la capitale, qui lui faisait l'effet d'un « vaste cadavre ». Il n'allait pas au théâtre, Chateaubriand l'en ayant dissuadé, ni dans les salons à la mode, où il jugeait que son « obscurité » eût été déplacée. « Combien, songeait-il, je désirerais m'entourer de jeunes gens pensant comme moi ! or je sais qu'il y en a, qu'il y en a beaucoup, mais ils sont dispersés comme l'or sur le fumier, et difficile est la tâche de celui qui veut réunir des défenseurs autour d'un drapeau ». Ces compagnons d'idéal, il commença à les rencontrer au Collège de France : « Chaque fois qu'un professeur rationnaliste élève la voix contre la révélation, des voix catholiques s'élèvent pour répondre. Nous sommes unis plusieurs dans ce but ». C'est ainsi qu'Ozanam se lia avec un autre étudiant en droit, François Lallier. Mais en général l'union ne survivait pas au fait transitoire qui l'avait provoquée : chacun vivait à part et le jeune lyonnais n'était point satisfait. Il vit Montalembert qui lui ouvrit sa demeure. Il connut là, parmi les célébrités du jour, un certain nombre de jeunes gens catholiques ; c'était déjà mieux, mais ces réunions n'avaient point le caractère d'intimité qu'il leur eut souhaité.

Sa bonne étoile le conduisit enfin vers M. Bailly de Surcy, ancien congréganiste, qui essayait de ranimer la mourante *Société des Bonnes Etudes*, en même temps qu'il fondait un journal, la *Tribune catholique, gazette du clergé*. Le journal avait ses bureaux rue du Petit-Bourbon-Saint-Sulpice. La Société tenait ses séances place de l'Estrapade, près du Panthéon. Séances souvent fort orageuses. Pour attirer le plus possible les jeunes, M. Bailly acceptait les représentants de toutes les doctrines. Catholiques et incrédules se livraient force batailles. Les arguments volaient d'un camp à l'autre camp. Et si la courtoisie présidait aux discussions, le tapage montait parfois à un diapason tel, que les passants intrigués pénétraient dans la salle et venaient grossir le houleux auditoire. Fidèle à son idée fixe, Ozanam devint membre de la société. Du premier coup il s'imposa par son intelligence et la maturité précoce de son jugement : « Parce que Dieu et l'éducation m'ont donné quelque étendue d'idées et quelque largeur de tolérance, on veut faire de moi une sorte de chef de la jeunesse de ce pays-ci ». Ce genre d'ascendant avait ses avantages. Tout près de lui, en effet, Ozanam eut la joie de voir se former un noyau bien homogène de jeunes chrétiens. Son ami Lallier l'avait suivi à l'Estrapade. Lallier, à son tour, recruta Auguste Le Taillandier. Un autre camarade, Jules Devaux, gagna Paul Lamache. On était ainsi une demi-douzaine environ, et l'on jouissait ensemble des bienfaits d'une précieuse amitié : « Quelquefois, lorsque l'air était plus pur et la brise plus douce, aux rayons de la lune qui glissaient sur le dôme majestueux du Panthéon, en présence de cet édifice qui semble s'élancer au ciel et auquel on a ôté sa croix comme pour briser son élan, le sergent de ville, l'œil inquiet, a pu voir six ou huit jeunes hommes, les bras entrelacés, se promener de longues heures sur la place solitaire, leur front était serein, leur démarche paisible, leurs paroles pleines d'enthousiasme, de sensibilité, de consolation; ils se disaient bien des choses de la terre et du ciel, ils se racontaient bien des pensées généreuses, bien des souvenirs pieux; ils parlaient de Dieu, puis de leurs pères, puis aussi de leurs amis restés au foyer domestique, puis de leur patrie, puis de l'humanité. Le Parisien stupide qui les coudoyait en courant à ses plaisirs, ne comprenait point leur langage; c'était une langue morte, que peu de gens connaissent ici. Mais moi, je les comprenais, car j'étais avec eux, et en les entendant, je pensais et je parlais comme eux, je sentais se développer mon cœur, il me semblait que je devenais homme, et j'y puisais, moi si faible et si pusillanime, quelques instants d'énergie pour les travaux du lendemain ».

Le rêve de l'adolescent était-il donc accompli? Ce besoin d'épanchement intime, cette volonté arrêtée de faire du bien pouvaient-ils se réaliser d'une manière plus parfaite? Et pourtant, il y avait des ombres au tableau. Sans doute elles étaient passionnantes, ces joutes contradictoires de la Société des *Bonnes Études*, mais combien stériles! Les opinions, a-t-on dit, sont comme les clous : plus on les frappe, plus elles s'enfoncent. Nos étudiants l'expérimentaient chaque soir. Lorsqu'on avait consciencieusement bataillé, chacun restait sur ses positions, et n'en voulait point démordre. Si bien qu'un jour Le Taillandier, à bout de souffle, déclara net qu'il vaudrait mieux renoncer à ces inutiles controverses où l'on ne gagnait rien, pour s'occuper uniquement, en commun, de piété et de charité. La proposition resta sans écho. Mais quelque temps après, un regrettable incident éclata. A propos du poète Byron, un conférencier se permit de lancer contre le christianisme, une vraie bordée de blasphèmes. Vertement, Ozanam tança l'insulteur. C'en était trop. Il sortit, accablé de tristesse. Et soudain, comme s'il eut entrevu le sens providentiel des aspirations de son propre cœur, et des événements qui se déroulaient depuis sa venue à Paris, il décida qu'il fallait, sans retard, s'appliquer à l'exercice de la charité.

Parmi les reproches dont le bouillant panégyriste de Byron venait d'accabler l'Eglise, il en était un que nos jeunes catholiques avait maintes fois entendu répéter autour d'eux. En vain s'efforçaient-ils de décrire à leurs compagnons d'étude, matérialistes, saint-simoniens, fouriéristes ou déistes, la merveilleuse action du christianisme sur les peuples à travers les âges : ceux-ci leur répliquaient :

« Vous avez raison, si vous parlez du passé : le christianisme a fait autrefois des prodiges ; mais aujourd'hui le christianisme est mort. Et, en effet, vous qui vous vantez d'être des catholiques, que faites-vous ? Où sont les œuvres qui démontrent votre foi et qui peuvent nous la faire respecter et admettre ? » Il n'y avait qu'un parti à prendre si l'on voulait créer la conviction chez ces adversaires irréductibles : leur produire un christianisme en acte, dans la personne de ses fidèles, qui seraient les témoins de son inépuisable fécondité. Et puisque la foi agit par la charité, c'était donc aux pratiques de la charité que l'on demanderait la démonstration de la foi chrétienne.

Ozanam aboutissait à la même conclusion par une autre voie. Jusqu'à ce jour il avait confusément senti qu'il entrait dans sa destinée de secourir les jeunes hommes perdus comme lui dans l'immense solitude de Paris. Voilà pourquoi il avait erré du Collège de France à la maison de Montalembert, des bureaux de la *Tribune catholique* aux réunions de l'Estrapade. Il s'en était allé à la recherche de ces « oiseaux de passage, éloignés du toit paternel, et sur lesquels l'incrédulité, vautour de la pensée, plane pour en faire sa proie »; à la recherche de ces « pauvres intelligences, nourries au giron du catholicisme, et disséminées au milieu d'une foule inepte et sensuelle »; à la recherche de ces « fils de mères chrétiennes arrivant un à un dans des murs étrangers où l'irréligion cherche à se recruter de nos pertes ». Et il avait voulu, lui, le timide lyonnais qui fuyait les théâtres et les salons illustres, il avait voulu que les oiseaux eussent un nid protecteur; les intelligences un point de ralliement pour le temps de leur exil; il avait voulu que les mères chrétiennes eussent quelques larmes de moins à répandre, et que leurs fils leur revinssent comme elles les avaient envoyés. Dieu avait béni sa tendre sollicitude. Il lui avait donné le prestige et la science précoce des âmes. Il avait poussé vers lui ces amis chers avec qui il était si doux, à l'ombre nocturne du Panthéon, de se dire « bien des choses de la terre et du ciel »... Tout cela était bon. Mais sur quelle base stable reposerait ce premier essai de l'apostolat fraternel ? Voici que tout à coup la solution se dégageait dans sa simplicité lumineuse : « Le lien le plus fort, le principe d'une amitié véritable, c'est la charité : et la charité ne peut exister dans le cœur de plusieurs sans s'épancher au dehors ; c'est un feu qui s'éteint faute d'aliment, et l'aliment de la charité, ce sont les bonnes œuvres ». En ce moment, où deux courants généreux : le désir de convaincre les incrédules et celui de préserver les croyants, confluaient au même fleuve d'or de la charité surnaturelle, Frédéric Ozanam offrait à l'Eglise et à son pays la plus touchante initiative des jeunes au xixᵉ siècle : la *Société de Saint-Vincent de Paul.*

*

Il n'eut pas de peine à entraîner ses amis. Il parlait en termes si chauds et si émus, qu' « il aurait fallu être sans cœur et sans foi pour ne pas adhérer à la proposition ». On s'en alla trouver le bon M. Bailly qui encouragea le projet et promit de présider les futures réunions. L'accueil de M. Olivier, curé de Saint-Etienne-du-Mont, fut, au contraire, assez réfrigérant. Le quartier latin se mêler d'œuvres charitables ! Cela ne s'était jamais vu ! Ce juvénile enthousiasme flamberait comme un feu de paille. « Moitié sérieux, moitié goguenard », le digne pasteur suggéra, si l'on tenait absolument à tenter quelque chose, de catéchiser les bambins de la paroisse. M. Olivier n'avait pas compris. Un peu déçu, le groupe vint frapper à la porte de Dupanloup : « M. l'abbé, nous voudrions nous consacrer au service des pauvres. Qu'en pensez-vous? » — « Vous voulez fonder une nouvelle congrégation?» — « Non, c'est dans le monde que nous voulons nous dévouer au service des pauvres ». — « Excellent!... Extraordinaire!... Essayez toujours... » Et Dupanloup, pensant à part lui que cela n'irait pas bien loin, les « abandonna à peu près à eux-mêmes, à Dieu et à leurs bons anges ». On dit même que M. de Quélen, archevêque de Paris, observa d'abord la plus stricte réserve. Lorsqu'on lui parlera des «Messieurs de Saint-Vincent de Paul », il répondra : « Je ne les connais pas bien encore. J'attends de les voir à l'œuvre. Pour le moment ils m'inspirent plus d'appréhension que de confiance ». Heureusement, Lacordaire était là. Il devina « les bénédictions qu'attirerait sur la France cette chevalerie de la jeunesse, de la pureté et de la fraternité en faveur du pauvre ». Aussi Montalembert a-t-il pu dire que « Lacordaire fut, après Ozanam et avec lui, le véritable père de la Société de Saint-Vincent de Paul ».

Quoi qu'il en soit, nos jeunes étudiants ne se déconcertèrent point. Après tout, n'avait-on pas un peu le droit d'exiger les preuves de leur persévérance? Ils résolurent de commencer la visite des pauvres à domicile, avec distribution de secours en nature. Sœur Rosalie, supérieure des Filles de la Charité du quartier Mouffetard, leur désigna des familles, leur fournit des bons de pain, et surtout leur donna le haut exemple de son incroyable dévouement auprès des malheureux. Dès lors, par une « germination imperceptible », l'œuvre allait acquérir la forme qu'elle a conservé jusqu'à nos jours. La cellule fondamentale apparaît la première : c'est la *Conférence*, qui n'a rien de commun avec les séances agitées de la Société des *Bonnes Etudes*. On se réunit, non pour traiter les profonds problèmes de la philosophie ou de l'économie politique, mais pour prier, s'édifier et s'occuper du sort des pauvres. Bientôt la question se pose de savoir si l'on agréera de nouvelles recrues. On est si loin de songer à l'extension future de l'entreprise, qu'on hésite à augmenter le nombre des membres. Presque à regret, l'on s'y résout. Au cours de l'été 1831, on est quinze au total. En 1834, le chiffre des adhérents atteint la centaine. La nécessité de scinder la cellule initiale s'impose. Il faut un long mois de débats orageux pour consacrer le principe de la multiplication des groupes. Mais la poussée intérieure de la sève est trop puissante : si l'on y résistait, on serait vite débordé. A Bonne-Nouvelle, au Roule, dans le faubourg Saint-Germain, des essaims nouveaux germent spontanément. On se voit même obligé d'agrandir le champ de l'apostolat. Au soin des pauvres, s'ajoutent ce que l'on nommera « les œuvres accessoires » : la visite des jeunes détenus, les patronages d'apprentis. L'année suivante (1835), autre évolution. La Conférence restera-t-elle exclusivement parisienne ? rayonnera-t elle en province ? Ozanam n'hésite pas. Il voudrait « que tous les jeunes gens de tête et de cœur s'unissent pour quelque œuvre charitable et qu'il se formât par tout le pays une vaste association généreuse pour le soulagement des classes populaires ». Nîmes ouvre la série des fondations provinciales. Lyon suit à un intervalle très rapproché. Reims et Nantes emboîtent le pas en 1837. Toutefois cette expansion, sans changer nullement l'esprit de l'Œuvre, modifiera peu à peu, comme il en était advenu à la Congrégation du P. Delpuits, le système du recrutement. Désormais les hommes mûrs seront admis à prendre rang dans l'armée de la bienfaisance : « un groupement d'étudiants ferait place à une société d'hommes qui pourraient différer entre eux par l'âge, par la carrière, par la condition sociale, et qui seraient unis par le seul lien de la charité chrétienne ». Ozanam envisage même l'établissement de « Conférences rurales » : « rien, dit-il, n'est plus honorable... que de pénétrer ainsi au-delà des villes... et de s'établir au milieu de ces populations laborieuses qui sont la force de la nation comme de l'Eglise, et plus rapprochées de Dieu par la simplicité de leur foi, et plus rapprochées des pauvres par la simplicité de leur vie. »

Nous sommes en 1840. Le développement organique de la Société est à peu près achevé.

A la tête, fonctionne un Conseil central en relations directes avec tous les groupes de Paris et de province. Il prononce les affiliations nouvelles. Il coordonne les expériences et amasse un trésor d'idées pratiques qu'il met à la disposition de tous. Par ses circulaires fréquentes, il maintient l'unité d'esprit, excite le zèle, imprime à l'ensemble des volontés l'élan de la ferveur commune. Chaque année, une assemblée générale tient, à Paris, les assises de la charité. Précisément, en cette année 1840, Ozanam a été le témoin de l'une de ces solennités : « J'ai vu réunis dans l'amphithéâtre des séances, plus de six cents membres qui ne forment pas la totalité de son personnel. La masse est composée d'étudiants auxquels se mêlent les représentants des plus hautes positions. J'y ai coudoyé un pair de France, un député, un conseiller d'Etat, plusieurs généraux, des écrivains distingués. J'y ai compté vingt-cinq élèves de l'Ecole Normale (sur soixante-quinze qu'elle contient), dix de l'Ecole Polytechnique, un ou deux de l'Ecole d'Etat-Major. Le matin, près de cent cinquante associés s'étaient approchés ensemble de la Sainte-Table, au pied de la châsse du saint patron. On avait reçu les lettres de plus de quinze villes de France qui ont déjà des Conférences florissantes ; un nombre à peu près égal s'est organisé cette année. Nous voici près de deux mille jeunes gens engagés dans cette paisible croisade de la charité catholique. » Si l'on ajoute que la Conférence a franchi les frontières françaises en s'installant à Rome, on aura l'idée exacte de ce mouvement splendide qui, en moins de neuf ans, avait tenu sa promesse de prouver au monde la vitalité de la foi chrétienne.

*
* *

Rien de plus simple, en apparence, que cette histoire des origines de la Société de Saint-Vincent de Paul. Quelques jeunes gens, soucieux de préserver leur foi et de l'enseigner aux autres par leurs actes, décident de s'adonner aux humbles tâches de la charité. Leur initiative, d'abord traitée à la légère, prend un développement inattendu. Certes l'idée n'est pas banale. Elle l'est d'autant moins que ses promoteurs sont des laïques et qu'ils l'ont pour ainsi dire tirée de leur propre fond. Mais il est à peine besoin d'observer qu'elle rentre dans la tradition séculaire de l'Eglise. Le succès a été rapide : il n'a pas échappé aux timidités et aux tâtonnements d'une entreprise à ses débuts. Je le répète : rien de plus simple et de moins extraordinaire en soi.

En fait, après l'éclosion du libéralisme catholique, l'apparition des *Conférences de Saint-Vincent de Paul* est l'événement capital de l'histoire religieuse à cette époque. A y regarder de plus près encore, elle amorce l'un des plus graves problèmes que la pensée chrétienne ait eu à résoudre au siècle dernier.

Si Frédéric Ozanam n'avait été que le modeste et pieux étudiant, préoccupé du salut de ses frères ; s'il n'avait été, surtout, que l'ouvrier

inconscient d'une œuvre dont l'évolution ulté-
rieure échapperait à son emprise passagère, nous
n'aurions aucune raison de nous étonner. Or la
réalité n'autorise pas cette manière de voir.
Jusqu'à sa mort, survenue en 1853, Ozanam a été
l'âme des *Conférences*. Son influence a été discrète, mais décisive toujours. Pas un seul progrès
dont il n'ait été la cause déterminante. Il a vraiment modelé, façonné la société à l'image et à la
ressemblance de l'Idéal qu'il avait conçu. Et
voici où commence le mystère : *jamais* Ozanam
n'a voulu ni permis que cette société, même
lorsqu'elle eut dilaté ses cadres, admis les hommes de tout âge, de toute condition, de tout rang,
sortît du pur domaine de la charité.

Qu'y a-t-il là de surprenant ? Permettez-moi
de m'expliquer. Avec M. H. Joly, j'estime qu'il
serait téméraire de rattacher Ozanam à telle ou
telle école sociale d'aujourd'hui. Il n'en reste pas
moins vrai que l'auteur de *la Civilisation chrétienne au v° siècle* et *des Etudes germaniques*, a
été l'un des observateurs les plus avertis, les
plus pénétrants et les plus angoissés de la formidable crise sociale qui, nous l'avons vu, couve
depuis 1830 et éclate aux environs de 1840.

Il est des visions de jeunesse dont la hantise
poursuit à travers toute leur existence ceux qui les
ont contemplées. Or, à la veille de son départ
pour Paris, Ozanam avait *vu* ces étranges disciples de Saint-Simon, attirés par le bourdonnement
de la ruche lyonnaise, et qui venaient « annoncer
[aux ouvriers] la chute du Dieu des chrétiens,

et élever sur les ruines de la vieille croyance,
une religion neuve, puissante, pour le bonheur
de l'humanité ». Il avait *vu* l'effervescence populaire, ces auditoires de 1,200 et de 2,000 personnes
prêtant l'oreille aux déclamations des tribuns
baroques, mais dont la parole portait très loin :
quatre insurrections successives en avaient témoigné. Il avait mieux fait que de voir : il était
intervenu. Son premier ouvrage, écrit à dix-sept
ans et demi, avait été la réfutation d'une doctrine
qui sapait par la base le droit de propriété. Ce
contact avec le socialisme naissant lui avait
inculqué une conviction indestructible : c'est que
le champ des luttes pour l'existence de la patrie
et de l'Eglise s'était déplacé. L'horizon « social »
surgissait par delà l'horizon « politique ». « Je
voudrais, écrivait-il en 1834, l'anéantissement
de l'esprit politique au profit de l'esprit social ».
Avec les années, la distinction des deux domaines
s'affirme à ses yeux, tandis qu'il discerne combien
la justice est intéressée aux nouveaux débats :
« La question qui divise les hommes de nos jours
n'est plus une question de forme politique, c'est
une question sociale, c'est de savoir qui l'emportera, de l'esprit d'égoïsme ou de l'esprit de
sacrifice, si la Société ne sera qu'une grande
exploitation au profit des plus forts ou une consé-
cration de chacun pour le bien de tous et surtout
pour la protection des faibles. Il y a beaucoup
d'hommes qui ont trop et qui veulent avoir encore :
il y en a beaucoup plus d'autres qui n'ont pas
assez, et qui veulent prendre si on ne leur donne

pas. Entre ces deux classes d'hommes, une lutte se prépare, et cette lutte menace d'être terrible : d'un côté, la puissance de l'or, de l'autre celle du désespoir ». Ces lignes sont de 1837, et c'est l'époque où la Société de Saint-Vincent de Paul se cantone plus que jamais dans la visite des pauvres, où elle traite d' « accessoires » les œuvres étrangères à ce but ; l'époque où le fondateur abjure les confrères de pratiquer la « résignation » qu'ils doivent prêcher aux malheureux. Plus tard, à la veille de 1848, dans le *Correspondant*, il lancera le fameux cri « passons aux barbares », avec ce commentaire : « en disant passons aux barbares, je demande que nous nous occupions du peuple qui a trop de besoins et pas assez de *droits* ». Et lorsque le tonnerre de la révolution aura secoué l'indifférence d'une bourgeoisie aux abois, il se plaira encore à dénoncer le vrai danger : « Derrière la révolution politique, il y a une révolution sociale. Derrière la question de la République, qui n'intéresse guère que les gens lettrés, il y a les questions qui intéressent le peuple, pour lesquelles il s'est armé, les questions de l'organisation du travail, du repos, du salaire. Il ne faut pas croire que l'on puisse échapper à ces problèmes. Si l'on pense que l'on satisfera le peuple en lui donnant des assemblées primaires, des conseils législatifs, des magistrats nouveaux, des consuls, un président, on se trompe fort : dans dix ans d'ici, et plus tôt peut-être, ce sera à recommencer ». En vérité, pouvait-on, en termes plus nets et plus catégoriques, assigner à la justice sa place nécessaire dans la pacification des conflits sociaux ? Et pourtant, pas plus à cette époque qu'à aucune autre de sa vie, Ozanam ne songe à changer le caractère d'une œuvre qu'il dépendait de lui de lancer sur une autre voie. Pourquoi n'y a-t-il pas consenti ?

Ce qui redouble notre perplexité, c'est que Frédéric Ozanam, sur son humble phalange de visiteurs des pauvres et des mansardes, fait reposer les plus vastes espérances. Il vient de décrire les deux factions en présence : les riches et les déshérités : « Entre ces deux armées ennemies, il faudrait nous précipiter, sinon pour empêcher, du moins pour amortir le choc. Et notre âge de jeunes gens, notre condition médiocre nous rendrait plus facile ce rôle de médiateurs, que notre titre de chrétiens nous rend obligatoire ». Médiateurs ! Mais comment le seraient-ils, ces jeunes gens, s'ils s'obstinent à parler de charité et d'aumône, dans une société où des milliers de lèvres frémissantes clament les revendications de la justice ? Ozanam ne s'émeut pas. Il repart de plus belle : « Il m'est évident que la Société de Saint-Vincent de Paul..., qu'elle *seule*, par la multitude et la condition de ses adhérents, par son existence sur tant de points divers, par l'abnégation de tout intérêt philosophique et politique, peut rallier la jeunesse dans des voies droites, porter peu à peu dans les plus hautes classes et dans les fonctions les plus influentes un esprit nouveau, tenir tête aux associations secrètes qui menacent la civilisation de notre pays, et peut-être enfin *sauver la France!* » Rêve inouï ! rêve impossible ! Ce n'est pas tout de disposer d'une force puissante : il faut encore l'appliquer au point précis où son action s'exercera avec profit. Or, dans l'espèce, cette force ne portera-t-elle pas à faux, s'il est vrai que les questions de travail, de salaire, de retraites ouvrières sont de celles qu'on ne dirime pas avec des élans d'amour, mais avec les principes de la philosophie et du droit !

Et ainsi les origines des Conférences de Saint-Vincent de Paul, en dépit du calme limpide qui les enveloppe, nous introduisent, d'emblée, au cœur de ce gigantesque problème social que les catholiques ne pourront plus éluder. Pourquoi Ozanam, conscient des besoins de son époque, persuadé par ailleurs que la misère du peuple relevait dans une large mesure du tribunal de la justice, a-t-il délibérément choisi pour lui-même et pour la jeunesse qui le suivait, le terrain de la Charité? Après quatre-vingt-dix ans le sujet n'a rien perdu de son actualité. Essayons de l'approfondir.

*
* *

On ne comprendrait que très imparfaitement la ligne de conduite adoptée par Ozanam, si l'on ne tenait compte des contingences qui la lui imposèrent. Il nous paraît aujourd'hui tout naturel que les catholiques et généralement la partie éclairée d'un pays civilisé consacrent le meilleur de leur pensée, de leur activité à l'étude théorique et pratique des questions sociales. Sous la monarchie de Juillet, l'attention était loin d'être aussi éveillée.

A la prendre dans son ensemble, la société d'alors ressemblait à ces villages napolitains, bâtis sur les flancs du Vésuve, et qui vivent insouciants d'un danger toujours redoutable. La révolution de 1848 fut, pour le plus grand nombre, une surprise. Il eut suffi, cependant, pour ébranler l'optimisme où l'on se complaisait, de méditer certaines déclarations formulées, à l'aurore du régime, par d'audacieux agitateurs. Dès 1832, Blanqui, le futur communard, arrêté pour délit de conspiration, n'avait-il pas jeté à la face de ses juges cette menace virulente : « Ceci est la guerre entre les riches et les pauvres : les riches l'ont voulue, parce qu'ils ont été des agresseurs ; les privilégiés vivent grassement de la sueur des pauvres. La Chambre des Députés est une machine impitoyable qui broie vingt-cinq millions de paysans et cinq millions d'ouvriers, pour en tirer la substance qui est transfusée dans les veines des privilégiés. Les impôts sont le pillage des oisifs sur les classes laborieuses ». Malgré ces avertissements multipliés d'année en année ; malgré les soulèvements et les attentats fomentés par les sociétés secrètes, fantômes insaisissables et qui se remplaçaient les uns les autres en se passant leur programme de désordre ; malgré l'alliance de plus en plus étroite de la démagogie politique avec le socialisme d'Etat, les classes dirigeantes ne tentaient rien ou presque rien pour conjurer le fléau. Quelquefois, un nuage d'inquiétude assombrissait ces fronts sereins : bientôt la sécurité renaissait, et l'on n'avait que des sourires de mépris pour ces uto-

pistes qui, à la suite de Saint-Simon, de Fourrier,
d'Enfantin ou de Pierre Leroux, chantaient l'âge
d'or du prolétariat. Le gouvernement, il est vrai,
risquait de timides réformes. Il développait les
caisses d'épargne, l'assistance publique; il éla-
borait des projets sur les caisses de retraite et
sur les monts-de-piété. Qu'étaient ces essais partiels en regard des appétits impatients de la multitude? Et puis, un plan de réforme sociale ne
s'improvise pas. Les socialistes avaient la supériorité incontestable de savoir ce qu'ils voulaient.
Sans doute leur système était surtout négatif. Du
moins s'entendaient-ils pour détruire et l'on est
fort lorsqu'on peut rallier à une idée maîtresse
une masse naturellement portée à la violence et
aux excès. La tâche des hommes d'ordre était
plus compliquée. Il est beaucoup plus facile de
renverser que de construire, de diagnostiquer le
mal que de lui trouver un remède. Cela suppose
une science, une doctrine, des traditions. Malheureusement les guides de la France n'en avaient
pas. Ce n'était point les Economistes qui auraient
pu leur en donner. Avec leurs principes de libre
concurrence, ils favorisaient plutôt l'aggravation
de la crise. Leur unique souci était d'intensifier le
mouvement des affaires. Peu leur importait que
les ouvriers fussent les victimes de la surenchère
industrielle. A supposer qu'une tendance un peu
moins matérialiste se fût fait jour, encore eut-il
fallu que les classes moyennes acceptassent d'y
conformer leurs mœurs. Or, quelle que fussent
par ailleurs ses qualités et son mérite, la bour-

geoisie, au temps de Louis-Philippe, ne péchait point par excès d'élévation et de désintéressement. Grisée par le progrès économique, « en proie à une sorte de fièvre de gain et de jouissance », elle irritait le peuple par son égoïste indifférence, et lui enseignait, par son exemple, toutes les convoitises. Cet état d'esprit, cette absence d'idées saines, cette ignorance des hommes et des événements ne préparaient nullement les esprits à aborder de front la question sociale. On devait être débordé, et on le fut. Ozanam n'avait, là-dessus, aucune illusion, et il ne se trompait pas lorsqu'il écrivait, à la veille des journées de Juin : « On ne peut toucher à ces problèmes sans ébranler tout le crédit financier, tout le commerce, toute l'industrie. Si l'Etat intervient entre le maître et les ouvriers pour fixer le salaire, la liberté dont le commerce a vécu jusqu'ici cesse d'exister et, en attendant qu'elle puisse se reconstituer sous de nouvelles lois, Dieu sait que de temps, de difficultés et de souffrances nous traverserons ! Le malheur est qu'il y a dix-huit ans, en 1831, quand les ouvriers de Lyon posèrent ces questions à coups de fusils, le Gouvernement n'ait pas voulu s'en occuper ; alors on les eût étudiées à loisir, on eût essayé différentes solutions, on se serait désabusé des chimères. Aujourd'hui, il faut se précipiter dans les hasards, sans étude, sans préparation, au risque de ruiner l'Etat, les fortunes privées et le travail lui-même, qui diminue aussitôt que la confiance se retire. »

Si d'autre part on se tourne vers les catholiques, leur impuissance, hélas! n'apparaît que trop réelle. Leur existence est en cause ; obligés de conquérir, pied à pied, les bribes de liberté que la Charte leur laisse, ils sont entraînés en des luttes qui les absorbent. Allons plus loin et ne craignons pas d'en faire l'aveu : ils n'ont point, eux non plus, à proprement parler, de *doctrine sociale*. Depuis le début du siècle, plusieurs d'entre eux se sont essayés sur ce thème nouveau. De Maistre et de Bonald ont ébauché de belles synthèses : ils sont abstraits et l'absolu de leur monarchisme les rend suspects. Chateaubriand, sur le tard, a entrevu la mission sociale de l'Eglise : il s'est arrêté à des généralisations imprécises. Buchez est en marge du catholicisme. Lamennais s'est livré à la Révolution. De Tocqueville s'applique surtout à démontrer le caractère inéluctable et définitif du fait démocratique. Tous ou presque tous abordent le problème social sous son aspect politique. Et je crois bien qu'Ozanam est l'un des rares hommes de son temps qui aient appuyé, avec tant d'énergie, sur la nécessité de ne plus confondre les deux perspectives. A ce titre, il mériterait déjà d'être salué comme un précurseur.

Mais qu'il ait refusé d'engager la Société de Saint-Vincent de Paul dans cette dangereuse broussaille où nulle avenue n'avait été pratiquée, ni par les pouvoir publics, ni même par les interprètes de la pensée chrétienne, on ne saurait le lui reprocher. « Nous autres, disait-il encore, nous sommes trop jeunes pour intervenir dans la lutte sociale ». Trop jeunes, oui, et non seulement par l'âge, mais parce que, vraiment, à cette époque, les catholiques de France et la France entière étaient tout à fait *jeunes* en matière d'expérience sociale.

****

« Resterons-nous donc inertes au milieu du monde qui souffre et qui gémit ? » Ozanam, nous le savons, n'admettait pas cette attitude passive et il était persuadé que « la mission d'un jeune homme, dans la société d'aujourd'hui, est bien grave et bien importante ». Mais si l'on ne peut instaurer le règne de la justice, à quel parti se résoudre ? En attendant que des circonstances plus favorables permettent une intervention directe et efficace dans l'obscur problème qui divise le capital et le travail, le patron et l'ouvrier, le riche et le pauvre, quelle tactique adopter ? Écoutez le fondateur des *Conférences* : « Il nou est ouvert une voie préparatoire... » Voie *préparatoire*, qui ne prétend donc nullement suppléer aux réalisations futures, mais néanmoins doit acheminer vers elles les intelligences et les volontés. Et quelle est-elle, cette voie ? « Notre pensée est de commencer et d'entretenir parmi les chrétiens une *agitation charitable* ». Et en effet, voilà, en deux mots, la pensée totale d'Ozanam.

Ce n'est point ici le lieu de traiter, théoriquement, des rapports de la justice avec la charité. Toutefois, il n'est pas superflu de remarquer, en passant, qu'au point de vue de la plus stricte orthodoxie, Ozanam était dans la vérité. La doctrine catholique, par l'unanimité de ses théologiens, enseigne que les actes de toutes les vertus chrétiennes attendent de la charité leur impulsion première et reçoivent d'elles leur mérite. Et comme l'amour de Dieu et celui du prochain ne sont au fond qu'un même amour, il n'est pas une seule manifestation de la vie sociale, y compris l'accomplissement des devoirs de justice, qui ne soit en quelque sorte conditionnée par une pulsation préalable de la charité. J'ignore si Ozanam avait étudié dans les manuels cet aspect de la doctrine catholique. Ce n'était point nécessaire. La bonne fortune des saints n'est-elle pas de retrouver, par la pratique de l'idéal évangélique, ce que les docteurs concluent au terme de leurs raisonnements. « Oui, mon ami, écrit en 1835 notre jeune étudiant, la foi et la charité des premiers siècles ! ce n'est pas trop pour notre âge. Ne sommes-nous pas, comme les chrétiens des premiers temps, jetés au milieu d'une civilisation corrompue et d'une société croûlante ? Jetons les yeux sur le monde qui nous environne. Les riches et les heureux valent-ils beaucoup mieux que ceux qui répondaient à saint Paul : « Nous vous entendrons une autre fois ». Et les pauvres et le peuple sont-ils beaucoup plus éclairés que ceux auxquels prêchaient les apôtres ? Donc à des maux égaux il faut un égal remède ; la terre s'est refroidie, c'est à nous, catholiques, de ranimer la chaleur vitale qui s'éteint ».

Paroles profondes et que justifie l'expérience des siècles. Lorsque le Christ était apparu sur la terre, est-il niable qu'il y eût une question sociale? Certes, il y en avait une, et pourtant personne ne s'en doutait. La poignée de riches qui gaspillait son sang et sa fortune en jouissances grossières ou raffinées, selon les cas, ne voyait nul inconvénient, au contraire, à ce que le reste de l'humanité pliât sous le joug d'une honteuse servitude. Elle trouvait tout indiqué que la chair des esclaves fut servie en pâture aux bêtes du cirque ou aux murènes des viviers. Il lui semblait naturel que la femme qui avait cessé de plaire fut évincée du foyer et que les enfants souffreteux fussent jetés à la voirie. Et Dieu sait toutes les turpitudes, toutes les monstruosités que l'égoïsme humain a placées, au cours des âges, sous la protection des lois, depuis le « droit paternel » de l'antiquité, jusqu'au « droit du poing » des modernes germains. Or, pour réprimer ces abus, le christianisme avait-il commencé par dresser code contre code, législation contre législation? Allons donc! s'il avait procédé de la sorte, personne n'y eut rien compris. Et pourquoi? Parce que, avant d'édicter des lois à l'usage des hommes, il faut tout d'abord amener les hommes aux dispositions voulues pour que les lois soient viables et ne restent pas lettre morte. Le christianisme avait donc pris un autre biais. Il s'était mêlé à toutes les classes du peuple. Aux grands et aux petits il avait parlé le même langage : « Vous êtes les enfants d'un même père; vous avez été rachetés par le même sang de Jésus-Christ; vous êtes donc frères, et vous devez vous aimer ». Aux grands, il avait dit : « Vous ne pouvez plus opprimer vos semblables, maintenant que vous avez appris qu'ils sont des hommes comme vous, revêtus, devant Dieu, d'une dignité égale à la vôtre ». Aux petits, il avait dit : « Ne vous révoltez pas. Un jour viendra où vos chaînes tomberont. D'ici-là, patientez. Vos larmes et vos sueurs ne sont pas perdues. Quelqu'un là-haut les recueille, et Il vous invite à en appeler, des justices bancales et éphémères d'ici-bas, à la Justice infaillible qui ne passe point ». Et peu à peu les yeux s'ouvraient. D'eux-mêmes, les hommes formés à l'École de l'amour souhaitaient puis réalisaient les grandes réformes sociales. L'Église, elle aussi, avait fait de « l'agitation charitable » et cette bienfaisante agitation avait été, pour les peuples, la « voie préparatoire » à la justice.

Mais voici qu'après dix-huit siècles, la société semblait perdre de vue l'idéal chrétien. Derechef les forts opprimaient les faibles, et les faibles sentaient monter à leur front le rouge de la honte. Le conflit renaissait, plus terrible qu'autrefois, car ce n'est pas en vain que les nations européennes avaient été comme imprégnées, durant cette longue durée, de la sève évangélique. Même la Révolution, qui proclamait ses dogmes vagues de liberté, d'égalité et de fraternité, n'eût pas été possible si le Christ, du sommet de la montagne des Béatitudes, n'avait pas promulgué la Charte de l'Evangile. Et ces ouvriers qui, maintenant, se ruaient, sous les plis du drapeau rouge ou sous les plis du drapeau noir, à l'assaut de la forteresse capitaliste, qu'ils le voulussent ou non, étaient encore des chrétiens. Et ces riches, prosternés aux pieds du veau d'or, qu'ils l'eussent ou non oublié, étaient, eux aussi, des chrétiens. Et c'était si vrai que parfois, sur les lèvres des pires socialistes, une louange s'attardait, et comme un regret de cette religion qu'à d'autres heures on insultait à pleine bouche : « Quand on réunit dans son esprit, disait Blanqui, les souvenirs glorieux des premiers temps du christianisme et les détails majestueux de cette organisation si simple et si savante, on ne peut se défendre d'un profond sentiment de mélancolie en voyant aujourd'hui cette religion menacée d'une sérieuse décadence. » Malgré nos essais nombreux de régénération politique, aucune constitution humaine n'est pareille à la sienne…. Il y a des questions… qui demeureront insolubles tant qu'elle n'y mettra pas la main. L'instruction populaire, la répartition équitable des produits du travail, la réforme des prisons, les progrès de l'agriculture et bien d'autres problèmes ne recevront de solution complète que par son intervention, et c'est justice : elle seule peut, en effet, bien résoudre les questions qu'elle a bien posées ». Regrets entachés d'exagération, je le veux bien ; mais regrets émouvants et qui prouvent que le christianisme gardait des points d'attache avec la société issue de la tourmente révolutionnaire. Mais alors, si, d'une part, le problème était ramené à ses origines lointaines ; si, d'autre part, il y avait toujours dans les intelligences les plus obnubilées des lueurs de vérité catholique, l'hésitation n'était plus permise ; il fallait reprendre à pied d'œuvre la restauration sociale, et par conséqnent recommencer, plus intense que jamais, « l'agitation charitable ». C'est ce que fit Ozanam.

On objectera peut-être que le moyen employé n'était pas à la hauteur du but. Elle est assurément bien touchante la visite des pauvres à domicile. N'allait-elle pas perpétuer et aggraver l'équivoque qui, de nos jours, soulève la défiance populaire contre la charité, pourvoyeuse d'aumônes et soutien du paupérisme ? Si la visite des indigents n'avait eu d'autre raison d'être que de procurer aux malheureux un secours passager, et d'ailleurs presque toujours insuffisant, nous ne verrions pas, en effet, le lien s'établir entre cette humble industrie et le but principal. Mais Ozanam visait plus loin. Du reste, lui-même avait prévu l'objection, et il l'a si bien réfutée que j'aime mieux, une dernière fois, lui abandonner le soin de défendre sa cause : « On dira souvent aux plus nouveaux venus parmi vous, déjà on leur dit chaque jour : « Jusques à quand irez-« vous dans les associations catholiques, prati-« quer la charité du verre d'eau ? Qu'allez-vous « faire parmi des hommes qui ne savent que sou-« lager la misère sans en tarir les sources ? Que « ne venez-vous plutôt vous asseoir dans ces « réunions plus hardies où l'on travaille à déra-

« ciner le mal d'un seul coup, à régénérer le
« monde, à réhabiliter les déshérités ? » Ce langage n'est pas nouveau pour nous. C'est celui
que nous tenaient, il y a quinze ans, les écoles
saint-simoniennes et phalanstériennes, lorsqu'en
si petit nombre nous fondions la Société de Saint-
Vincent de Paul. Assurément nous ne sommes
pas contents de nous-mêmes, et le ciel nous pré-
serve de nous louer de nos œuvres ! Mais quand
nous comparons ce que nous aurions fait dans
les rangs de ceux qui nous pressaient de leurs
reproches, et les besoins que nous avons
secourus, les larmes que nous avons essuyées,
les unions légitimées, les enfants élevés, peut-
être les crimes prévenus, les colères adoucies,
ah ! nous n'avons pas de regret du choix que Dieu
nous inspira de faire. Choisissez de même, messieurs, et dans quinze ans vous ne vous en repen-
tirez pas... Oui, sans doute, c'est trop peu de
soulager l'indigent au jour le jour : il faut mettre
la main à la racine du mal, et par de sages
réformes diminuer les causes de la misère
publique. Mais nous faisons profession de croire
que la science des réformes bienfaisantes s'apprend moins dans les livres et aux tribunes des
assemblées, qu'en montant les étages de la maison du pauvre, qu'en s'asseyant à son chevet,
qu'en souffrant du même froid que lui, qu'en lui
arrachant dans l'effusion d'un entretien amical le
secret d'un cœur désolé. Quand on s'est acquitté
de ce ministère, non pendant quelques mois, mais
de longues années ; quand on a ainsi étudié le

pauvre chez lui, à l'école, à l'hôpital, non dans une ville seulement, mais dans plusieurs, mais dans les campagnes, mais dans toutes les conditions où Dieu l'a mis, *alors on commence à connaître les éléments de ce formidable problème de la misère*; alors on a le droit de proposer des mesures sérieuses, et au lieu de faire l'effroi de la société, on en fait la consolation et l'espoir. »

La réplique est péremptoire, et l'espèce de *hiatus* que l'on eut, à tort, soupçonné d'exister entre la fin et le moyen, entre la « réforme sociale » et la « visite » des milieux ouvriers, disparaît. Il vous semble bien modeste, bien effacé, ce confrère de Saint-Vincent de Paul, jeune ou parvenu à la maturité de l'âge, simple élève de lycée ou jouissant déjà d'une situation acquise, et qui s'en va, le cœur débordant de compassion, porter un peu de réconfort, et ses bons de pain, de viande ou de chaussures, aux déshérités de la vie ! Ne vous y méprenez pas : modeste et effacé, certes, il veut l'être, et c'est là son unique ambition. Mais tandis qu'il converse aimablement avec ses pauvres, tandis que, gravement, à l'exemple de son bienheureux patron, il surveille ses « fourneaux économiques » ou qu'il préside, dans ses patronages, aux ébats des gamins de nos faubourgs; tandis qu'il prodigue dans les *Secrétariats de Famille*, les renseignements et les conseils, ou qu'il organise les loteries de l'Œuvre des *Saintes-Familles*, le confrère de Saint-Vincent de Paul acquiert une merveilleuse expérience des classes populaires, et un doigté plus merveilleux encore. Et lorsqu'enfin les œuvres « sociales » proprement dites auront surgi, il se trouvera juste à point pour en être l'auxiliaire le plus intelligent et le plus dévoué. Même s'il ne s'en mêle pas directement, il saura les faire connaître à tant de braves gens qui, les ignorant ou n'ayant pas le courage de s'y adresser eux-mêmes, seraient exposés à se contenter de l'aumône quotidienne, au lieu de se régénérer par un effort personnel. Le confrère de Saint-Vincent de Paul restitue à la charité chrétienne l'un de ses traits les plus essentiels, les plus méconnus, parfois même parmi les cathotiques : sa valeur éducative : éducative et pour celui qui la pratique et pour celui qui en est l'objet. A celui-ci elle apprend peu à peu à s'affranchir du régime de l'aumône. A celui-là, elle révèle l'âme de l'ouvrier, avec ses préjugés sans doute, mais aussi avec sa vraie noblesse et ses légitimes aspirations. Et le comte Albert de Mun a pleinement rendu hommage au fondateur des *Conférences*, lorsqu'il a dit de lui : « Il donna le signal de l'action populaire chrétienne » ; et ailleurs : « l'Œuvre d'Ozanam reste l'Œuvre maîtresse et comme l'atelier d'apprentissage où toutes les œuvres sociales vont chercher leurs ouvriers. »

Plaise à Dieu, — son expansion à l'heure actuelle nous en est un gage précieux — plaise à Dieu qu'elle le reste longtemps encore. Car quelle que soit l'ampleur et la fécondité des initiatives sociales à notre époque, rappelons-nous que ce splendide essor retomberait bien vite, s'il n'était

soutenu par l'amour surnaturel du prochain.
Plus le mouvement de restauration économique
professionnelle s'accentuera, plus il sera nécessaire de perpétuer ce souffle vivant et agissant
que lui avait communiqué Frédéric Ozanam ; plus
il sera nécessaire de renforcer et d'étendre
« l'agitation charitable ».

V

LA RESTAURATION
DE L'ORDRE SOCIAL CHRÉTIEN

Frédéric Ozanam, sous la pression des circonstances, avait conduit l'élite de la jeunesse française au seuil des problèmes sociaux. Il avait refusé d'aller plus loin. Volontairement, il n'avait pas, en fait, dépassé l'horizon de la Charité. Nous avons vu le bien-fondé doctrinal et l'opportunité de ce point de vue. S'y tenir avec trop d'exclusivisme eut été, à la longue, imprudent.

Comment, par une série d'approches successives, les catholiques furent-ils conduits à superposer l'ordre de la justice sociale à l'ordre de la charité, tel sera le principal intérêt de notre enquête d'aujourd'hui.

La période que nous allons embrasser est longue. Elle s'étend de l'année 1846 à l'année 1891. Elle a du moins l'avantage d'être homogène. L'effort progressif y est marqué d'étapes distinctes, logiquement enchaînées, se reliant toutes par un premier et solide anneau au mouvement des *Conférences* d'Ozanam. Une idée générale lui confère son incontestable unité : c'est la Restauration, antirévolutionnaire, de l'ordre social chrétien par l'organisation professionnelle du Travail. Deux noms enfin, l'un plus effacé, mais vénérable, l'autre, glorieux entre tous, la dominent : celui de Maurice Maignen, fondateur, avec Le Prévost et Myionnet, de la Société des Frères de Saint-Vincent de Paul, et celui du comte Albert de Mun, le chef de notre école sociale française. Or, M. Maignen avait vingt-quatre ans, lorsqu'il commença, en 1846, à s'occuper des apprentis. De Mun en avait trente, lorsqu'il lança, en 1871, l'Œuvre des Cercles ouvriers. Et quand il eut atteint la maturité de l'âge, sa jeunesse se continua et se multiplia dans un groupe qui fut et reste l'héritier de sa pensée et de son inlassable ardeur : l'*Association catholique de la Jeunesse française*, née en 1886. Ces états de service nous autorisent à rattacher le courant dont je vais vous entretenir à l'histoire des Jeunes au XIX° siècle. Le chapitre peut être brièvement écrit, si l'on a bien situé le centre autour duquel tout le reste évolue et s'ordonne. Je ne désespère pas d'y réussir et, par conséquent, d'être court sans cesser d'être clair.

*
* *

Bien que l'organisme social se puisse rencontrer à différents stades de croissance et d'évolution, il est manifeste que la société adulte, normalement développée, présente partout et toujours ces trois rouages essentiels : l'Etat, les dirigeants, le peuple. A la société, le peuple donne principalement ses bras ; les dirigeants, leur esprit ; l'Etat, son pouvoir régulateur.

Le peuple est le vaste réservoir des énergies réalisatrices. Il est, exactement, *l'ouvrier* de la civilisation. Il met au service de la cause commune ses métiers multiples, spécialisés et dont chacun parachève, d'un trait habile, le chef-d'œuvre quotidien de la vie sociale.

La classe dirigeante est tout à la fois un instrument de conservation et de progrès. Son rôle n'est pas de jouir, mais d'offrir aux plus humbles l'exemple de la vertu et de l'honneur. C'est d'elle que la Société attend sa lumière, son impulsion, son mouvement. Et c'est elle que l'on doit trouver à la tête de toutes les entreprises qui concourent à la prospérité matérielle, intellectuelle et morale d'un pays.

Au sommet, l'Etat. Sa mission n'est nullement de remplacer les initiatives privées, individuelles ou collectives, ni de les entraver par des mesures arbitraires, mais de les favoriser si elles sont justes, et de les consacrer si elles intéressent le bien de tous. Puissance d'équilibre et de synthèse, l'Etat est comme le lit où le fleuve des libertés sociales coule entre les berges protectrices des lois.

La société idéale est donc celle où le peuple, les dirigeants et l'Etat, conscients de leurs droits parce qu'ils le sont de leurs devoirs, collaborent au bien-être général. Si au contraire les grandes lignes de l'édifice fléchissent ou se rompent, si le travail de l'ouvrier est entravé ; si la classe dirigeante se tient à l'écart ou ne se mêle au peuple que pour l'exploiter ; si l'Etat n'est plus un modérateur mais un despote, l'ordre social a disparu. C'est le désordre, le malaise et la souffrance.

Or, malheureusement, ce mal est celui dont la France a pâti depuis plus d'un siècle. La grande faute de la Révolution fut de réduire le corps social à n'être plus qu'une poussière d'individus isolés. On dira peut-être que l'Ancien Régime avait besoin de réformes, et c'est vrai. Il est vrai que l'absolutisme royal transformait de plus en plus la vieille aristocratie en un rouage inutile, parfois encombrant. Il est vrai aussi que d'intolérables abus s'étaient introduits dans les associations corporatives. Etait-ce une raison pour tout supprimer ? On ne tue pas un malade sous prétexte de le guérir.

La Révolution employa ce remède radical. Elle se piqua de ne plus connaître que des individus libres et égaux, *en tant qu'individus*. L'association lui parut un obstacle à la liberté individuelle : elle supprima le droit d'association. La hiérarchie sociale lui parut un obstacle à l'égalité individuelle : elle abolit les classes.

Et ce fut l'origine d'un immense désordre. Ce qu'on enlevait aux organes secondaires de la Société, on l'attribuait à l'Etat. Celui-ci endossa donc des responsabilités et des compétences sans nombre. Centralisateur à outrance, insuffisamment renseigné, souvent inféodé à un parti, il se mêla de tout et se crut tout permis. Son omnipo tence brouillonne prouva, une fois de plus, que l'Etat ne saurait sortir de son rôle régulateur sans glisser sur la pente de l'injustice et de l'oppression.

D'autre part on n'abolit pas, à coup de décrets, les inégalités sociales. Rien ne peut empêcher que les hommes ne viennent au monde avec des intelligences, des volontés et des aptitudes différentes. S'inscrire en faux contre ce fait inéluctable, c'est entretenir au fond des âmes un ferment de haine, de jalousie et de révolte. Le péril est d'autant plus à craindre qu'en vertu de la liberté illimitée dont chaque individu bénéficie, l'homme mieux doué sera souvent tenté d'abuser de sa supériorité au détriment du faible.

Dans l'espèce, le faible est le travailleur et le fort, le producteur. Hypnotisé par l'appât des gros profits, le producteur traite l'ouvrier en machine. Il lui mesure son salaire à la somme brute du travail fourni. Il le mesure de telle sorte que le tâcheron, s'il veut vivre et faire vivre les siens, n'aura plus ni repos, ni les joies du foyer, ni le temps de satisfaire à ses besoins les plus nobles. Comment l'ouvrier se protégera-t-il ? L'association serait sa meilleure défense : mais ce droit lui est refusé. Et ce ne sont pas les producteurs qui le ressusciteront. La liberté du travailleur entraverait leur propre liberté, et ils redoutent les représailles.

Un Etat débordé, sans contact avec les couches profondes de la nation ; une classe dirigeante instable et sans lien avec le peuple ; une classe ouvrière aigrie et sans attachement pour ses guides : voilà l'œuvre sociale de la Révolution. Or, la justice exige que l'ordre soit restauré. Et je dis : la justice, car du moment qu'il s'agit de définir les droits réciproques de l'Etat, du patron et de l'ouvrier, la charité ne suffit plus et la justice entre en scène. Couvrir l'ouvrier par un régime corporatif approprié aux conditions nouvelles de l'industrie ; contenir la liberté de l'employeur par un contrat plus humain du travail ; ramener l'Etat à l'exacte compréhension de son devoir qui est de légiférer sur des réalités et non sur des abstractions verbales : telle est la triple tâche qu'il importe au plus vite d'entreprendre.

La plus urgente est la première : non seulement parce que, de toutes les victimes de la Révolution, c'est l'ouvrier qui a le plus souffert, mais parce que, si l'Association corporative renaît de ses cendres, le contrat du travail devient possible ; l'individualisme économique est enrayé ; la réconciliation des classes se traite sur une base positive ; l'Etat lui-même, endigué par la poussée de l'opinion, rentre dans sa vraie voie.

Reste à savoir quelle autorité serait capable d'enjoindre à tous le précepte de justice. La réponse est certaine. Une seule autorité dispose de ce pouvoir ; c'est celle qui peut parler aux consciences, au nom de Dieu, auteur suprême de l'Ordre : la Religion chrétienne. La Révolution l'a si bien compris qu'elle a biffé les Droits de Dieu, prononcé le divorce de la Société civile avec l'idée religieuse, et inauguré le règne de l'athéisme officiel. Par conséquent, le point de départ de la réforme antirévolutionnaire sera la Religion. Le Christianisme, source inépuisable de charité, sera en même temps source de justice. Il sera le fondement même de la Restauration sociale.

Cette vue d'ensemble n'est pas un hors-d'œuvre. Je viens en effet de réduire à l'unité la donnée essentielle du mouvement que nous allons raconter. Il nous sera désormais plus facile de décrire les phases principales de son évolution.

*
* *

Ce n'est pas en un jour que ce magnifique plan d'action sociale a été élaboré. Si même nous ignorions le terme où tendaient les catholiques qui l'ont peu à peu mûri et précisé, nous traiterions, comme quantité négligeable, certains faits, peu importants en eux-mêmes mais décisifs, si on les étudie à la lumière de l'idée maîtresse. Nous en aurons, de suite, la preuve très frappante.

Ozanam avait été bon prophète en augurant, du contact de la jeunesse avec les pauvres, les plus heureux résultats. A fréquenter les indigents, les membres de la *Conférence de Saint-Vincent de Paul* rencontrèrent la famille ouvrière. Et l'on fut sur le chemin d'une triste découverte : la pauvreté, passée à l'état d'habitude invétérée est généralement irréformable.

On la soulage du dehors; on ne parvient que très rarement à réveiller chez l'homme qui en est la proie, la volonté d'en sortir par un effort personnel : « C'est un ressort brisé, une existence flétrie et perdue, à moins d'un miracle de la grâce divine ». La conclusion était obvie : « Il faut des œuvres qui pénètrent profondément dans le vif de la classe ouvrière... Il faut remonter aux sources de l'irréligion et de la misère qui la dévorent; où les trouver sinon dans l'enfance et la jeunesse de l'ouvrier? » Aussi voyons-nous, de très bonne heure, les membres de la *Conférence* se vouer à l'éducation chrétienne des apprentis dans les patronages. « Les patronages, a-t-on dit très justement, étaient la conséquence naturelle de la visite des familles ».

Parmi les confrères adonnés à ce genre d'apostolat, M. Le Prévost, jadis littérateur et journaliste, puis converti, était l'un des plus assidus. Il fit à son tour une autre découverte : « Le développement des œuvres, observait-il, surtout de celles des patronages de la jeunesse, exigeait cette fixité, cette complète indépendance des choses du monde, que donne seule la vie religieuse ». Ce fut l'origine de la *Société des frères de Saint-Vincent de Paul*, fondée en 1846 « pour le salut des pauvres et des ouvriers ». La Providence envoya à M. Le Prévost une recrue hors ligne dans la personne de M. Maurice Maignen, un très jeune artiste qu'il avait lui-même ramené à la foi. A cet humble frère laïque, il était réservé d'exercer sur son époque une influence considérable. Ne craignons pas d'y regarder de près : avec les méthodes de M. Maignen, nous allons voir se dessiner les premiers linéaments des constructions futures.

Depuis le début du siècle, les patronages existent. Ils ont été rétablis par l'abbé Allemand, l'abbé Timon-David et le vicomte Armand de Melun. Ces éducateurs du peuple veulent sauver l'âme des enfants. A cette fin, ils les réunissent. Ils les font « jouer et prier ». Le jeu prépare à la prière. Ne me demandez pas pourquoi : c'est un fait d'expérience. Tous les manuels d'œuvres de jeunesse vous apprendront que « les enfants qui jouent le mieux sont ceux qui savent le mieux prier ». M. Maignen, là-dessus, ne pense pas autrement que ses prédécesseurs. Si vous eussiez pénétré dans la petite cour du patronage de la rue du Regard, aux environs de 1852, vous eussiez vu là s'ébattre une centaine d'apprentis, en compagnie de quelques confrères de Saint-Vincent de Paul : le comte de la Rochefoucauld-Liancourt, Augustin Cochin, Joseph de la Bouillerie... Sans doute : mais nous voilà loin de la justice sociale. Attendez. Maignen n'est pas homme à se contenter de formules toutes faites. Il va innover. Tout d'abord il éprouve une vive répulsion pour ces gamins de douze à seize ans, « mal vêtus et malpropres, grossiers et gouailleurs ». Il tient bon. Au fond, les petits avaient bon cœur : il les aima de tout le sien. Il n'en fut que plus attentif à démêler les causes de leur situation digne de pitié. L'imprévoyance des pa-

rents y avait sa part : « La famille ignorante et
pauvre jette l'enfant dans la première carrière
qui s'offre à lui et lui procure à elle-même quelque soulagement, sans se rendre compte de l'a-
venir et de l'état qu'il embrasse, ni de ses goûts,
ni de ses aptitudes ». Mais surtout « aussitôt
après sa première communion, le jeune apprenti,
soustrait à toute influence religieuse, est livré au
monde industriel » ; « victime de la cupidité des
maîtres et de la brutalité des ouvriers », il est
sans défense et sans protection. Et c'est ce pauvre enfant que l'on retrouvera peut-être un jour
« au fond de quelque sordide mansarde, misérable et dégradé, sans état et sans ressources, sans
foi et sans espérance ». La condition défectueuse
du régime du travail, voilà donc l'origine de tout
le mal. Ce n'est donc pas assez que de réunir les
apprentis pour les faire jouer et prier. Il faut que
le directeur d'œuvre étende sa sollicitude jusqu'au sein de l'atelier. Il faut qu'il se fasse le
protecteur de l'enfant contre l'avarice des parents, la rapacité du patron, les brimades des
ouvriers.

Et ainsi, peu à peu, le patronage s'enrichit
d'une donnée nouvelle. Sans oublier le moins du
monde l'âme de ses apprentis, M. Maignen s'intéresse beaucoup à leur existence professionnelle.
Il s'applique à bien connaître leurs aptitudes.
Puis il s'enquiert d'une maison offrant toutes
les garanties désirables de sécurité morale. Il
s'abouche avec le patron. Il discute les conditions
du contrat. Il appose, au bas de la pièce, sa propre

signature. Il se réserve le droit de contrôler si les clauses sont dûment remplies. L'enfant est placé. On ne l'abandonne pas. On le suit ; on va le voir, on se renseigne, auprès du maître, de ses progrès. Au besoin on rappelle le personnel dirigeant à l'application des règlements de l'atelier. Répétez cent, mille fois cette touchante procédure : le patronage ainsi compris n'est-il pas déjà l'ébauche lointaine et comme l'embryon de l'association professionnelle ? M. Maignen, bientôt, comprendra la portée de sa modeste initiative. Entre temps, il étudie l'organisation des métiers sous l'ancienne France. Cette étude est pour lui une sorte de révélation : « L'enfance ouvrière, écrivait-il plus tard, était protégée avant la Révolution ; c'étaient les gardes des corps des métiers qui exerçaient dans les ateliers la surveillance nécessaire pour assurer la protection professionnelle de l'apprenti. Rien n'avait été fait depuis soixante ans pour réparer le désordre que la suppression des corporations avait jeté dans le monde du travail. En allant de boutique en boutique dans les quartiers populeux du centre de Paris, placer les enfants du patronage, signer leurs contrats, intéresser les patrons à leur sort », on reprenait « sans le savoir, d'une manière encore imparfaite, le rôle des vieux magistrats ouvriers ».

Quand on est sur la piste d'une idée féconde, on va jusqu'au bout. Désormais, M. Maignen sera guidé par une préoccupation unique, constante : le rétablissement des groupes corporatifs. Il est néanmoins trop prudent pour improviser, du jour

au lendemain, une restauration aussi complexe.
Un long effort de rééducation sociale doit être
entrepris au préalable : « Prendre l'enfant dès
son entrée à l'atelier, le suivre dans le développement de son intelligence et de son travail, le
conduire jusqu'à l'âge d'homme, lui ménager
l'appui de la famille professionnelle jusqu'à ce
que lui-même devienne chef de famille ; établir
des institutions corporatives appropriées aux différents besoins de la vie de l'ouvrier : voilà ce
que M. Maignen voulait réaliser par une *succession
d'œuvres distinctes* mais dirigées dans un même
esprit et vers un même but ».

Pendant quinze ans, de 1855 à 1870, la seconde
partie de ce vaste programme l'absorba tout
entier. En décembre 1855, il constituait l'*Association des jeunes ouvriers de Notre-Dame de
Nazareth*, devenue, en 1864, le *Cercle des jeunes
ouvriers* et, en 1865, le *Cercle Montparnasse*, si
célèbre dans les annales des œuvres catholiques
au XIXe siècle. Il est tout à fait inutile d'appuyer
sur la différence qui sépare le *Cercle* de la *Corporation*. Il serait injuste d'adresser à M. Maignen
le reproche d'avoir confondu ces deux types de
groupement; il ne les confondait pas, il les subor-
donnait. « Dans sa pensée, le cercle était le premier degré, l'acheminement à la corporation ».
Faire de l'ouvrier un chrétien et un homme,
l'arracher aux tentations de la rue en lui offrant
des distractions saines, élever son niveau intellectuel par un enseignement adapté à ses moyens,
lui inculquer, par-dessus tout, le sens de la soli-

darité, de l'union, et lui démontrer, à l'expérience, le bienfait de l'association : n'était-ce pas la meilleure manière d'orienter le travailleur, plus ou moins imprégné de l'individualisme ambiant, vers des réalisations plus parfaites? Si M. Maignen ne poussa pas plus loin, à cette époque, ce fut sans doute parce qu'il jugeait l'heure inopportune. Au dehors, l'opinion même éclairée, même catholique était loin d'être favorable à la restauration professionnelle. Les partisans du libéralisme économique prenaient l'alarme, toutes les fois que, dans ses écrits, le directeur du Cercle Montparnasse rompait des lances en faveur de son grand projet. Opposer à la liberté absolue de l'offre et de la demande le contrepoids d'une organisation ouvrière paraissait une étroitesse d'esprit, une utopie ridicule et dangereuse. On a beaucoup changé, depuis. De ce revirement, Maurice Maignen est le véritable initiateur.

En attendant que la lumière se fît, tout ce que l'on pouvait souhaiter, c'était l'expansion rapide, à Paris et en Province, du cercle ouvrier. Malheureusement, les ressources matérielles manquaient. En 1870, le cercle Montparnasse, malgré le dévouement du comité qui lui venait en aide, était réduit à la plus grave détresse. La guerre alourdit encore la situation. Or ce fut le moment que Dieu choisit pour imprimer à la restauration sociale une impulsion inespérée. M. Maignen avait tracé l'ogive. M. de Mun allait construire la cathédrale.

***

Tandis que le directeur de Montparnasse réfléchissait aux moyens de sauver son œuvre, deux jeunes officiers de l'armée de Metz utilisaient les loisirs de leur captivité en Allemagne à rechercher les causes de nos récents désastres. Le relâchement de l'esprit militaire, l'abandon des vertus traditionnelles, l'affaiblissement des liens sociaux leur semblaient, plus que les fautes stratégiques, rendre compte de la terrible catastrophe. Mais ils se demandaient où était la source profonde du mal et où serait celle de la guérison. Un livre leur tomba entre les mains : c'était celui du député alsacien, Emile Keller, où l'auteur opposait, aux dogmes révolutionnaires, les principes de la société chrétienne, si énergiquement rappelés par Pie IX dans l'Encyclique *Quanta Cura* et le *Syllabus*. Cette lecture les bouleversa. Il leur sembla que si la patrie avait été vaincue, c'était pour avoir sacrifié à la Révolution l'ordre que le christianisme avait introduit dans nos mœurs et nos institutions sociales. Et déjà leur cœur ardent « se formait l'image d'une France régénérée, rendue à la tradition catholique, détournée de la Révolution et redressée dans sa gloire renouvelée ».

Le 10 mars 1871, les préliminaires de « l'horrible paix » étaient votés à Bordeaux. Albert de Mun et René de la Tour du Pin étaient libres. Le 15, de Mun était à Paris. Le 18, la Commune éclatait. Le jeune lieutenant fut témoin de ce drame criminel et déconcertant. Comment expliquer que, « si aisément, la masse ouvrière eut accepté, sur le mot d'ordre de chefs inconnus, la lutte fratricide ; qu'une telle perturbation du sens moral se fut ainsi manifestée ? » Comment expliquer cette «formidable manifestation d'une haine farouche et inconsciente contre la religion et l'autorité », dont le meurtre des otages avait donné l'effroyable mesure ? Pourquoi les fédérés succombaient-ils avec une résignation farouche, comme s'ils avaient eu la certitude de mourir pour une juste cause ? La réponse vint, sous une forme saisissante. Un jour, l'état-major du général Ladmirault — de Mun en faisait partie — croisa, sur la route de Versailles, un lugubre convoi. Sur un brancard, un homme, râlant la mort, était couché. — Qui est-ce ? avait demandé le général. — C'est un insurgé. « Alors ce cadavre vivant se souleva sur la civière, tendit vers nous son bras muet, le regard fixe, d'une voix éteinte, murmura : « les insurgés, c'est vous ! » Ce fut un nouveau trait de lumière. Entre la société légale et les révoltés, de Mun voyait surgir un abîme : « Qu'avait-elle fait cette société légale... pour donner au peuple une règle morale, pour éveiller et former sa conscience, pour apaiser par un effort de justice la plainte de sa souffrance ? Quelle action chrétienne les classes en possession du pouvoir avaient-elles, par leurs exemples, par leurs institutions, exercé sur les classes laborieuses ? » Albert de Mun avait trouvé sa vocation sociale. Les deux courants de sa pensée se fusionnaient. La Révolution, en ébranlant l'ordre social chrétien, avait ouvert cette faille béante, sur les bords de laquelle la classe ouvrière d'une part, les classes dirigeantes d'autre part, vivaient dans un isolement meurtrier. Et c'était à celles-ci qu'incombait le devoir de jeter la passerelle.

Mais que faire? De Mun hésitait. Il vit plusieurs célébrités, prit contact avec nombre d'œuvres. Rien ne le satisfaisait pleinement. Or un jour, à la porte du petit appartement du Louvre où il vaquait à son service, un visiteur s'annonça : vêtu d'un banal costume noir, les cheveux et la barbe grisonnants, les yeux très doux et le maintien d'une indéfinissable distinction. C'était Maurice Maignen. Lui aussi avait subi le contre-coup des événements. Ses jeunes avaient été dispersés. Un de ses confrères, l'abbé Planchat, avait été fusillé rue Haxo. Il avait appris qu'un officier de cuirassiers brûlait de se vouer à l'action sociale. Il venait lui parler du Cercle Montparnasse. Mais bientôt la conversation s'élargissait : « Nous étions debout près de la fenêtre; entre les arcades, la ruine prodigieuse du château des Tuileries dressait tragiquement son dôme crevé et ses murailles calcinées. L'homme de Dieu les montrait : « Oui, disait-il, tout cela est horrible... Mais qui est responsable?... Ah! les responsables, les vrais responsables, c'est vous, ce sont les riches, les grands, les heureux de la vie, qui se sont tant amusés entre ces murs effondrés, qui passent à côté du peuple sans le voir, sans le connaître... Moi, je vis avec lui, et je vous le dis de sa part, il ne vous hait pas, mais il vous ignore comme vous l'ignorez : allez à lui, le cœur ouvert, la main tendue, et vous verrez qu'il vous comprendra ».

La rencontre de deux âmes généreuses scellait le pacte d'où sortirait une grande œuvre. De Mun apportait ses vastes aspirations, son nom, son éloquence ; Maignen, avec son cercle, fournissait un type concret d'action sociale qu'il suffirait de reproduire partout, à un nombre illimité d'exemplaires. La double secousse de la guerre et de la Commune avait simplement accentué, dans le plan primitif de l'humble frère de Saint-Vincent de Paul, l'idée féconde de la réconciliation des classes sur le terrain de la question ouvrière.

Sans retard on se mit à l'ouvrage. A la suite d'un discours émouvant prononcé, le 10 décembre 1871, au cercle Montparnasse, par de Mun, et qui révéla le grand orateur, on lança un *appel aux hommes de bonne volonté* : « La Révolution, y lisait-on, est près d'atteindre son but... Ferons-nous un dernier effort pour sauver le peuple et hâter le règne de Dieu dans l'atelier régénéré... Il faut agir... C'est sur le terrain de la vérité catholique et non ailleurs que les mains peuvent s'unir et les âmes se comprendre. Or, il existe à Paris un cercle de jeunes ouvriers où l'on applique avec succès ces maximes de salut. Ce cercle est la pierre d'attente de l'édifice futur, et le type vivant des associations ouvrières catholiques que nous verrons fleurir un jour...

Voilà le remède!... Il s'agit de l'appliquer sur une plus vaste échelle... Cela coûtera cent mille francs, cinq cent mille francs, un million; qu'importe? Croyez-vous que la reprise de Paris sur la Commune n'ait pas coûté plus cher?... » Cet énergique langage fut entendu. Adhésions et souscriptions affluèrent. En peu de temps une organisation se dessina, toute militaire d'allure. A la tête, un Comité général, secondé par un Secrétariat. Celui-ci comprenait quatre sections : la *Propagande*, pour les relations avec le clergé, la presse et les notabilités; les *Fondations*, avec leurs zónes, leurs provinces, leurs diocèses, pour promouvoir l'éclosion de nouveaux cercles et entretenir avec eux les rapports lorsqu'ils sont établis; les *Ressources*, pour le matériel de l'Œuvre. La quatrième section, dite de l'*Enseignement*, ne vit le jour qu'en 1872. Elle eut à étudier les questions qui intéressaient l'orientation doctrinale des Cercles. Elle était dirigée par un conseil, le conseil de Jésus-Ouvrier, où l'on voit figurer le P. Monsabré, le P. de Pascal et Henri Lorin. Elle eut, en 1875, son organe attitré : l'*Association catholique*. Et c'est par elle que l'Œuvre des Cercles exerça son influence la plus efficace sur le progrès du catholicisme social en France. Notons, à côté de cette organisation d'hommes, une organisation de femmes exactement parallèle à la première. Les *Dames patronnesses* rendirent les plus signalés services : ventes, sermons de charité, diffusion des livres, traduction des ouvrages étrangers, enquêtes et initiatives sociales, elles menèrent tout de front avec un admirable dévouement.

Quand aux résultats, ils dépassèrent, au début, les espérances. Le 7 avril 1872, un Cercle était ouvert à Belleville, à quelques pas du mur où les otages avaient été fusillés. Le 14, Mgr Mermillod prononçait, à Sainte-Clotilde, en faveur des Cercles, un discours qui fit époque. Toute la haute société voulut s'occuper des classes ouvrières. Au commencement de 1873, la section de l'*Enseignement* inaugura, dans la chapelle des Carmes, une série de conférences populaires, fidèlement écoutées par des auditoires de cinq à six cents ouvriers. Une tournée du comte de Mun en province prépara la fondation d'une multitude de Cercles. Ils furent assez nombreux pour qu'en mai 1873 on pût tenir une première assemblée générale. De splendides pèlerinages réunirent des milliers d'hommes. En 1875, il y avait en France 130 Comités, 150 Cercles et 18.000 membres dont 15.000 ouvriers! Cet essor fut favorisé par l'attitude bienveillante du gouvernement. Au lendemain de la guerre les âmes éprouvaient un immense besoin de salut, de résurrection et de rénovation sociales. Un esprit de large tolérance régnait sur le pays. On ne s'effarouchait nullement de voir des généraux, des officiers, des hommes politiques, des fonctionnaires donner leur nom à une association franchement catholique. Mais hélas! à partir du 16 mai 1875 ces dispositions libérales changèrent. La république sectaire préluda à sa campagne

de laïcisation, en essayant d'étrangler la vie des
Cercles ouvriers. Une loi interdisait les associations de plus de vingt personnes. L'autorisation
administrative neutralisait l'effet de cette loi,
inspirée par l'individualisme révolutionnaire. On
l'appliqua désormais avec plus de rigueur. On
chicana pour accorder les autorisations nouvelles,
puis on les refusa, puis on révoqua plusieurs de
celles qui avaient été précédemment accordées :
les Cercles ouvriers constituaient, paraît-il, de
dangereux foyers de réaction légitimiste ! D'autre
part, nombre de « dirigeants » finirent par se
lasser et couvrirent leur retraite de prétextes
subtils.

Mais ni l'hostilité gouvernementale ni le ralen-
tissement de la ferveur première ne découra-
gèrent M. de Mun. Sous son énergique impulsion
l'œuvre, avec moins d'éclat, continua de vivre,
selon la loi intérieure qui présidait à son développement.

On se rappelle que dans la pensée de M. Maignen et du comte de Mun, le Cercle ouvrier
n'était que la pierre d'attente d'une restauration
plus complète. Les règlements de l'Œuvre ne
laissent subsister aucun doute à cet égard : « Le
Cercle, y lit-on, est un point de départ : c'est
l'association professionnelle qui est le but ». De
très bonne heure s'affirme la tendance à faire
sortir, du Cercle, la corporation ouvrière, le
syndicat. Si l'on veut savoir qu'elle était, à cette

époque, l'état de ce grave problème, on ne tarde pas à discerner deux courants distincts. Le premier revendiquait hautement, pour les travailleurs, la liberté syndicale. On eut dit que la conscience populaire, guidée par une sorte d'instinct des nécessités sociales, sentait le besoin de réagir contre l'arbitraire du droit individualiste. Dès 1817, trente-quatre professions industrielles et commerciales réclamaient la réorganisation des corps de marchands et de communautés d'arts et métiers. En 1823, les tonneliers, en 1829, les entrepreneurs du bâtiment sollicitent un règlement pour leurs Chambres syndicales. En 1848, il existait une Chambre syndicale dite de la Sainte-Chapelle, qui comprenait onze corporations du bâtiment. En 1851, les ouvriers français prirent contact avec les *trade-unions* anglaises. A partir de ce moment, l'impulsion devient plus pressante. A ce premier courant, le libéralisme économique opposait une fin de non-recevoir irréductible. La reconstitution du régime corporatif lui était odieuse, comme attentatoire à la liberté absolue du travail. Les yeux fermés, il acceptait le dispositif brutal de la loi du 17 juin 1791 : « L'anéantissement de toutes les espèces de corporations des citoyens du même état et de la même profession étant une des bases de la Constitution française, il est défendu de les rétablir en fait, sous quelque prétexte et quelque forme que ce soit ». « En fait » le Gouvernement fut débordé . En 1864, l'année même où Maignen fondait le Cercle Montparnasse — il se résigna à intervenir. Une loi de *détente* reconnaissait aux patrons et aux ouvriers le droit de coalition pour la défense de leurs intérêts professionnels et le droit de grève. Ce n'était pas encore l'acte de naissance officiel des syndicats; mais il y avait là un symptôme caractéristique. La puissance d'une opinion, plus forte que les lois, obligeait l'État à reculer. C'était la revanche de la spontanéité sociale sur les chimères de la Révolution.

Lorsque les Cercles ouvriers eurent pris l'extension que nous avons décrite, leurs initiateurs crurent que l'heure était venue de réaliser leurs propres desseins : « la préoccupation de créer des corporations, juxtaposée à celle de créer des Cercles, finit par s'y substituer pour une large part. Le Cercle ne restait plus que l'abri, passager au besoin, de la Corporation ». On commença par grouper les ouvriers en corps de métiers. Ces corps furent ensuite assemblés d'après leurs affinités professionnelles. Ainsi la section du *vêtement* comprenait les tailleurs, les cordonniers, les selliers, les teinturiers; le *bâtiment* comprenait les menuisiers, les couvreurs les plombiers, les peintres, les fumistes; l'*ameublement* comprenait les ébénistes, les peintres en décors, les graveurs, les dessinateurs, les fabricants d'articles de Paris. Chaque section avait ses séances spéciales. On s'y occupait à des entretiens et à des lectures sur l'histoire des inventions, des découvertes, sur les plus belles œuvres connues de la profession. On donnait des nouvelles intéressant les corps d'état telles que les élections de prud'hommes, les grèves, les Congrès ouvriers ; on entendait des mémoires en réponse à des questions de métier, suivies de discussions où chacun émettait son avis, suivant ses connaissances personnelles. En même temps, on organisa des réunions de patrons, car il était entendu que la restauration corporative n'allait pas sans le concours et la fusion des patrons et des ouvriers. Enfin, au-dessus de ces deux groupes on recruta un conseil de personnes étrangères à la profession, ayant pour mission d'exercer l'arbitrage, en cas de conflit. A vrai dire ce dernier rouage était superflu, faute de compétence. Ce qui était moins contestable, c'était le droit de capacité civile que l'on voulait obtenir en faveur de la corporation. La collation de ce droit offrait deux avantages. En devenant une véritable institution sociale, propriétaire, capable de recevoir les dons et les legs, le syndicat ne risquait point d'être, comme il l'a été entre les mains des socialistes, un instrument de révolte ; et de plus, il acquérait une indépendance qui le préservait de la main-mise autoritaire de l'Etat.

Telle quelle, la corporation catholique eut une destinée brillante. En 1887, on comptait dix-huit corporations industrielles, vingt-cinq corporations de métiers et trente-cinq associations agricoles. En 1900, le chiffre de ces derniers syndicats était passé à cent trente-six avec 42.500 adhérents, et les dames patronnesses de l'Œuvre des Cercles avaient fondé, de leur côté, soixante-dix-sept syndicats de l'aiguille groupant à peu près 9.000 ouvrières! Ce résultat est d'autant plus appréciable que, dès l'abord, on se heurta à des oppositions formidables. Nous avons dit combien, même dans certains milieux catholiques, l'idée corporative était peu sympathique : « En une matière de si grave conséquence, déclarait en 1878, Charles Perin, le célèbre professeur d'économie politique de Louvain, la sagesse nous commande de nous tenir en garde contre... les hommes de bien... trompés par leur ardeur même. Nous sommes tout disposés à les suivre quand il nous montrent la nécessité de l'association inspirée par la charité; quand ils protestent contre l'isolement où vivent aujourd'hui les travailleurs, contre toutes les fatales concessions de l'esprit révolutionnaire que nous imposent les lois du régime libéral. Mais, s'ils nous proposaient une restauration, si mitigée qu'elle fût, du privilège et de la réglementation des anciennes corporations d'arts et métiers, nous nous tiendrions à l'écart, persuadés que de pareilles propositions, loin de nous offrir une solution, ne feraient qu'élever des obstacles à notre action charitable dans l'ordre économique. » Cette façon trop habile d'évoquer l'épouvantail de l'Ancien Régime, de passer outre aux « concessions de l'esprit révolutionnaire », de reconnaître le mal en rejetant le remède, et surtout d'étouffer la justice au nom de la charité, nous paraît singulièrement étroite et déplacée. Mais si aujourd'hui, personne ne songe plus à contester aux travailleurs *le droit naturel* de défendre leur intérêt par l'Association professionnelle, ce progrès est bien l'œuvre de l'Ecole sociale d'Albert de Mun. Sur un autre point encore, l'avenir devait donner gain de cause aux promoteurs du mouvement. En 1884, une loi réglait enfin le sort des syndicats. A cette époque, le gouvernement ne voulut pas accorder la capacité civile aux groupements corporatifs. Or le projet de loi de 1917 est venu combler cette lacune. Et plût à Dieu que l'éminent patriote, trop tôt enlevé à l'amour de tous les bons français, eut assez vécu pour assister au triomphe des idées qu'il préconisait dès 1873 !

A suivre le fil des événements que je viens d'exposer, vous avez dû être frappés de l'étonnante rigueur qui préside à leur enchaînement. Le patronage primitif, avec sa devise « jouer et prier », avait évolué en une sorte d'organe de protection pour l'apprenti, victime de l'usine et de l'atelier. Le patronage, ainsi modifié, avait donné le jour au Cercle ouvrier, lieu de rencontre où les classes dirigeantes et les classes laborieuses se tendaient la main. A son tour le Cercle ouvrier s'était transformé en association professionnelle. L'association professionnelle avait conquis, sur l'Etat, son droit à l'existence légale. La restauration chrétienne avait donc peu à peu occupé ses positions les plus essentielles. Il ne restait plus qu'à perfectionner l'instrument de conquête et surtout à élargir le champ d'action. On pouvait bien augurer de l'avenir, puisque bientôt l'Encyclique *Rerum Novarum* ratifierait solennellement devant l'Eglise les doctrines fondamentales de la jeune Ecole sociale.

Mais ce n'est pas tout de semer les idées et d'établir les substructions d'une œuvre grandiose. Il était indispensable de susciter à la cause des serviteurs animés de son esprit et brûlant de la flamme sacrée du dévouement. Et nous voici conduit à signaler un dernier aspect, l'un des moins connus peut-être, de la carrière d'Albert de Mun; je veux dire son apostolat auprès des jeunes.

Ah! comme il avait bien compris, après Ozanam, tout ce que l'on était en droit d'attendre de leur générosité ! « Notre œuvre, disait-il, par sa nature militante, par ses origines et par ses allures est plus qu'aucune autre l'œuvre de la jeunesse, et nos rangs, où l'attirent facilement l'entrain qui nous est propre, lui ouvrent un asile et la gardent contre l'ennemi... Nous ne pouvons rien sans la jeunesse », car, c'est son privilège « de renouveler toutes les œuvres où elle se répand, et c'est l'honneur de la jeunesse chrétienne de donner à ceux qui s'avancent dans la vie, la plus grande force qu'ils puissent recevoir après celle de la foi, la force de l'espérance. De là vient qu'un irrésistible attrait porte vers elle tous ceux qui combattent et qui, les yeux tournés vers l'avenir, cherchent d'où viendra le salut et le renfort ».

Cet « irrésistible attrait », il l'avait éprouvé lorsque, jeune homme lui-même, il puisait dans son amour pour l'Eglise et pour la France l'audace de concevoir et d'exécuter un gigantesque plan de réforme sociale. En 1873, il demandait comme une faveur la permission d'adresser la parole aux Anciens de l'Ecole de la rue des Postes. Elèves de Saint-Cyr, de Polytechnique, de Centrale, pendant deux ans, avaient écouté ce jeune maître qui leur ouvrait d'immenses perspectives sur leur mission dans la Société. Puis ces réunions avaient été interrompues en 1876, après l'avènement de la politique sectaire. De Mun avait-il eu, dès lors, le dessein de grouper l'élite de la jeunesse sous un drapeau commun ? Je n'ose l'affirmer, faute de preuves. Mais il était à prévoir qu'un jour, son attachement aux jeunes, éclairé par son sens affiné des réalités sociales, revêtirait la forme de l'Association. Ce jour se leva dix ans plus tard.

L'hostilité de certains patrons à l'idée corporative s'autorisait parfois d'une raison assez valable : « Si nous limitons la liberté du travail, objectaient-ils, nous serons ruinés, à bref délai, par la concurrence internationale. Nous consentirons à réviser nos contrats lorsque les autres pays auront adopté la même mesure ». La solution de cette difficulté sérieuse donna lieu aux fameuses réunions de Fribourg où, chaque année, les plus éminents sociologues chrétiens de l'Europe, les Decurtins, les Winterer, les Vogelsang se concertaient sur les moyens de promouvoir simultanément dans leurs patries respectives une action sociale inspirée par les mêmes principes. Or, en 1885, cette assemblée coïncida avec le Congrès Eucharistique. De Mun était là. Dans l'interminable cortège qui se déroulait à travers les rues de la vieille et pittoresque cité, il remarqua, sous les plis d'une bannière étincelante, un groupe de jeunes hommes enrubannés d'écharpes aux couleurs rouge, blanche et verte. Qui étaient-ils ? On le lui expliqua. Ils représentaient l'*Association des Étudiants catholiques de la Suisse*. Leur histoire était merveilleuse. Quarante-quatre ans plus tôt, une dizaine d'élèves du collège de Schwitz s'étaient juré d'expulser l'anticléricalisme qui sévissait alors au canton de Fribourg. Ils y avaient fort bien réussi. Sur les sommets alpins leur groupe avait fait boule de neige. A force d'énergique persévérance, ils avaient tenu tête à la libre-pensée, changé la politique, déplacé la majorité et conquis, avec le pouvoir, la liberté religieuse. C'est à eux que Fribourg devait l'honneur d'hospitaliser le Congrès Eucharistique.

De Mun revint à Paris, « transporté, dévoré pour son pays d'une jalouse émulation ». Précisément, à cette époque, une poignée de jeunes, émus au spectacle de la persécution antireligieuse, demandaient au vaillant lutteur ses conseils, une ligne de conduite. Rien de plus simple : il fallait imiter les Suisses. Un jeune homme de vingt ans, Robert de Roquefeuil, accepta avec enthousiasme. Il recruta une demi-douzaine d'amis. « Par un matin de mars 1886, a-t-il raconté, tandis que

Paris se réveillait dans une brume fraîche et lumineuse, présage d'une journée ensoleillée, nous gagnions une vieille maison grise de la rue du Bac ; après avoir franchi une cour solitaire et gravi deux étages d'un escalier de pierre, nous nous trouvions dans l'oratoire de Mgr de Ségur attenant à son appartement ». On entendit la messe, on communia, puis l'on se rendit au siège de l'œuvre des *Cercles catholiques*, situé à l'angle du boulevard Saint-Germain et de la rue de Solférino. Alors de Mun exposa le but : « Vous voulez sauver votre pays et, frappés à votre entrée dans la vie du désordre social où il se débat, du trouble profond où l'a jeté le mépris des lois chrétiennes, émus des souffrances du peuple affamé de justice et trahi par la Révolution, vous avez juré de consacrer vos forces à préparer par l'étude, par l'action, par le dévouement personnel, le rétablissement d'un ordre social chrétien. C'est l'œuvre de l'avenir, elle est digne de passionner vos âmes ».

Séance tenante, on se constitua en comité : « Sur une table, ajoute de Roquefeuil, il y avait une carte de France et un crayon bleu ; avec ce crayon, on traça sur cette carte la division de la France en sept régions rappelant les zones de l'Œuvre des Cercles, et, en jeunes gens qui ne doutent de rien, nous nous partageâmes ces sept régions ». Mais quel titre porterait la nouvelle association ? On pensa, un instant, l'appeler « le Syndicat des jeunes énergies ». Finalement on adopta un vocable moins « pictural » et plus net : *L'Association catholique de la Jeunesse française.*

Tel fut en effet, l'illustre berceau où elle vint au monde. Nous n'avons pas aujourd'hui à l'étudier plus à fond. Je n'ai voulu que montrer ici comment elle se rattache, par ses origines et son idée directrice, au mouvement des Cercles ouvriers. Si elle observa fidèlement sa consigne sociale, nous le dirons plus loin. En tout cas, ses jeunes fondateurs avaient bien raison de « ne douter de rien », puisque, en 1912, elle pouvait mettre en ligne 2.285 groupes et 120.000 membres !

Lorsque, après avoir embrassé le cycle très homogène de ces créations successives, on les replace dans l'évolution générale du xixe siècle pour les soumettre au jugement de l'histoire impartiale, le mot qui les caractérise exactement n'est pas difficile à trouver : Maurice Maignen, Albert de Mun et tous eurs jeunes compagnons de travail et de lutte ont été des hommes d'avant-garde, des hommes de progrès. Avant eux, les catholiques n'avaient pas de doctrine sociale : avec eux et par eux, ils ont commencé d'en avoir une. Avant eux, les catholiques n'osaient s'aventurer hors du domaine de la charité : après eux et avec eux, ils ont abordé fermement le terrain de la justice. Avant eux, les catholiques subissaient, sans presque les discuter, les principes régressifs de l'individualisme révolutionnaire ; avec eux, la réaction s'est prononcée en faveur de l'ordre. Avant eux, la question sociale était pour ainsi dire la propriété exclusive du socialisme : avec eux, cette question est rentrée dans la sphère de l'influence chrétienne. Avant eux, on soupçonnait à peine que l'Eglise était capable de défendre les intérêts matériels du peuple : avec eux on a redécouvert que l'Eglise n'est étrangère à rien de ce qui favorise la prospérité économique des sociétés humaines.

Novateurs, ils le furent donc, et c'est leur gloire impérissable. Que, d'autre part, cette marche en avant trahisse çà et là, quelques inexpériences, y a-t-il lieu de s'en étonner ? Encore serait-il imprudent d'englober, dans la même critique, les idées et la forme concrète qu'elles ont pu revêtir. J'ose même avancer qu'il n'est pas une seule des initiatives issues de ce mouvement qui n'ait une valeur générale et par conséquent toujours actuelle.

On a fait grief aux fondateurs des Cercles d'avoir pris pour mot d'ordre le *Syllabus* de Pie IX. Assurément, il fallait une singulière audace, en ce temps-là, pour placer, à la base d'une action collective, la « thèse » antilibérale et le *Syllabus*. Et pourtant, je ne puis m'empêcher d'observer que, de plus en plus, la concentration des forces catholiques s'opère dans le sens d'une affirmation des doctrines de l'Eglise. Un *groupe* catholique qui serait en même temps le pandémonium de toutes les croyances et de toutes les opinions paraîtrait aujourd'hui une invraisemblance et une contradiction. C'était

aussi la conviction d'Albert de Mun : nos jeunes
en tombent d'accord avec lui.

Quant au Cercle ouvrier lui-même, j'ai dit par
quelle suite de circonstances il avait pu dévier
de son impulsion primitive : incompréhension
des uns, lassitude des autres. Pour être tout à
fait juste, il convient d'ajouter que la politique
n'a pas été étrangère à sa décadence, et que la
lettre de Léon XIII sur le ralliement y fut l'occasion de scissions regrettables. En dépit de ces
accidents, l'idée était vraie. Le Cercle ouvrier
voulait être avant tout une école de piété et
d'étude pour la formation d'une élite sociale et
professionnelle. Or, regardez autour de vous :
que sont, à l'heure présente, ces belles confréries d'hommes et de femmes qui s'appellent
l'Union des Cheminots, des employés des P. T. T.
ou des employés de la Nouveauté, ou des midi-
nettes ? Que s'y propose-t-on principalement ?
Former encore des élites sociales et professionnelles, rien de plus, rien de moins. La Confrérie
actuelle, tout comme le Cercle de jadis, est le
large seuil par où le monde ouvrier accède aux
associations syndicales. On ne bâtit les constructions durables qu'avec des matériaux éprouvés.
Donnez-nous des hommes et des chrétiens : le
syndicat ne sera plus qu'une question d'organisation extérieure pour laquelle on appellera
simplement le concours des spécialistes.

On a critiqué enfin la conception du « syndicat
mixte », ce qui ne veut pas dire syndicat
« jaune ». Et sans doute il est préférable de

respecter le plus possible l'autonomie de l'ouvrier. Il n'en reste pas moins qu'il faudra bien, un jour ou l'autre, que les associations corporatives, patronales et ouvrières, acceptent de se rencontrer sur une plate-forme commune. Par quel intermédiaire? Voilà le problème. Les directeurs de l'Œuvre des Cercles, mûs par leur désir de réconcilier les classes, le résolurent un peu vite peut-être et trop simplement. Rien ne prouve que la vraie formule ne sera pas un jour trouvée et réalisée.

Ne nous attardons pas à ces réflexions. Le plus grand honneur qui puisse échoir à un homme n'est-il pas d'avoir défriché des terres nouvelles, jeté à pleines mains les idées saines, stimulé les énergies, entraîné son époque? Ce fut le sort de notre première école sociale. Maintenant elle s'est fondue dans la foule innombrable des initiatives semblables. Personne, comme l'a finement remarqué M. G. Goyau, ne parle plus des « idées » de M. de Mun : c'est parce que M. de Mun a créé l'atmosphère ambiante où se meut à l'aise, aujourd'hui, le Catholicisme social.

LE CATHOLICISME SOCIAL

Aux mois d'octobre et novembre 1889, plusieurs milliers d'ouvriers français se pressaient autour du trône de Léon XIII. En leur nom, le cardinal Langénieux prenait la parole : « Très Saint-Père, disait-il, vos enfants osent supplier Votre Sainteté de ne point se lasser, malgré les difficultés spéciales à notre temps, de rappeler au monde le respect des lois de la justice et du droit dans les rapports nécessaires des hommes entre eux, afin de garantir à l'ouvrier, dont le travail est la seule ressource, la stabilité de son foyer, la facilité de nourrir sa famille, de l'élever chrétiennement et de faire quelque épargne pour les mauvais jours ». La réponse du Pape se fit attendre. Mais elle fut magnifique et elle eut, dans le monde entier, un retentissement énorme. Le 15 mai 1891, Léon XIII publiait l'encyclique *Rerum Novarum*, sur la condition des ouvriers. Conclusion et synthèse du mouvement poussé, depuis un demi-siècle, par les catholiques de tous pays, l'encyclique était la préface et le point de départ d'une période plus féconde encore. Le protestant Raoul Allier ne se trompait pas en prévoyant que l'intervention pontificale aurait pour effet de promouvoir « un nouvel élan du catholicisme social ».

Cette période, qui est à la précédente ce que l'éclatement d'une fusée est au jet lumineux qui strie l'ombre d'une nuit sans étoiles, je n'ai pas à la retracer ici tout au long. Seule, la place qu'y occupent les jeunes nous intéresse. Or, s'il est vrai que la jeunesse française, avec Ozanam, Maurice Maignen, Albert de Mun, a été l'initiatrice du catholicisme social, il est juste d'observer que, peu à peu — elle ne s'en plaint pas — ses légions se mêlent à une armée plus vaste, dont les cadres l'enveloppent et l'absorbent. Néanmoins, même au plus fort du courant, son action propre et spontanée se discerne aisément. Et cette action est si étendue que, dès l'abord, je renonce à l'embrasser dans sa totalité. Sans doute les statistiques ont leur éloquence. Elles ont aussi leur monotonie et surtout le tort de ne point donner l'impression de cette vie intense qu'elles ramènent à l'état squelettique des chiffres secs. Je dois donc me borner. Le peu que je dirai permettra, je l'espère, de deviner, sous les seuils qui affleureront au cours de notre étude, l'immense collaboration des énergies obscures tendues vers les mêmes fins. Et pour qu'à cette enquête, volontairement dispersée, ne manque point l'unité organique, je dégagerai les caractères fondamentaux du mouvement connu, depuis l'Encyclique, sous le nom de *Catholicisme social*. Puis je choisirai quelques types d'œuvres, réalisées par les jeunes, en un domaine où leur activité protéiforme déjoue aimablement la curiosité de l'historien.

*****

A l'envisager en bloc, le courant auquel l'Encyclique de Léon XIII imprime une impulsion nouvelle, présente trois traits principaux.

C'est, en premier lieu, la démonstration de plus en plus rigoureuse du caractère social du catholicisme. On verra là, je le crains, une sorte de truisme bien innocent. Soit. Mais si l'identité de ces deux termes : catholique-social, paraît aujourd'hui une vérité évidente, cela prouve qu'autour de nous le monde a sensiblement évolué. Songez que depuis plus d'un siècle, l'individualisme a fait de la religion une chose privée, absolument étrangère à la vie publique. Rappelez-vous les résistances opposées aux promoteurs de l'idée sociale catholique ; le reproche, articulé contre eux, de pactiser avec le socialisme, d'oblitérer le christianisme authentique, de favoriser l'éclosion d'un néo-catholicisme fuyant et suspect : vous conviendrez que l'avènement d'un truisme peut être, cette fois au moins, saluée comme une brillante victoire. « Le catholicisme social, c'est le christianisme logique... Au fond du christianisme, tel que Jésus l'a voulu, vous trouverez l'idée d'Eglise, c'est-à-dire l'idée d'un lien permanent établi entre tous les hommes par la religion ; et vous trouverez l'idée du Royaume de Dieu, c'est-à-dire l'idée d'une société terrestre, précédant et préparant celle de là-haut et dans laque le vouloir de Dieu est la règle constante, non seulement des rapports de l'âme humaine avec Dieu, mais des rapports fraternels de tous les hommes entre eux. Le catholicisme social est la suite naturelle, inévitable de ces deux idées ». Cette page de haute envolée, je la cite de préférence à mille autres parce que, de suite, elle nous introduit au cœur du problème. Et je la cite encore parce qu'elle émane d'un écrivain qui fut, auprès des jeunes, l'apôtre par excellence de l'étude et de l'action sociales : Georges Goyau. Et G. Goyau n'avait pas vingt-cinq ans, lorsqu'il publiait, sous le pseudonyme de Léon Grégoire, son livre magistral sur *le Pape, les catholiques et la question sociale*. Le catholicisme est donc social. Il l'est par nature, il l'est par nécessité. Le complexe réseau des rapports humains — rapports de charité et rapports de justice — sort de lui comme les vaisseaux capillaires prolongent les artères et les veines à la périphérie du corps humain. Mais si cet aspect lui est essentiel, ne doit-on pas conclure qu'il l'a toujours possédé ? Et dès lors pourquoi revêt-il l'apparence d'une nouveauté ? « Si l'on parle aujourd'hui de christianisme et de catholicisme social, ce n'est pas du tout qu'ils ne l'aient pas toujours été, ni qu'on puisse un instant concevoir qu'ils cessent de l'être sans cesser aussitôt d'être le catholicisme ou le christianisme ; mais comme il y a des temps de se taire et de parler, ainsi y a-t-il des temps de développer avec plus d'ampleur telle ou telle partie d'un nouvel enseignement. L'action catholique a toujours été sociale et le sera toujours, elle l'est seulement avec plus d'évidence et de continuité quand elle s'exerce, comme de nos jours, en temps de révolution sociale ». Ainsi s'exprimait Brunetière, à Tours, en 1901, et son raisonnement achève celui de Goyau. Un être vivant ne sent ses organes que quand il en souffre. Les catholiques ont compris la valeur sociale de l'Evangile au malaise dont la société humaine pâtit. Ce qui jadis était pour ainsi dire un phénomène réflexe est devenu un phénomène conscient. Et par conséquent l'aspect social du catholicisme rentre de plein droit *dans la tradition*. Voilà, si je ne m'abuse, la vérité que depuis un quart de siècle nos écrivains sociaux ont mise en superbe relief.

Du reste, le meilleur moyen de prouver que le catholicisme est une « sociologie » n'est-il pas d'appliquer ses principes immuables aux nécessités actuelles ? Aussi verra-t-on peu à peu s'élaborer un corps de doctrine qui vise à embrasser tout le domaine des questions sociales. Au fond, c'est par la question du travail que les initiateurs du mouvement et le Pape lui-même ont pris pied sur ce terrain inexploré. Or il est impossible d'aborder la question du travail sans soulever immédiatement une foule d'autres problèmes. On ne touche pas aux assises d'une maison sans ébranler tout l'édifice. Le régime du travail est corrélatif au régime du salaire. Le tâcheron doit être rétribué de telle sorte qu'il puisse vivre honnêtement de son labeur. Mais il s'agit de savoir si l'on tiendra compte uniquement des besoins personnels de l'ouvrier ou de ce fait que l'ouvrier lui-même représente la cellule sociale : la famille. Salaire minimum, salaire individuel, salaire familial : trois problèmes qui réclament une solution. D'autre part la famille n'a-t-elle pas besoin d'être défendue contre la formidable machine industrielle qui risque de la broyer et de la détruire ? Broyée et détruite elle le sera infailliblement, si l'homme s'exténue à l'usine, si la femme est arrachée à son foyer, si les enfants sont jetés à la rue, si, comme le dit l'abbé Cetty, la famille n'est plus qu' « une maison où l'on passe pour manger et dormir ». Il faut à tout prix maintenir le lien à demi-brisé ; accorder les impérieuses exigences de la vie chère et les devoirs plus impérieux encore de la conservation morale et sociale : limitation des heures de travail, repos hebdomadaire, protection des femmes à l'atelier, rien de tout cela ne saurait être abandonné au hasard des improvisations hâtives. Au surplus, il est certain que ces réformes ne seront jamais réalisées si l'ouvrier se condamne à l'isolement. Le syndicat se révèle, de plus en plus, pièce maîtresse de l'organisation des travailleurs. Le syndicat est le grand toit tutélaire qui, au dedans, avec ses services variés à l'infini, ses bureaux de placement, ses mutualités, ses cours professionnels, avec ses annexes, ses coopératives de consommation, apporte aux individus, aux familles l'appoint de l'intelligence, de l'énergie communes, — et qui, au dehors, couvre l'ouvrier contre les entreprises blâmables des patrons et, s'il est besoin, contre ses propres défaillances. Le syndicat, à son tour, est obligé de définir sa situation en face de l'Etat, c'est-à-dire d'assurer le juste équilibre entre les principes du non-interventionnisme radical et les concessions inacceptables du collectivisme avilissant. Et enfin, le collectivisme, cette hérésie sociale des temps modernes, ramène au jour l'inéluctable question de la propriété. La propriété est-elle un droit naturel ? Et ce droit est-il absolu à ce point qu'il ne souffre aucune restriction ? La propriété ne serait-elle pas plutôt une « fonction sociale » imposant, à qui possède, des devoirs envers la société, plus spécialement envers les déshérités de la vie ? Ne serait-il pas bon, en outre, que les foyers les plus humbles devinssent eux aussi propriétaires, soit par l'établissement d'un bien de famille insaisissable, soit par la participation de l'ouvrier aux bénéfices et à la direction de l'usine ? Et pourquoi n'irait-on pas jusqu'au bout ? La conception actuelle du capital n'est-elle pas susceptible d'être révisée ? Que l'argent ait acquis une valeur indépendante des choses qu'il représente et qu'il serve à édifier ou à démolir les fortunes, au hasard des spéculations factices, n'y a-t-il point là un intolérable abus, une forme déguisée de l' « usure vorace ? » Et c'est ainsi qu'en approfondissant la seule question du travail, les catholiques sociaux en sont venus à explorer tous les rouages de la société actuelle. Et comme ces rouages s'emboîtent les uns dans les autres, il a fallu coordonner les résultats des enquêtes particulières, faire circuler partout le même esprit, la même lumière. Il est fort important d'observer que la synthèse s'est opérée sous la clarté de la plus sûre, de la plus exacte théologie. Puisqu'en effet le catholicisme est une sociologie, est-il admissible que les maîtres du passé, pères de l'Eglise, docteurs du Moyen-Age, à commencer par saint Thomas d'Aquin, n'aient point formulé les principes régulateurs de nos difficultés présentes ? Et voilà pourquoi, à la suite de Léon XIII, on se tourne vers eux. On les interroge avec une insistance pieuse et inlassable. Et de leurs chaires lointaines, ces vieux maîtres projettent sur notre âge les rayons de la Vérité éternelle, valable pour tous les temps. Une doctrine étroitement rattachée à l'enseignement séculaire de l'Eglise, enrichie de l'immense apport des faits nouveaux, voilà le second caractère du catholicisme social.

Et voici le troisième : c'est l'allure franchement démocratique du mouvement. Nous touchons le point critique, le côté douloureux de cette période, si pleine et si brillante à tant d'égards. Je ne m'y arrête pas. Nous aurons le loisir de nous y attarder longuement, — trop longuement peut-être, — dans notre prochaine étude. Pour l'instant, je me contente de signaler la répercussion profonde de l'idée démocratique sur le terrain des œuvres. Ce qui donne à l'ensemble des réalisations pratiques issues de la pensée sociale des catholiques, surtout à partir de 1891, une note à part, une note vraiment originale, c'est l'emploi à peu près exclusif d'une méthode d'action : *la méthode ascendante*. Assurément le peuple, pour améliorer son sort misérable, ne saurait se passer du concours des classes dirigeantes. Mais il y a deux manières de concevoir l'apostolat populaire. Ou bien l'on suppose le travailleur inapte à se conduire lui-même. On exerce sur lui une sorte de protectorat attentif, bienveillant, cordial. On le traite en mineur et, disons le mot, puisqu'il a été maintes fois prononcé, en « perpétuel enfant » qui jamais ne parviendra à l'âge de la majorité. Ou bien l'on se persuade que l'état d'infériorité relative où le peuple est réduit est un accident regrettable et transitoire. Au lieu de se substituer à lui, on lui enseigne, peu à peu, à sortir de son ignorance, de sa passivité, à prendre en mains la direction de ses propres affaires. De ces deux méthodes, laquelle est la meilleure ? Les catholiques sociaux n'ont pas hésité. Ils ont opté pour la seconde. Ils ont estimé que, quelle que fût sa condition, l'homme est toujours un homme ; or, comme l'écrivait Léon Harmel, le patriarche du Val-des-Bois, en 1893 : « C'est la responsabilité qui fait l'homme ». Ils ont estimé qu'une action sociale, inspirée et dirigée par la doctrine évangélique, serait contradictoire avec ses origines, si elle ne tendait à développer, chez tous, la conscience de leur dignité et de leur valeur intellectuelle et morale. Et ils ont accueilli avec joie cette déclaration de Léon XIII, dont nous aurons à nous souvenir : « Nous-même, si Nous avons adressé aux évêques Nos encycliques sur la franc-maçonnerie, sur la condition des ouvriers, sur les principaux devoirs des citoyens chrétiens (et autres de même genre), c'est autant dans l'intérêt du peuple que Nous les avons publiées, *afin qu'elles lui apprissent ses droits et ses devoirs, à se diriger lui-même, à travailler comme il convient à son salut* ». Non, la masse ouvrière n'est pas une matière insensible et amorphe. Elle est une matière éducable. Elle peut recruter en son sein des chefs, des guides, toute une élite : et c'est à quoi les dirigeants doivent, par-dessus tout, l'aider. Il faut qu'ils se fassent, avec le Pape, les éducateurs du peuple. Restaurer la société « par l'action des travailleurs se réunissant et s'organisant eux-mêmes pour la défense de leurs droits et le relèvement de leur condition », tel est, d'un mot que j'emprunte à Max Turmann la méthode ascendante. Et je n'ai pas besoin d'ajouter qu'elle est le pur jaillissement de l'esprit démocratique.

Démonstration du rôle social de l'Eglise ; élaboration d'une sociologie chrétienne ; appel aux forces démocratiques : ces trois traits dessinent, il me semble, assez fidèlement la physionomie du catholicisme social. Vous les retrouverez dans tous les mouvements de jeunesse contemporains de cette riche et féconde époque.

Au premier plan de cette jeunesse débordante d'activité sociale, se place l'*Association catholique de la Jeunesse française*. Nous l'avons laissée, rue de Solférino, dans les bureaux de l'Œuvre des *Cercles ouvriers*, au moment où de Roquefeuil, avec une audace tranquille, se partageait la France avec ses amis. A en juger d'après certaines attitudes défensives, il semble que le groupe ait été contraint parfois à justifier ses tendances vers l'action sociale, comme si ces tendances étaient une déviation de l'esprit primitif de l'œuvre. En vérité, l'objection ne se comprend pas. L'incompréhensible serait que l'association, reniant ses origines, eut trahi la pensée inspiratrice du comte de Mun : Vous voulez, leur disait-il, « reconstituer un ordre social chrétien... œuvre de l'avenir, de cet avenir qui dépend aujourd'hui des jeunes générations ». Or les premiers statuts, rédigés en mai 1886, comportent cet article : « l'*Association catholique de la Jeunesse française* a *pour but* de coopérer au rétablissement de l'ordre social chrétien. Elle a pour principes la soumission à l'autorité de l'Eglise et la pleine adhésion à ses enseignements, spécialement en tout ce qui se rattache aux vérités de l'ordre *social et économique* ». Un autre article stipulait que tous les membres du comité feraient partie de l'œuvre des Cercles. Ce comité fut rattaché à la section des *Etudes* et ses réunions se tinrent au siège de la Revue l'*Association catholique* dont nous avons naguère parlé. On eut toutefois un Bulletin spécial, dont le premier numéro, publié en mai 1886, trace un programme singulièrement précis : rôle de l'Eglise dans le développement économique et social des états. Questions pratiques : les sociétés coopératives de production et de consommation ; — le travail des femmes et des enfants dans les manufactures ; — la limitation des heures du travail pour les hommes ; — le repos légal du dimanche ; — l'assurance contre les accidents ; — le rétablissement des corporations ; — les devoirs de l'Etat envers la classe ouvrière. Enfin, le premier congrès (Angers 1887) engage les jeunes à « se dévouer à toutes les œuvres, aux œuvres sociales surtout ». Inutile d'insister. De déviation, il n'y en a point. « Sociale » dès le commencement, l'*Association catholique de la jeunesse française* l'est encore après trente-deux années d'existence. Elle a, je pense, le droit d'en être fière. Une autre de ses ambitions mérite d'être soulignée : la volonté, exprimée par le geste symbolique de Roquefeuil, de réaliser l'union de *toute* la jeunesse française. Les fondateurs n'assignent aucune limite territoriale à leurs projets de conquête. Ils entendent — et ils ne s'en cachent pas — « réunir en une organisation *nationale*, tous les jeunes catholiques pour l'étude, la diffusion et l'application des doctrines sociales catholiques ». Social par son but, national par son extension, le mouvement procède de ce double objectif. Et vous devinez, dès lors, combien il nous importe de suivre, pas à pas, l'exécution d'un dessein aussi compréhensif. C'est peut-être le sort de la France de demain qui s'agite dans cet effort de concentration unique en son genre.

Évidemment on ne pouvait prétendre au succès immédiat. On eut dit que les initiateurs avaient le pressentiment du grand avenir qui leur était réservé. Ils procèdent sans hâte, par étapes successives. Je ne sais rien de plus normal, de plus harmonieux que l'histoire de leur développement. Tout d'abord on cherche la formule organisatrice. Et l'on met sept ans à la trouver. En somme, le comité parisien n'est, au début, le mandataire officiel de personne. Il ne peut espérer d'être obéi, s'il commande. Il lui faut recourir à la voie diplomatique : nouer des relations amicales avec les groupements de jeunesse éparpillés sur tous les points du territoire, œuvres paroissiales, patronages, collèges, cercles d'étudiants. Encore ce lien est-il fort précaire. L'adhésion est bénévole et n'implique nullement la reconnaissance d'une autorité centrale : « Vienne une divergence de vues entre quelques individus, une rivalité d'influences entre quelques groupements, et l'association naissante pouvait se morceler en fractions ennemies ; au lieu de constituer un patrimoine commun d'idées sociales, on aurait accentué les divisions intellectuelles ». Le danger n'échappe pas à la perspicacité des amis de l'œuvre. En 1889, au congrès de Paris, auquel trois mille jeunes hommes prennent part, Mgr Freppel suggère de relier « toutes ces activités ; et tout en laissant à chaque groupement local son autonomie, de faire tendre au même but des efforts qui n'aboutiraient pas avec un égal succès s'ils restaient isolés, de manière à

former un vaste réseau enveloppant toutes les
bonnes volontés dans une parfaite union de doctrine et d'action ». M. Léon Harmel appuie for-
tement dans le même sens : « Si certaines associations particulières craignent de perdre leur
autonomie et refusent de s'unir à l'association
générale, cet esprit d'individualisme est un crime
social qui empêche le salut de la France ». De
ces conseils, une idée se dégage. Elle est clairement exprimée au congrès de Lyon (1891), où
soixante-dix groupes ont envoyé leurs délégués.
L'Assemblée émet le vœu d'une organisation
fédérative. Cependant on hésite encore. Ce n'est
qu'en 1893 que l'*Association catholique de la
jeunesse française* prend une décision irrévocable
et arrête ses statuts définitifs. Elle sera donc une
fédération. Elle s'interdira d'être « un groupe
unique qui englobe tous les autres pour les cou-
ler tous dans le même moule et se les assimiler.
Les principes généraux une fois formulés, la
ligne générale de conduite une fois adoptée, à
chacun de savoir s'organiser comme il l'entend,
pourvu qu'il s'inspire de ces principes et ne
s'écarte pas de la ligne ». On ne peut qu'approuver. La souplesse de ces cadres en fait la
force. La décentralisation permet de s'adapter
aux meilleures conditions locales. Il suffit que la
soudure existe entre les fractions dispersées de
l'immense famille. Cette soudure est assurée par
une armature très solide. Par les unions diocé-
saines, les groupes particuliers se relient aux
unions régionales qui, à leur tour, dépendent

d'un comité général. Celui-ci est élu par un Conseil fédéral constitué par les délégués de tous les groupes et qui arrête la consigne valable pour toute une année. Survient-il un événement extraordinaire qui exige la solidification, en bloc, des forces ? L'étincelle, partie d'en haut, redescend les degrés de la hiérarchie. En un clin d'œil toute l'association est sur pied. Cent mille marteaux battent la même enclume ou enfoncent le même clou, et le pays étonné assiste à la mobilisation de la jeunesse chrétienne. Je ne pouvais passer sous silence cette admirable organisation. Elle est sans exemple au XIXe siècle. L'*Association catholique de la Jeunesse française* a vraiment trouvé un type achevé d'union nationale.

Elle était à la veille d'atteindre ce résultat, lorsque s'ouvrit une nouvelle phase de son évolution intérieure, celle que M. Piot appelle la « démocratisation » de l'œuvre. Au début, le recrutement s'alimentait surtout dans les milieux universitaires. Or, en 1891, quinze cents pèlerins de l'association croisèrent, à Rome, les quinze mille ouvriers venus pour remercier le Pape de l'Encyclique *Rerum novarum*. M. de Mun saisit la coïncidence. Il exhorta les jeunes à se mêler plus intimement au Peuple : « S'il y a, leur disait-il, dans mon cœur un désir plus ardent qu'aucun autre, c'est celui de cette union fraternelle entre vous et les enfants du peuple ». Si l'entente fut éphémère, le principe du moins, en était posé. L'année suivante l'association se ralliait à la

République. En 1896, le progrès était consommé. Le conseil fédéral adressa à la jeunesse populaire un vibrant appel. Celle-ci peu à peu répondit, puis se pressa en foule dans des rangs où la jeunesse studieuse formait jadis la majorité. Je ne sais si ce changement d'allure a suffisamment attiré l'attention publique. En tout cas il convient ici de lui restituer sa portée et son relief. *L'Association catholique de la jeunesse française*, fédération nationale, est une fédération démocratique. Elle compte des unions entières composées de groupes ruraux, d'ouvriers mineurs ou métallurgistes. La vieille idée d'aristocratie y est remplacée par l'idée moderne d'élite sociale. Elle est ouverte « à tous les jeunes gens catholiques capables d'exercer autour d'eux une certaine influence ». « Les différences d'origine, de profession, de fortune, n'y constituent point des causes de mérite ou de démérite. Tous, ouvriers, étudiants, employés, cultivateurs, collégiens s'y rencontrent dans une amitié cordiale qui réalise ce qu'on a justement appelé l'équivalence fraternelle des hommes. Tous possèdent dans l'Association les mêmes droits. Tous peuvent prendre à sa direction une part égale. » La *méthode ascendante* n'a pas de partisans plus convaincus ni de praticiens plus consommés que les membres de cet immense groupement. Nous aurons à tirer plus tard, de ce fait et des dates où il se révèle, des conclusions intéressantes.

Franchissons un espace de deux années. Une ère de grandioses manifestations collectives sera la récompense de ce lent travail d'aménagement intérieur. Depuis douze ans l'Association a mené de front une triple tâche : elle s'est organisée ; elle s'est rapprochée du peuple ; elle a poursuivi sa propre éducation sociale. Ne croyez pas, en effet, qu'elle ait perdu de vue sa principale mission : ce serait une grave erreur. Il n'y a pas eu la moindre solution de continuité. En 1887, la plupart des groupes témoignent de leurs préférences pour les sujets d'études sociales. En 1888, le Bulletin commence une série d'articles sous ce titre commun : « Notions de droit social et chrétien ». Depuis 1893, la *Revue de la jeunesse catholique*, substituée, en 1891, à ce modeste bulletin, publie régulièrement une chronique sociale. L'action positive trahit le même souci. *Les cercles ouvriers* restent le champ préféré, mais non exclusif, ou s'exerce l'apostolat des jeunes. Ici, on établit un économat domestique ; là, une banque populaire ; plus loin, un secrétariat du peuple ; ailleurs on prête main-forte aux syndicats et aux mutualités ; on propage avec zèle l'œuvre des jardins ouvriers, fondée à Saint-Etienne par les élèves du collège des jésuites de cette ville. Avec le temps, la possibilité et le besoin d'une activité collective éclosent et s'affirment. Dès 1894, le congrès régional de Blois formule le vœu « que le Conseil fédéral mette chaque année à l'ordre du jour un ou deux points de réformes sociales, pratiques et actuels, qui seront étudiés dans les groupes et dont l'Association tout entière s'efforcera de répandre l'idée par des conférences et avec le concours de la Presse ». En 1897, un essai d'action « concertée » se prépare au congrès de Tours. On demande à tous les membres de participer à la campagne électorale par la propagande et par le contrôle des scrutins.

Les choses en étaient là, lorsque s'ouvrit le Congrès de Besançon (1898). Son influence a été considérable sur les destinées de l'Association. Jamais une part aussi grande n'avait été attribuée aux questions sociales dans les délibérations des jeunes catholiques. En trois jours, tous les moyens d'orienter la jeunesse dans la voie des initiatives sociales furent passés en revue. Jamais non plus l'entente n'avait été plus vraie, plus cordiale, animée par un désir plus désintéressé du bien commun. Un rapport de M. G. Goyau fit une impression profonde, dont les effets se prolongent encore : « Durant les années de transition entre le collège et la vie libre, disait l'auteur, ce que la plupart doivent chercher et désirer ce n'est point le renom d'orateurs ou la réputation d'économistes, mais quelque chose de plus général, de plus imprécis, de plus intime aussi et de plus précieux : l'affinement de la conscience par la culture du sens social ». Il ajoutait : « C'est aux conférences d'études sociales qu'il appartient de développer, au fond de l'âme des jeunes, cette sorte d'atmosphère dans laquelle la foi chrétienne elle-même se vient naturellement baigner ». Et il concluait : « Avec les moyens d'action dont dispose une association puissamment ramifiée comme l'*Association catholique de la jeunesse française*, cette préparation aux études sociales pourrait, sans aucun doute, là où se forment des conférences nouvelles, être organisée facilement ». Le conseil porta ses fruits. Non pas que les « Cercles d'études » fussent inconnus à l'Association, puisqu'ils étaient nés dans l'œuvre des *Cercles ouvriers*. Mais jusqu'alors ils étaient demeurés la propriété à peu près exclusive des aînés. L'abbé Garnier avait bien essayé de les acclimater dans les patronages : il y avait peu réussi. On jugeait inutile ou périlleux d'initier la jeunesse à ces questions complexes et absorbantes. La *Commission des patronages* en 1896, l'*Alliance des maisons d'éducation chrétienne* en 1897, avaient, il est vrai, « souhaité » la diffusion, dans les collèges et petits séminaires, des conférences d'études. Ce souhait n'avait pas été pleinement exaucé. La preuve en est que l'*Association catholique de la jeunesse française*, si répandue dans les maisons d'enseignement secondaire, considérait encore, en 1898, les Cercles d'études comme une nouveauté. Il n'en fut plus de même après cette date. La méthode préconisée par M. G. Goyau fut appliquée en grand. Et ce n'est pas sans motif que je m'appesantis sur cette innovation. Grâce au concours de ses innombrables cercles d'études sociales, l'Association a pu créer l'institution qui lui fait le plus d'honneur : les *Congrès sociaux*. Il s'échelonnent de 1903 à 1913. En 1903, à Châlon, *les Syndicats* occupent le programme des séances; en 1904, à Arras, la *mutualité*;

en 1905, à Albi, *les conditions du travail de la jeunesse ouvrière;* en 1908, à Angers, la *question agraire.* En 1912, à Lyon, *l'organisation professionnelle;* en 1913, à Caen, *la répartition proportionnelle scolaire.* Or sait-on bien comment se préparent ces assises sociales de la jeunesse catholique? Le voici. Le Conseil fédéral choisit le sujet. Un questionnaire minutieux est envoyé aux aumôniers et aux présidents des groupes. Les cercles d'études délibèrent sur les réponses qu'il convient d'inscrire en regard de chacune des interrogations de l'enquête. Il ne s'agit pas de produire des idées abstraites : la teneur du document ne le permet pas. Le cercle d'études est comme une vigie postée au centre du quartier, du village, du canton, du département où il fonctionne. Il collige un trésor d'observations vécues. Et ces milliers de faits, triturés, simplifiés, condensés, soumis au puissant réactif des principes, forment la trame substantielle des rapports qui alimentent les discussions des assemblées annuelles. Puis un mouvement inverse se dessine. Les délibérations du Congrès aboutissent à des décisions pratiques. Ces décisions, colportées aux quatre coins de la France, donneront à tous « la notion exacte des misères et des besoins que leur action doit soulager et guérir ». Et c'est encore au Cercle d'Etudes qu'il appartient de les rendre exécutoires, en les adaptant aux nécessités locales.

Ce paisible échange intellectuel peut, tout à coup, se changer en une poussée d'offensive militante. En 1899, la liberté d'enseignement est menacée par la franc-maçonnerie. L'Association est chargée de pourvoir à la résistance. Le Congrès de Lyon revendique les droits de la famille opprimée par l'Etat. En 1903, la tempête sévit sur les ordres religieux frappés d'ostracisme : le même jour (7 juin), soixante conférences, sur tous les points du pays, dénoncent « les mensonges de l'anticléricalisme ». En 1905, la loi de séparation est votée : le même jour cent trente conférenciers protestent contre ce vote. En 1906, les églises sont livrées aux inventaires : la jeunesse se masse aux portes de nos temples et tient tête aux cambrioleurs officiels. En 1909, Monseigneur Amette décide d'entreprendre une campagne pour la suppression du travail de nuit dans les boulangeries. L'Association convoque un meeting monstre et soulève l'opinion.

Complétons ce tableau par une dernière touche. En 1911, l'*Association catholique de la jeunesse française* fête ses noces d'argent. Les séances générales des Congrès de Paris ont été une suite d'apothéoses. A la salle Wagram, l'abbé Thellier de Poncheville salue, en termes émouvants, l'homme qui a su conquérir et ébranler cette multitude de jeunes : Albert de Mun est là, vieilli, mais sa haute stature se dresse immobile au milieu des acclamations qui montent vers lui en rafales de gloire. Au manège Saint-Paul, six mille auditeurs s'inclinent sous la bénédiction de l'archevêque de Paris. Il y a là « des hommes de toutes conditions, prêtres et étudiants, avocats et publicistes, patrons et ouvriers, châtelains et paysans, jusqu'à des mineurs avec la lampe au chapeau, tous confondus dans la mêlée calme et disciplinée, comme soudés les uns aux autres par une seule pensée ». Le dimanche, ils seront huit mille à Notre-Dame pour chanter de leurs voix mâles le *Te Deum* de l'action de grâces. Voilà pour le dehors. Mais, suivant l'expression de Maurice Eblé, que dire « de ce travail lent et caché, qui échappe à la statistique, et grâce auquel l'*Association catholique de la jeunesse française* produit des hommes de principes; ce travail qui prépare pour notre nation un ferment régénérateur? » Et Dieu sait si l'on se remue dans ces soubassements ignorés! Il n'est pas une seule œuvre sociale dont ces jeunes ne soient pas et où ils ne méritent cet éloge qui vaut son poids d'or : « Ils ont une préférence marquée pour les rôles ingrats, pour les tâches modestes et effacées. Trésorier de la caisse rurale, secrétaire du syndicat, commis de la coopérative.., ce sont les titres qui voisinent le plus souvent avec le nom des présidents... Ce sont les postes de dévouement dans lesquels ils s'entraînent à mériter les charges plus lourdes que leur vaudra, à l'âge viril, la confiance universelle ». Et maintenant, supposez qu'avec la même organisation, avec le même sens des réalités sociales, avec le même dévouement, l'*Association catholique de la jeunesse française* double ou triple le nombre de ses membres : quelle certitude de renouveau !

*
* *

Le modeste concours des jeunes de l'Association à leur œuvre commune nous achemine sans brusque transition vers une entreprise, dont les commencements furent très humbles et dont la magnifique extension a été le fruit d'un labeur plus obscur encore et plus opiniâtre.

Il y avait une fois — ceci n'est pas un conte, mais une histoire — un bon frère des Ecoles chrétiennes qui gémissait sur la facilité avec laquelle les enfants sortis de l'école abandonnaient les pratiques religieuses. Gémir ne mène pas loin. Le frère Exupérien ayant donné libre cours à sa tristesse, résolut de parer au mal. Il choisit les meilleurs sujets des œuvres de persévérance, et les réunit en une sorte de congrégation qui, bravement, se mit sous le patronage de saint Benoît-Joseph Labre. On était en 1882, année funeste dans les annales de l'enseignement primaire chrétien. Le groupe eut bientôt neuf membres, puis vingt-deux, puis un si grand nombre qu'en l'espace de trente ans, la maison d'Athis a dû leur consacrer quelques milliers de retraites annuelles. « Avec une foi plus vive, les associés acquéraient des forces morales impatientes de se dépenser. La plupart trouvaient dans leur patronage même un vaste champ d'activité, mais certains d'entre eux, estimant qu'il ne fallait pas s'en tenir uniquement aux œuvres de piété, cherchaient à grouper également leurs camarades pour la sauvegarde de leurs intérêts matériels ». Ils étaient dix-sept à entretenir ces sentiments généreux. Obscurément ils rêvaient d'une œuvre dont les applications multiples leur permettraient de faire passer dans la pratique de la vie cet amour du prochain qui exaltait leur âme nourrie de l'Evangile. Un jour — c'était en 1887 — ils se dirent : « si nous fondions un syndicat d'employés ? » Grosse affaire pour une poignée de jeunes gens qui ignoraient ou ne savaient pas très bien ce que représentait ce mot rébarbatif. Un autre frère des Ecoles chrétiennes, le frère Hiéron, vint à leur aide. Il avait ouvert, 14, rue des Petits-Carreaux, un bureau de placement, dans une sorte de hangar vitré que, pour cette raison, on appelait le « bureau des omnibus ». Il prêta le local à nos jeunes apôtres et ceux-ci ajoutèrent au placement une petite société de secours mutuels, la « Fraternité commerciale ».

Il existait alors une *union des Syndicats*, dont M. Pégat, chrétien éprouvé, était le président. M. Pégat donna les renseignements techniques, et ce fut à son domicile que la nouvelle association professionnelle vit le jour. Elle fonctionna sur-le-champ, mais avec une effroyable lenteur. Les employés acceptaient bien qu'on les aidât à se caser et qu'on leur procurât les avantages de la mutualité. Quant à l'idée « syndicale », ils s'en souciaient « comme un poisson d'une pomme ». Après deux ans, sur une centaine de membres inscrits, trois payaient leur cotisation et le capital social s'élevait à la somme de 17 fr. 75. Il y avait là de quoi décourager les plus intrépides. On ne se découragea pas. On se livra à une propagande plus intense, non par l'emploi de moyens foudroyants, mais par le procédé plus prosaïque et plus sûr, connu, aujourd'hui encore à l'association sous le nom de « pêche à la ligne ». Cela consiste pour chaque membre à « convertir » un camarade. Il y eut même, assure-t-on, des marchés très curieux : « Mets-toi, disait le poisson au pêcheur, mets-toi de la conférence de Saint-Vincent de Paul, je me mettrai du syndicat ».

Grâce à ces ingénieuses industries et aussi grâce au dévouement des bons frères, on eut la satisfaction d'enregistrer en 1890, cent soixante-dix-sept syndiqués. On en profita pour juxtaposer au placement et à la mutuelle une coopérative. L'innovation n'eut rien de sensationnel. Une demi-douzaine de fournisseurs consentirent, par pure amitié, à accorder l'escompte. Encore fallut-il déployer un grand effort d'éloquence pour persuader aux employés d'en chercher le bénéfice ! N'importe : le progrès s'accentuait. Du dehors on commençait à regarder avec faveur une œuvre dont l'opportunité commandait la sympathie. En 1896, il y avait cinq cents recrues. Alors on se hasarda à sortir de chez soi, et l'on prit part au Congrès de Reims. En 1898 on était assez fort pour aider à la fondation de plusieurs syndicats ouvriers. En 1900, l'Exposition universelle accordait une médaille d'or, et le Congrès national de la Fédération des Employés de France accueillait, à Bordeaux, les délégués de la rue des Petits-Carreaux. En 1903, à Bruxelles, le Congrès inter-

national des employés, malgré l'opposition de
quelques sectaires influents, refuse d'exclure les
délégués Zirnheld et Viennet qui défendent
noblement, devant l'assemblée, les convictions
catholiques de leur syndicat. L'année suivante,
le groupe fait élire deux candidats au Conseil
général du Travail. En 1907, on abandonne le
« bureau d'omnibus » et l'on s'installe au 14 du
boulevard Poissonnière. A ce moment les services
primitifs sont très développés. D'autres ont surgi,
normalement et sans heurt, comme un corps
vivant acquiert et développe peu à peu ses organes.

Par son enseignement professionnel, le Syndicat développe les qualités techniques de l'employé ; par son service de placement, il assure un
débouché rémunérateur à ses qualités ; par son
enseignement économique et social, par sa
bibliothèque et son journal. il ouvre au syndiqué
des horizons dont son instruction rudimentaire
semblait devoir lui cacher la vue. Par son conseil
judiciaire il assure à l'employé victime d'un abus
de la force patronale la puissance de l'Association et rétablit ainsi l'équilibre entre deux situations par trop inégales. Par sa caisse de prêt
gratuit, il répare dans une certaine mesure les
ravages de la gêne et du chômage. Enfin, par ses
services économiques, il permet au syndiqué de
vivre et de faire vivre les siens à meilleur compte,
tout en procurant au Syndicat des ressources qui
sont la garantie de son indépendance. A l'heure
actuelle, le Syndicat des Employés et des ouvriers,

définitivement établi dans les vastes locaux de la rue Cadet, compte 8.479 membres, avec 75 sections parisiennes et 14 sections provinciales. Il a, de plus, collaboré à l'établissement d'une foule d'œuvres semblables, parmi lesquelles je mentionne les *Syndicats féminins* de la rue de l'Abbaye, l'*Association générale des employés de Bilbao* en Espagne, et le *Syndicat des employés* de Montréal au Canada. Et voilà ce que l'énergie tenace de quelques jeunes a rendu possible. On était allé droit devant soi « en toute simplicité » ; mais l'on n'a négligé aucune occasion de s'instruire en cours de route. Ce qui vaut en effet à cette œuvre modèle une réputation quasi-universelle, c'est la fermeté de sa doctrine sociale et la sûreté de ses méthodes. Son but est double. Elle poursuit tout ensemble l'élévation personnelle de ses adhérents et l'aménagement de la corporation. Elle veut que chaque individu ait une personnalité et devienne une compétence, une valeur professionnelle, un homme désireux de parvenir. Mais parce qu'elle voit « la corporation au-delà des individus, elle ne sépare pas leur cause de la cause générale des travailleurs, et elle s'efforce d'exercer une action sociale profitable à la classe ouvrière tout entière ». Elle a, sur les rapports des travailleurs avec l'État des idées très nettes. A celui-ci l'on demande surtout de « favoriser une organisation rationnelle du travail », et l'on n'assigne, à l'anarchie politique, d'autre remède qu' « une représentation professsionnelle sagement décentralisée ». Si donc l'*Association catho-*

lique de la jeunesse française a réalisé le type de l'union nationale des jeunes, le *Syndicat des Petits-Carreaux* a élaboré le plan le plus sage de la réforme ouvrière. On pourra sans doute construire à côté ou en dehors de lui : il sera difficile d'appliquer un programme plus parfait que le sien.

***

La singulière fortune des jeunes amis du frère Exupérien et du frère Hiéron nous encourage à donner un dernier coup de sonde dans le fleuve où coule la débordante activité des catholiques. Qui sait si une nouvelle surprise ne nous est pas réservée?

En 1892, l'année où Léon XIII fêtait son jubilé épiscopal, une toute petite feuille paraissait à Lyon sous ce titre long et embarrassé : « *Chronique des Comités du Sud-Est*, feuille mensuelle destinée aux Comités qui s'occupent de la diffusion de *la Croix* ». En réalité, les jeunes rédacteurs, Gonin, Récamier, Boissard, nourrissaient des ambitions moins particularistes que ne le laissait entrevoir l'enseigne de leur journal. A la lecture de l'En-cyclique *Rerum Novarum*, ils avaient contracté la « hantise » de la question sociale. Et cette hantise, ils brûlaient de la communiquer autour d'eux. « Le premier et pressant devoir des catholiques, répétaient-ils avec insistance, est de pénétrer dans les milieux populaires et d'y introduire coûte que coûte, à travers toutes les difficultés, quelques rayons de vive et sereine lumière...

Apprenons à ce peuple à se former, à s'élever, à se sauver lui-même. L'avenir est dans l'apostolat du paysan par le paysan, de l'ouvrier par l'ouvrier... Saint Léon a baptisé les barbares, Innocent III a discipliné l'Europe, Sixte-Quint a équilibré les pouvoirs de l'Eglise en face des pouvoirs absolues : Léon XIII et la papauté christianiseront la démocratie ».

Le modeste bulletin se présentait donc comme un instrument d'éducation sociale. On se proposait d'orienter dans ce sens les groupes d'action religieuse, semés en tirailleurs à travers la Provence, le Lyonnais et le Dauphiné. Eveiller, même au fond des campagnes, le sens et la curiosité des idées et des œuvres sociales, favoriser l'éclosion de nouveaux centres, enregistrer les rapports des plus humbles comités, fournir à tous les documents, les indications utiles, tel était le but. Il fut si bien servi qu'après dix ans la région comprise entre le Rhône et la Méditerranée était couverte a'environ deux cent soixante cercles réunis, eux aussi, en fédération, et dont la *Chronique du Sud-Est* était le lien. Celle-ci gardait sa mission « de diriger dans l'unité d'une doctrine et la concentration d'un programme toujours en élaboration, les recherches et les travaux des unités dispersées ». Mais dans la mesure même où cet apostolat de lumière s'élargissait, les directeurs éprouvaient le besoin de compléter leur propre instruction : « l'affluence des questions, leur gravité, leur portée attestaient une lacune qu'il devenait urgent de combler. Ce qu'il fallait désormais, ce n'était plus seulement une collaboration par correspondance, c'était un enseignement ».

Il fut donc décidé que l'on en appellerait à la compétence des théologiens et des économistes. Sous quelle forme se produirait leur intervention? Aurait-on recours au système habituel du Congrès? Non, car le Congrès est plutôt un échange de vues entre personnes appliquées également aux mêmes tâches pratiques. Il condense l'expérience de tous et il la coordonne avec les doctrines, mais il laisse place à une forme supérieure d'enseignement qui serait au Congrès ce que les universités sont aux écoles secondaires. Les jeunes de la *Chronique du Sud-Est,* cherchèrent donc une autre voie, et ils organisèrent en 1904, à Lyon, la première *Semaine Sociale.*

J'ai tenu à rappeler les origines de cette institution qui, nous le savons, a été l'une des créations les plus fécondes et les plus opportunes du catholicisme social. Je n'ignore nullement ce qu'elle doit à l'impulsion décisive que leur imprima les années suivantes, M. Henri Lorin. Je n'ignore pas non plus qu'en Allemagne le *Volksverein* avait déjà établi des *cours pratiques sociaux* qui distribuaient tour à tour, dans les grandes villes de l'Empire, des conférences suivies par une élite d'étudiants et d'hommes d'œuvres. Tout cela n'empêche pas que la *Semaine Sociale* est une initiative française; qu'elle n'a acquis sa puissance de rayonnement qu'après avoir été réalisée chez nous par Henri Lorin et qu'enfin elle a le droit de réclamer pour premiers fondateurs les jeunes démocrates de la chronique lyonnaise. « Le caractère de la *Semaine Sociale*, déclarait M. Henri Lorin en 1905, à Orléans, — où se tint la seconde session — ressort clairement de son programme. Catholiques pratiquants, nous voulons d'une part prendre conscience nette de ce que postule et de ce qu'entraîne le catholicisme au point de vue social, nous voulons faire pénétrer les exigences de la justice telles que l'impliquent les affirmations de notre foi dans le détail des rapports sociaux. Nous voulons, d'autre part, retrouver dans les diverses doctrines qui s'essaient à résoudre la question sociale ce qu'elles ont d'inconsciemment catholique et, partant, de profondément vrai ; nous voulons donner aux hommes, participant à leur insu d'idées qui sont nôtres, conscience de leurs affinités avec la conception chrétienne, des emprunts qu'ils lui font et des convergences auxquelles la logique devrait les conduire. Parachever pour nos propres consciences la connaissance de la morale chrétienne et nous préparer à rendre plus notoire pour les hommes du dehors la portée sociale des dogmes chrétiens, voilà donc notre objectif ». Comparez cette déclaration magistrale et magnanime aux tendances des rédacteurs de la *Chronique du Sud-Est*, à leur « hantise » de la question sociale, à leur volonté de creuser leurs idées jusqu'au roc de la doctrine immuable de l'Eglise, des deux côtés l'esprit est identique. Il est seulement arrivé qu'une humble tentative a pris les proportions d'un fait européen. Le mot n'a rien d'exagéré puisque, avant la guerre, dix *Semaines* s'étaient tenues en France et plusieurs en Belgique et en Hollande, en Espagne et en Italie, en Pologne et jusqu'en Lithuanie !

Cette longue promenade à travers le catholicisme social et à travers les œuvres de jeunesse qui s'y rattachent par leurs tendances chrétiennes, doctrinales et démocratiques, prêterait à de multiples remarques. Je n'en veux aujourd'hui formuler qu'une seule. Les mouvements que nous venons de décrire et d'admirer ensemble sont encore, Dieu merci, en plein essor de vitalité. Ce sont des forces agissantes qui demain reprendront leur marche en avant. Ils appartiennent donc à l'avenir autant qu'au passé, j'ose même dire qu'à eux trois ils totalisent, du moins par leurs maîtresses lignes, les principales orientations sociales du catholicisme. Plus que jamais, après la guerre, nous aurons besoin d'une sociologie appuyée à l'édifice immortel de la théologie. Cette sociologie, les *Semaines Sociales* peuvent nous la donner. Plus que jamais, après la guerre, il faudra procéder à la concentration nationale des jeunes, pour qu'ils soient capables de défendre et de propager partout la doctrine sociale chrétienne. Cette concentration nécessaire, l'*Association catholique de la Jeunesse française* peut nous la donner. Plus que

jamais, après la guerre, l'organisation professionnelle devra occuper le premier plan de nos
perspectives sociales. Cette organisation, *les Syndicats de la rue Cadet* en ont posé l'inébranlable
assise. Mais précisément parce que ces créations
existent, et qu'elles se complètent, et qu'elles répondent je ne dis pas à tous les besoins mais aux
plus grands, ne serait-il pas souhaitable que,
dans la mesure où elles y répondent, au lieu de
recommencer perpétuellement ce qu'elles ont si
bien inauguré, on s'appliquât simplement à les
soutenir, à les étendre et à les utiliser? Je m'arrête : nous reviendrons plus tard sur ce sujet.

VII

L'ÉDUCATION DÉMOCRATIQUE

« ... Plaise à Dieu que l'on ne puisse pas, d'ici longtemps, songer à faire l'histoire définitive du *Sillon* : nous comptons bien que celui-ci, par ses incessants progrès et par ses conquêtes toujours nouvelles, lassera l'attente de ces historiens qui, fossoyeurs bienveillants ou hostiles, songeraient à enfouir notre action dans la tombe de leurs récits. » On ne relit pas, sans un serrement de cœur, ces lignes tombées, en 1905, de la plume de Marc Sangnier. Huit ans déjà se sont écoulés depuis le jour où il est devenu possible d'écrire l'histoire — et l'histoire définitive — du *Sillon*. Et si ce laps de temps paraît bien court, l'autorité sans appel d'un document pontifical, — l'effroyable silence imposé tout à coup à nos agitations d'avant-guerre par l'agression allemande, — les pages glorieuses que les anciens sillonnistes, avec leurs adversaires de la veille, ont signées au livre d'or de l'héroïsme français : tout cela donne aux événements le recul nécessaire pour qu'on puisse juger sans passion et parler sans amertume. Et n'en déplaise au président du *Sillon*, je ne saurais assimiler le rôle d'historien à celui de fossoyeur. L'histoire n'enterre pas ceux dont elle évoque la mémoire. En les arrachant à l'oubli et parfois à l'ingratitude des hommes, elle les ressuscite. Et s'il ne dépend pas d'elle que le passé ne soit figé pour jamais dans l'immobilité des faits accomplis, du moins elle peut dire que la semence ne fut pas jetée en vain, et qu'on n'est pas tout à fait mort lorsqu'on a donné au pays une légion d'âmes généreuses et à l'Eglise l'exemple d'une soumission méritoire.

Aussi bien, n'est-ce pas l'histoire extérieure du *Sillon* que je me propose, ici, de replacer sous vos yeux. Aborder le *Sillon* par le dehors serait le plus sûr moyen de passer à côté de lui sans le connaître. Nul mouvement, en effet, ne s'identifia moins avec les œuvres, pourtant fort belles, qu'il institua. L'extrême fluidité de son esprit s'y opposait. Certains philosophes du « devenir » se fussent trouvés à l'aise parmi cette jeunesse en perpétuelle évolution, et qui ne craignait rien tant que de se pétrifier dans ses propres initiatives. « Le *Sillon* est une vie. Ce n'est pas une œuvre aux cadres rigides et établis d'avance. C'est essentiellement quelque chose qui se développe, qui évolue et qui progresse. » L'intelligence ordonnatrice qui, certes, ne manquait pas à ses chefs, cédait sur toute la ligne aux exigences de l'intuition. A chaque instant, les cadres éclataient ou se dilataient sous la poussée de la vie intérieure. Et l'on allait, de réalisations en réalisations, avec la certitude que la réalité ne s'égalerait à l'idée génératrice que quand celle-ci aurait spontanément révélé et épuisé la richesse de ses virtualités confuses. Or cette idée, cette âme intérieure, il nous faut, si insaisissable qu'elle puisse paraître, la capter au passage et la définir. Sinon nous risquerions d'encourir le reproche que les sillonnistes adressèrent mille fois à leurs contradicteurs : « Vous ne nous comprenez pas. » Et puis, pour un grand nombre de croyants, trop peu familiarisés avec la lecture des actes du Saint-Siège, la question se pose encore, comme elle se posait au mois d'août 1910 : Pourquoi, au juste, le *Sillon* fut-il condamné? En quoi la doctrine catholique avait-elle partie liée avec ce puissant effort d'éducation démocratique? L'Eglise avait-elle donc, en l'espace de si peu d'années, modifié sa ligne de conduite à l'égard de la démocratie moderne? Sangnier et ses amis ont-ils eu à payer les encouragements de Léon XIII à l'orientation populaire du catholicisme social ? La réponse à ces requêtes troublantes, seule l'âme du *Sillon* nous la peut apporter. Et voilà pourquoi j'irai tout droit au nœud de la difficulté et m'attacherai à résoudre ce grave problème qui touche de si près aux préoccupations de la jeunesse catholique de demain : Qu'y avait-il exactement de répréhensible et d'inacceptable dans les idées sillonnistes? L'adoption de ce point de vue nous permettra, en premier lieu, de rendre pleine justice au caractère positif et durable de ce mouvement.

*****

Il est d'abord un grief qu'il faut rayer de la liste des charges qui pèsent sur le *Sillon* : celui d'avoir choisi le champ d'action où, dès le premier jour, il s'était résolument placé.

Chose étrange, à travers cette période d'élaboration doctrinale et d'activité patiente que nous décrivions dans notre précédente étude, un souffle âpre et dur passe et repasse comme une bise mortelle d'hiver. Le Pape avait tracé, dans l'Encyclique *Rerum novarum*, un vaste plan d'études sociales. Il avait multiplié les encouragements aux hommes d'œuvres. De son geste large, il avait désigné le peuple à l'amour et au dévouement de toutes les âmes généreuses. Il semblait donc que rien ne dût troubler désormais le courant auquel le Souverain Pontife creusait un lit sans aspérités et d'une merveilleuse ampleur. Le fleuve avait rejoint sa source, et là source s'épanchait en flots de lumière et d'énergie sereines. On pouvait marcher en paix : Rome avait parlé. Il n'en est rien : le courant se plisse, et de terribles remous dénoncent la présence d'écueils granitiques. Qu'y a-t-il donc, et comment est-il advenu qu'on n'ait jamais tant discuté que depuis le moment où l'Église était intervenue dans la question sociale?

Ce n'est pas aux menus incidents de la vie quotidienne qu'il convient de demander l'explication de ce curieux phénomène. Pour le comprendre, il faut ne pas perdre de vue les grandes

lignes de l'évolution politique en France au
xix⁰ siècle. Il vous souvient que, dans notre premier entretien, nous avions exposé le dilemme
qui résume l'attitude des partis à notre époque :
monarchie ou démocra ie; gouvernement d'un
seul ou gouvernement de tous. Or, de ces deux
solutions, les événements avaient imposé la
seconde. Au lendemain de la guerre de 1870 la
victoire de la démocratie avait été consacrée en
France par l'établissement du régime républicain.

S'en suivait-il que, spontanément et sans
arrière-pensée, tous les Français pussent adhérer
à ce nouveau régime? Il leur était bien difficile
d'apporter cette adhésion sincère. Et pourquoi?
Pour deux raisons dont l'une touchait à la politique et l'autre à la religion. Au point de vue
politique, était-il donc si certain que la république démocratique répondît aux aspirations
nationales? N'était-il pas à craindre que la
brusque irruption au pouvoir de la puissance
populaire ne fût, comme l'avait été le second
Empire, une surprise et une sorte de violence
dont les traditions séculaires de la France monarchique étaient, une fois de plus, victimes? Ainsi
pensaient les royalistes, et je ne crois pas que,
depuis, ils aient beaucoup modifié leur opinion.

A supposer que la volonté nationale se fut nettement exprimée par le vote des assemblées déli-
bérantes, était-il possible de saluer dans la république actuelle la forme idéale de gouvernement?
Le parti qui surgissait à la tête du pays ne

roulait-il pas les eaux boueuses et troubles de la révolution de 1789? Ne se rattachait-il point, par une série de chaînons dont chacun pouvait vérifier la concaténation authentique, à la démagogie qui, au cours du siècle, avait cheminé dans les bas-fonds des sociétés secrètes et poursuivi sans relâche l'écrasement de l'idée chrétienne? Et si l'on gardait à ce sujet la moindre illusion, la campagne anticléricale, commencée aux alentours de 1880, ne suffisait-elle pas à dessiller les yeux des moins avertis et des plus crédules? Ainsi pensaient les catholiques et je ne vois pas en quoi l'on pourrait incriminer leurs justes défiances.

Et c'est au milieu de ces douloureuses incertitudes que la France contemporaine a grandi. Or si l'incertitude est, pour les individus, un péril redoutable, aux nations elle signifie leur arrêt de mort. Un peuple qui n'a pas le courage d'affirmer ses orientations politiques est un peuple voué à la décadence et à la disparition : tout royaume divisé contre lui-même périra. Les catholiques n'avaient donc le choix qu'entre deux lignes de conduite dont chacune répondait aux deux faces du dilemne : ou bien combattre la démocratie; ou bien l'adopter en la christianisant.

La combattre. Le jeu risquait d'être dangereux. Il semblait bien en effet que l'esprit démocratique eût à ce point pénétré dans l'âme moderne que toute réaction radicale à son endroit fût absolument inutile. Mais l'accepter, ne serait-ce pas absoudre le désordre et l'anarchie révolutionnaires? Nullement, protestaient les catholiques démocrates. Il s'agissait simplement de savoir si le catholicisme était capable de s'emparer des aspirations nouvelles, de les maîtriser et de les orienter dans la voie du bien. Rêve chimérique, répliquaient certains conservateurs. L'histoire n'établit-elle pas une évidence écrasante que partout où elle s'introduit, la démocratie porte avec elle le trouble et la révolte? Et puisqu'on prétendait se placer en face d'un fait accompli, ce fait, ne fallait-il pas le prendre tel qu'il était au positif, c'est-à-dire, irrémédiablement vicié : sorte de plaie purulente, ouverte aux flancs de la société moderne, et qu'on ne guérirait qu'en la cautérisant au fer rouge d'une répression impitoyable. L'autrichien Metternich, en 1815, ne raisonnait pas autrement. A quoi il était facile de répondre : si l'Eglise catholique, sous prétexte qu'elle est aux prises avec des situations où le bien et le mal s'enchevêtrent en réseaux inextricables doit renoncer à intervenir, elle n'a plus qu'à disparaître. Sa mission rédemptrice est sans objet. Et son premier crime est d'avoir converti le monde païen et civilisé le monde barbare. Est-il permis un seul instant de s'arrêter à des suppositions aussi déplacées?

Pourquoi donc, au XIXe siècle, la religion aurait-elle été moins puissante qu'elle ne l'était au temps de Néron ou d'Attila?

Mais, qui sait, peut-être y avait-il opposition entre la foi chrétienne et le fait démocratrique? Quelles réalités précises recouvrent donc ces derniers mots? Essayons de les définir. Le fait démocratique, c'est l'aspiration des peuples à se gouverner eux-mêmes par les représentants de leur choix. Le fait démocratique, c'est encore la libre circulation des valeurs morales et intellectuelles d'un degré à l'autre de la hiérarchie sociale. Le fait démocratique, c'est l'éducation populaire qui doit favoriser, avec prudence mais avec loyauté, cette légitime ascension. Le fait démocratique, c'est l'amélioration du sort matériel de l'ouvrier qui a droit comme tout le monde au bien-être de son foyer. Le fait démocratique, c'est l'épanouissement de toutes les vies humaines au sein d'un organisme social assez ouvert et assez souple pour les comprendre et les utiliser. Et si cette définition vous paraît trop idéale, et reléguer au second plan la part des sacrifices nécessaires, en voici une autre plus austère et celle-là, je l'emprunte textuellement au *Sillon* : « Les citoyens d'une démocratie doivent avoir : une sincère conviction des inégalités naturelles inhérentes à la condition humaine, et de la nécessité de rechercher les meilleurs citoyens pour les mettre à la tête du gouvernement et des administrations; un profond respect pour l'autorité et pour la loi; un grand esprit de solidarité et de défense réciproque qui ne permette jamais qu'un individu ou un groupe puisse être opprimé; un vif attachement à la liberté dans l'ordre; une réelle générosité à s'oublier eux-mêmes, pour faire passer l'intérêt général avant leur intérêt particulier ». De ces deux définitions, dont l'une exprime le résultat et l'autre les bases de la vie démocratique en est-il une que l'Eglise ne puisse approuver? Craindrait-on que la forme républicaine du gouvernement ne lui portât ombrage? Sans doute, par la volonté de son divin fondateur, l'Eglise est une monarchie; mais a-t-elle jamais prétendu que sa constitution servît de modèle aux constitutions des sociétés civiles? Non : elle reconnaît toutes les formes de gouvernement pourvu qu'elles soient génératrices d'ordre. Quant à la libre circulation des valeurs, ce n'est pas elle qui songerait à l'entraver puisque, pour citer deux exemples entre mille, elle a porté sur le trône pontifical Pie V, qui, enfant, gardait les troupeaux et Pie X, le fils d'un aubergiste. Et s'il est vrai, comme le disait naguère le cardinal Guibert, que l'état républicain est celui qui réclame la pratique des plus austères vertus évangéliques, le respect de l'autorité, l'abnégation personnelle, l'esprit de sacrifice, l'amour de nos frères, comment l'Eglise ne souhaiterait-elle pas l'avènement d'un régime qui ensemencerait le monde d'une semence plus riche encore de vertus chrétiennes?

Et voilà pourquoi, malgré les nombreuses démarches tentées auprès de lui, jamais Léon XIII n'avait voulu condamner ni la démocratie ni les démocrates chrétiens. Un jour, Léon Harmel avait osé porter au tribunal suprême l'objet de tant de controverses ardentes : Très Saint-Père avait-il dit, « c'est à vous que ce peuple doit d'avoir la conscience plus exacte et plus complète de ses droits et de ses devoirs. C'est vous qui avez préparé son ascension sociale et économique. Ce sont vos encycliques qui ont tracé la charte de son affranchissement et de sa dignité. La démocratie chrétienne, conçue et entendue dans son vrai sens catholique, peut bien rencontrer des adversaires qui ne la connaissent pas; mais elle ramènera dans le sein de l'Eglise les foules que le socialisme révolutionnaire en aurait éloignées ». Et sur-le-champ le Pape avait répondu : « Vous venez de faire allusion à la démocratie; voici ce qu'à ce sujet nous devons vous inculquer. Si la démocratie s'inspire aux enseignements de la raison éclairée par la foi; si, se tenant en garde contre de fallacieuses et subversives théories, elle accepte avec une religieuse résignation et comme un fait nécessaire la diversité des classes et des conditions; si, dans la recherche des solutions possibles aux multiples problèmes sociaux qui surgissent journellement, elle ne perd pas un instant de vue les règles de cette charité surhumaine, que Jésus-Christ a déclaré être la note caractéristique des siens; si, en un mot, la démocratie veut être chrétienne elle donnera à votre patrie un avenir de paix, de prospérité et de bonheur ».

Le Pape était allé plus loin. Témoin de nos dissensions politiques, il avait non pas enjoint le précepte, mais intimé aux catholiques le conseil d'accepter la forme républicaine du gouvernement. Et aussitôt M. de Mun, avec une franchise non exempte de hardiesse, avait tiré la conclusion des nouvelles directions   ales. Rappelant les actes de Léon XIII en faveur du peuple il s'était écrié : « De là aux événements de l'heure présente l'enchaînement était naturel, inévitable : sur cette page écrite par la papauté comme au frontispice du siècle nouveau, il manquait un dernier mot : Léon XIII l'a écrit en invitant les catholiques français à accepter sans arrière-pensée la forme politique que la démocratie s'est donnée ».

Pouvait-on faire davantage, ratifier d'une manière plus éclatante l'effort généreux de tous ceux qui se voueraient à christianiser la démocratie française, y compris le régime républicain ?

Or, est-il besoin d'observer que la création de cet état d'esprit est antérieure à l'apparition du mouvement sillonniste ? Lorsqu'en 1899 le *bulletin de la Crypte*, la *Revue*, et l'ancien *Sillon* de Paul Renaudin se fondirent en un seul organe ; lorsque Marc Sangnier élargit le champ d'une activité sociale commencée dans les casernements de Polytechnique et les chambrées de Toul, le courant démocratique existait depuis longtemps et il était en pleine vigueur. Il y avait huit ans que Léon XIII avait publié l'Encyclique *Rerum novarum;* il y en avait sept que la lettre sur le ralliement avait paru ; il y en avait six que l'*Association catholique de la jeunesse française* était « démocratisée » et que la *chronique du Sud-Est* menait sa campagne démocratique; et c'était en 1898 que le Pape avait défini la conception de la démocratie chrétienne et invité le peuple à se diriger *lui-même;* et c'était en 1899 que Mgr Ireland écrivait dans les colonnes du journal l'*Univers* : « Le développement chrétien du mouvement démocratique est le point central de l'action de Léon XIII ; il en est à la fois le plus délicat et le plus invincible ; le plus délicat parce qu'il s'agit d'un ordre nouveau à créer ; le plus invincible, parce que la force des choses et les impérieuses poussées de l'histoire imposeront tôt ou tard cette solution, soit à travers des bouleversements, soit par des réformes graduelles ».

Voilà le milieu où le *Sillon* est apparu. Et que voulaient ces nouveaux venus ? Ils l'ont assez souvent répété pour qu'on le sache : ils voulaient, à leur tour, tenter un essai loyal et intégral d'éducation démocratique, en faisant appel aux énergies du catholicisme. A ce titre, ils ne différaient pas des mouvements de jeunesse qui les entouraient. Ou s'ils s'en distinguaient, c'était par une affirmation plus catégorique encore de leurs fins : « Nous ne faisons nullement difficulté d'affirmer, écrivait Marc Sangnier dès 1905, que nous croyons la République démocratique possible avec la force sociale et la discipline morale du catholicisme et que nous avons résolu de commencer par travailler à l'œuvre indispensable de l'éduction populaire, nous continuerons aussi longtemps et aussi loin que nous le pourrons. Le *Sillon* évoluera donc sans cesse. Aucun terrain, pas même celui de la politique militante, ne doit lui être pour toujours définitivement interdit. C'est une expérience que nous voulons tenter ; comment n'essaierions-nous pas de la

faire aussi complète que possible ? » Au surplus,
à cette œuvre commune que tant de catholiques
poursuivaient chacun dans leur sens, le *Sillon*
apportait une méthode singulièrement précise,
quoi qu'on en ait pu dire, et qui, dégagée des
erreurs où elle se fourvoya, demeure aussi
opportune aujourd'hui qu'elle l'était il y a vingt
ans. Et du reste, cette méthode, les sillonnistes
n'étaient pas seuls à l'avoir inventée. Vous vous
rappelez le mot de Léon Harmel : « C'est la responsabilité qui fait l'homme ; c'est pourquoi,
dans nos institutions des Cercles catholiques, du
secrétariat du peuple, des cercles d'études sociales
comme dans les Congrès ouvriers, nous nous
efforçons de mettre en action la responsabilité
de l'ouvrier ». Cette idée, le *Sillon* la reprenait
et l'appliquait avec une logique encore plus
rigoureuse. Si, en effet, la démocratie implique
une participation de tous à la chose publique, la
tâche la plus pressante n'était-elle pas celle qui
consistait à développer, chez tous, la conscience
de la responsabilité sociale et du devoir civique ?
Or, cette idée éclaire tout le développement du
Sillon. Son principal objectif, surtout au début,
n'a pas été de créer des œuvres sociales proprement dites : « Les œuvres sociales, écrivait Louis
Cousin, sont une entreprise d'à côté, intéressante, méritoire, nécessaire même, à laquelle il
convient d'aider quand on le peut sans négliger
la besogne urgente. Et cette besogne urgente,
c'est de propager l'idée et la vie démocratiques.
Tous les hommes d'ordre en conviennent, le

grand obstacle à l'établissement d'une démocratie sage, paisible et prospère, ce sont les fausses doctrines révolutionnaires, prônées en 1789... Il faut donc constituer un état d'*opinion* qui ne soit plus le chaos où nous tiennent l'incohérence et le vide décevant des utopies régnantes, mais qui corresponde au fonds d'idées saines sur lesquelles repose la démocratie. Quand cet état d'opinion sera créé, quand il sera maintenu par une élite sociale d'une valeur morale assez haute pour le soutenir sans qu'il y ait jamais contradiction entre sa parole et sa conduite, la démocratie s'imposera ». Et ainsi, de même que, sous la monarchie de Juillet, les catholiques avaient fait, avec Montalembert, de l' « agitation légale » ; de même qu'avec Ozanam ils avaient fait de l' « agitation charitable », avec Sangnier, sous la troisième république, ils allaient faire de « l'agitation démocratique », entendez qu'ils s'efforceraient de porter au maximum *la conscience et la responsabilité civiques de chacun.* Commencer, dès le patronage, par le cercle d'études, l'éducation démocratique de la jeunesse ; — la continuer, pour les adultes, dans les *Instituts populaires* ; — l'introduire, dans les milieux les plus réfractaires, par des réunions publiques et contradictoires ; — constituer, pour assurer la liberté de discussion, une *jeune garde* qui fut un chef-d'œuvre de pureté morale et d'esprit chrétien ; — recueillir, dans des congrès laborieux et brillants, le fruit des expériences acquises ; — établir des coopératives qui sont des champs d'expérience de la vie démocratique ; — et par-dessus tout, former une élite vouée corps et âme à la Cause : tout cela s'organise autour d'un centre fixe et immuable : réaliser la démocratie républicaine par le catholicisme. Et si on leur objectait qu'ils allaient asservir l'Eglise à une forme déterminée de gouvernement civil ils répondaient : « Quand nous disons que la démocratie postule le catholicisme, nous ne prétendons pas que la proposition puisse se retourner et qu'il faille dire également : le catholicisme postule la démocratie. Nous le savons, en effet, la religion est au-dessus de toutes les formes de gouvernement. Les divers régimes politiques passent... L'Eglise, au contraire, reste, parce qu'elle a la garde de ce qui ne passe pas, des intérêts éternels de l'humanité ». Et, fidèles à l'enseignement du cardinal Guibert, ils se hâtaient d'ajouter : « Si nous répétons volontiers que la démocratie postule le catholicisme, c'est que devant « porter au maximum la « conscience et la responsabilité des citoyens », elle demande plus de désintéressement, de vertu et, par conséquent, plus de secours divin que les autres formes de gouvernement ». Or « le catholicisme, dans le christianisme intégral, renferme au maximum les forces morales et religieuses dont nous avons besoin ».

Jusque-là qu'y a-t-il de répréhensible ? Rien du tout. Ou bien alors il faut remettre en question le point de départ, c'est-à-dire l'opportunité même d'une action démocratique. Et dans ce cas, ce n'est plus le *Sillon* qu'on incriminera, c'est l'immense majorité des catholiques sociaux qui pratiquaient la « méthode ascendante » et ne croyaient pas rêver en cherchant, à travers « la caricature » de République que nous avons sous les yeux (le mot est de Marc Sangnier) les traits de la République idéale que seule la vertu chrétienne et non la vertu laïque pouvait fonder. Que dis-je, et que l'on me pardonne ma franchise, ce n'était pas seulement le *Sillon* et les catholiques sociaux qu'il fallait blâmer, c'était les directions du chef suprême de l'Eglise. Et si certains, au risque d'encourir les foudres de l'*Index*, ont cru pouvoir insinuer ce blâme, moi, je ne me reconnais pas ce droit. Mais si l'on admet la justesse du point de départ, il faut être conséquent avec soi-même. Oui les sillonnistes avaient raison de faire de « l'agitation démocratique » et de prétendre, ce faisant, rester aussi orthodoxes que n'importe lequel des catholiques français. — Et pourtant, ils ont été brisés. Pourquoi? Je le dirai avec le même souci de loyauté.

Un ancien adepte du *Sillon*, Léonard Constant, en quelques lignes de son beau livre sur Henri du Roure (et je salue en passant la mémoire de ce jeune héros), a résumé tout l'esprit du mouvement : « Prodigieux effets de l'amitié qui a fait toute la force, en un sens, toute la réalité du *Sillon*. La ferveur humaine et l'amour de Dieu, étroitement associés et parfois confondus, brûlent du même enthousiasme les cœurs jeunes qui, parce qu'ils sont purs, ont gardé intacte leur puissance d'aimer... Alors que ces grandes intimités spirituelles sont éparses d'ordinaire à travers le monde... l'audacieuse inspiration de Marc Sangnier fut de les unir autour de lui en un réseau indéfiniment étendu et d'en faire la force active d'un mouvement de propagande et d'action. L'originalité la plus profonde de son œuvre, c'est là peut-être qu'il faut la chercher. Le *Sillon* a pris extérieurement les formes les plus diverses... Au cœur de toutes ces organisations il faut chercher cette réalité humaine qui leur donne le mouvement et la vie : les amis de Sangnier et les amis de ses amis unis par la plus profonde et la plus spirituelle des amitiés ».

Voilà un bien mauvais début pour une critique des erreurs sillonnistes! Eh quoi! la chrétienne et virile amitié de quelques jeunes gens aurait été la cause d'une série de déviations assez graves pour motiver le verdict condamnateur de Pie X? Comment soutenir cette thèse sans froisser les fibres les plus intimes de ces nobles âmes auxquelles on ne pouvait pourtant pas interdire de s'aimer, sous le regard du Christ? Quelque délicate que soit ma tâche, je ne puis me dérober au devoir de la remplir. Ai-je besoin de protester que je ne veux blesser personne? On n'a pas le droit, moins encore si l'on est prêtre, de jouer avec des sentiments que les jeunes surtout se plaisent à protéger d'une pudeur jalouse. Et si les sillonnistes ont tiré de leur amitié des conséquences fâcheuses pour la démocratie, il est souhaitable qu'après eux l'on s'aime comme ils se sont aimés.

L'amitié suppose une chose et elle en réalise une autre. D'âme à âme, elle suppose une sorte d'harmonie préétablie, et elle tend à abolir les distances qui séparent les amis. Elle est une sélection spontanée, rebelle à la contrainte extérieure. L'on s'unit parce que, au fond, on était déjà semblables ; on se reconnaît tels, et lorsqu'on s'est reconnu, on n'a plus qu'un désir : pousser la ressemblance jusqu'à la limite, c'est-à-dire jusqu'à l'égalité. Et notons-le bien, la charité qui est, elle aussi, une amitié fondée sur la ressemblance de tous les hommes en Jésus-Christ, ne détruit pas les lois de l'amitié humaine. A ces attractions spécialisées par l'identité des vues et des aspirations, elle ajoute un coefficient surnaturel qui, loin de les détruire, les enrichit d'une valeur nouvelle.

Or, — on nous le rappelait tout à l'heure — le *Sillon* est essentiellement une amitié. Attendons-nous donc à y retrouver les deux éléments que nous venons de définir : la sélection spontanée, la tendance égalitaire. « Les sillonnistes ne peuvent s'empêcher de sourire quand on vient leur dire : « Je songe à m'inscrire au *Sillon* » ; « Je désire « me mettre du *Sillon* » ; « Je veux me faire « recevoir du *Sillon* », comme si le *Sillon* était une ligue où l'on « se met » par l'accomplissement d'une formule d'inscription. On ne « se met » pas du *Sillon*, on n'est pas « reçu » du *Sillon*. Et pourquoi? « Le *Sillon* groupe des âmes que mille affinités *prédisposaient* à se comprendre, à s'aimer, à mettre leurs énergies en commun dans une action intense ». Mais cette harmonie antécédente n'est-elle pas un leurre? Nullement : « On a pu dire : des sillonnistes quels qu'ils soient, placés en face d'une même question, trouveront d'*instinct* les mêmes solutions : et c'est vrai. Si la même formule ne jaillit pas immédiatement de toutes les bouches, — et encore cela arrive-t-il souvent — une courte discussion suffit pour que l'accord *qui était déjà dans tous les esprits*, se fasse aussi sur les expressions qui doivent le traduire ». S'agit-il de recruter un adepte : on ne lui inculque pas du dehors les idées du groupe ; on l'aide simplement à découvrir le lien inné qui, à son insu, le rattachait déjà à l'âme commune : « Sans le savoir, je t'attendais ; j'attendais quelqu'un qui me parle comme tu me parles. Va, je sens bien que nous sommes frères et que le bon Dieu nous a faits pour travailler ensemble ». Aussi « on aurait beau réunir en faveur d'un groupe qui s'appellerait *Sillon* toutes les chances extérieures de succès, il ne s'y formera aucun sillonniste, si au début il ne s'en est pas déjà trouvé un vrai. Celui-là il faut l'avoir de toute nécessité ; c'est le levain sans lequel la pâte ne fermente pas. N'essayez jamais de faire un nouveau groupe sans avoir d'abord cet élément nécessaire, le jeune camarade intégralement donné au *Sillon* ».

Après quoi on n'aura pas de peine à comprendre que tout genre d'autorité ne convient pas indistinctement au *Sillon*. Ou plutôt la seule autorité qui lui convienne, c'est l'*unanimité*. Il n'est pas *électif*, « puisque l'élection a pour but d'obvier au manque d'unité ». Il n'est pas *fédératif*, car « il n'y a qu'un seul *Sillon* composé de sillonnistes; les expressions de *Sillon* de Bordeaux ou de *Sillon* du Nord signifient exactement le *Sillon* en tant qu'il agit à Bordeaux, le *Sillon* en tant qu'il agit dans le Nord ». Observera-t-on que Marc Sangnier exerce sur le groupe une influence prépondérante? Oui, mais son autorité n'est pas distincte de la masse. Il est le chef parce qu' « il incarne le plus puissamment » la vie du *Sillon* et qu'il « la communique plus abondamment ». « L'âme du *Sillon* était en lui ». Il a su la faire passer en d'autres, ou mieux encore la faire jaillir des consciences où elle était comme ensevelie. Parlons net. Le *Sillon* ne connaît pas l'autorité. Le vrai chef, c'est l'âme commune : sorte de monisme affectif qui n'a pas lieu de nous étonner, s'il est vrai que l'amitié, en tant qu'amitié, est aussi peu familière que possible avec l'idée d'inégalité.

Imaginez maintenant que cette gracieuse et idéale conception soit appliquée non plus à une poignée de jeunes gens, mais à la société tout entière. Les sillonnistes, je le sais et je le dirai plus loin, se sont défendus de vouloir étendre l'idée d'amitié à la démocratie, et je ne suspecte pas leur sincérité. Il me paraît même que lorsqu'ils ont émis des affirmations qui impliquaient

cette extension, ils n'ont pas vu les graves conséquences que l'autorité, qui juge, non pas les
intentions, mais les paroles et les actes, tirerait
inévitablement de leurs écrits et de leurs discours.

Mais à l'historien, il est permis de montrer
comment *du dehors*, et en tenant compte uniquement de la structure particulière du *Sillon* et du
développement que cette structure a pris dans la
suite pour aboutir au *plus grand Sillon*, le Pape
a pu dénoncer les erreurs qu'elle renfermait
comme le germe contient l'arbre. Si donc le *Sillon*
est essentiellement une amitié, et si l'on conçoit
la société sur ce plan, en vertu de l'harmonie
préétablie tous les citoyens d'une même nation
seront prédisposés à s'entendre, à s'aimer à se
fondre dans une âme commune. Chacun, soit
seul, soit avec l'aide d'un frère plus conscient,
découvrira en soi-même tous les rapports qui le
relient à ses semblables et au bien général.
Chacun aura le sentiment impératif de ses responsabilités et de ses devoirs. Et par conséquent,
toute autorité extérieure, toute hiérarchie proprement dite seront devenus des rouages parfaitement inutiles. La seule autorité reconnue sera
celle de l'unanimité collective. Elle pourra s'exprimer, le cas échéant, mais sans jamais sortir
du groupe, par quiconque possédera l'âme commune à un degré plus éminent. A la limite, même
ces différences accidentelles auront disparu. La
société sera composée d'une multitude de camarades qui obéiront non pas à une loi imposée du

dehors mais aux intimations d'une conscience autonome, également participée par tous. A quoi bon demander au dehors un mot d'ordre que l'on trouve en soi-même? à quoi bon attendre du dehors une impulsion qui jaillit de l'intérieur? La connaissance du devoir et le sentiment de l'obligation seront à la vie sociale ce que la sympathie consciente et l'élan du cœur sont à la vie de l'amitié. Et voilà la démocratie des sillonnistes et le sens de la formule qu'ils ne se lassaient point de reproduire : « La démocratie est le régime qui porte au maximum la conscience et la responsabilité civiques de chacun ». Dans cette hypothèse l'ordre social est la résultante d'une sorte de germination spontanée, un peu comme dans un champ les grains de blé, fidèles à leur loi de croissance, finissent par former une belle moisson d'épis.

Théorie inacceptable précisément en ce qu'elle tend à la suppression de l'autorité et en ce qu'elle réintroduit l'idée dangereuse et fausse de l'égalitarisme.

Quand bien même aurait-on porté au maximum « la conscience et la responsabilité civiques de chacun », la nécessité absolue d'un pouvoir *distinct* de la masse des individus en serait-elle périmée? Point du tout. Et pourquoi? Parce que dans une société organisée, l'autorité est la puissance qui coordonne les efforts de tous en vue du bien commun. A moins de supposer que chaque citoyen puisse cumuler à la fois toutes les fonctions de la gigantesque machine humaine, il faut bien qu'un principe directeur intervienne, pour diriger les forces dispersées et assigner à chaque énergie individuelle ou a chaque groupe d'énergies, sa part de collaboration à l'œuvre générale. Or la supposition s'inscrit en faux contre l'évidence. Tous les hommes ne sont pas capables de remplir ce rôle de chef; moins encore de s'élever jusqu'à la conception de l'ordre social universel. L'inégalité des intelligences, des aptitudes s'y oppose. Et si l'éducation de la conscience et de la responsabilité peuvent avoir une raison d'être, ce ne peut-être que parce qu'elle inculque à tous, aux plus humbles comme aux plus élevés, l'obéissance libre et volontaire aux pouvoirs légitimement établis, et dont les décisions ont force de loi.

Et si l'on passe outre à cette observation du bon sens, on réintroduit l'utopie de l'égalité révolutionnaire. Je le demande, en effet, quelle différence y a-t-il entre ces maximes inscrites aux *Droits de l'homme* : « les hommes naissent libres et égaux en droits... la loi est l'expression de la volonté générale », et cette affirmation extraordinaire du président du *Sillon* : « Au point de vue politique, la république ne consiste pas à supprimer la fonction royale, mais à la multiplier. Il ne faut pas dire que l'on doit tuer le roi, mais que l'on doit faire de chaque citoyen libre un roi véritable qui gère les affaires publiques ». Et certes pour atteindre le but que l'on assigne à la démocratie, il faudrait qu'il y eût autant de rois que de citoyens; il faudrait que

« l'âme commune » fut réalisée également dans la conscience de chaque individualité autonome; il faudrait, pour tout exprimer d'un mot, que l'immanence sociale ne fût pas la pire erreur que la Révolution, d'accord, sans doute par une harmonie préétablie, avec le subjectivisme Kantien, ait déchaîné sur le monde moderne. Pour avoir donné dans cette erreur, Lamennais fut condamné par Grégoire XVI : et il n'y a rien qui ressemble davantage, sous ce rapport, à la doctrine menaisienne que la doctrine impliquée par l'amitié sillonniste. Lamennais disait : « La société politique atteste ses lois, et son témoignage, expression de la *raison générale* est certain ». Les sillonnistes, avec une douceur plus enveloppante disaient : La démocratie éclôt spontanément du sentiment de la fraternité commune. Au fond, cela revient au même, et y a-t-il lieu de s'étonner du reproche, fait au *Sillon*, de promouvoir, avec le règne de l'égalité, le principe même de l'anarchie? Il n'est pas possible d'appliquer les lois de l'amitié à la société politique.

On me fera peut-être remarquer que les sillonnistes avaient prévu le danger : « Le *Sillon* est tout simplement un groupe d'amis qu'une parfaite communauté d'idées, d'aspirations et de sentiments a réunis. C'est une communion d'âmes sœurs qui s'ignorent parfois elles-mêmes jusqu'à ce qu'une rencontre les révèle les unes aux autres ». Or, ajoute le signataire de ce texte, « n'oublions pas de déclarer avant d'aller plus loin que le *Sillon* ne rêve pas de faire la démocratie française à son image. Il serait puéril, en effet, de vouloir que tout le peuple français soit simplement un groupe d'amis, une communion d'âmes ». Puéril, oui ! et ce n'est pas moi qui invente l'épithète ! Et plût à Dieu que cette règle sage n'eût jamais été oubliée ! Mais comment eut-il été possible de s'y tenir ? Comment eut-on endigué en des cadres rigides un mouvement qui se flattait d'obéir uniquement à l'impulsion de son dynamisme intérieur ? Le *Sillon* ne devait-il pas apparaître à ses membres comme la réduction et comme la pierre d'attente de la démocratie idéale ? Ne voyait-on pas fusionner en son sein les représentants de toutes les catégories sociales dont l'union inespérée témoignait de l'aptitude, chez les Français, à se modeler sur un prototype réalisé déjà dans toutes les parties du pays ? Et puis quel pouvait être le grand obstacle à la diffusion de l'amitié sillonniste ? Le voici : « L'unanimité ne se conserve chez nous que grâce à l'élimination spontanée de ceux qui ne se sentent pas intégralement du *Sillon*. Un pareil moyen ne saurait être mis en usage pour aucune société constituée sur une *base territoriale*; cette société ne pourrait pas dire : « ceux qui ne sont pas en « parfait accord avec les autres passeront la fron- « tière ». Evidemment. Mais n'est-ce pas un fait symptomatique qu'au moment même où Louis Cousin formulait ces réserves, Marc Sangnier commençait une campagne qui, le voulût-il ou non, portait atteinte à la vieille conception de la patrie territoriale : « Je ne vois pas comment, expliquait le président du *Sillon* en octobre 1905, comment il a pu vous échapper que le patriotisme, à l'heure actuelle, subit une crise profonde, redoutable... qui provient de ce que, véritablement les conditions de l'existence contemporaine ne sont plus les mêmes qu'autrefois, et de ce que les patries semblent vouloir faire éclater les territorialités qui les renfermaient comme une enveloppe, parce que le développement des communications — ce n'est pas grand chose — mais le développement aussi de la science, de l'industrie, les associations internationales de capitaux et, d'un autre côté tout naturellement les associations internationales ouvrières et encore les dissentiments profonds de croyance, de religion, de philosophie que nous rencontrons dans les nations civilisées d'aujourd'hui ont tendu à détruire, petit à petit, le patriotisme sous sa forme ancienne, et comme à le ruiner pierre par pierre ». A l'heure présente, les sillonnistes versent leur sang et acceptent sans murmurer les angoisses de l'horrible guerre parce qu'ils veulent reconquérir, avec tous les Français, l'intégrité de notre territoire envahi. Et cette conduite est tout à leur honneur. Mais n'y avait-il pas danger à soutenir, comme le *Sillon* paraissait le faire, que la vraie patrie était constituée par toutes les âmes sœurs éparses dans le monde et qui contenaient en puissance l'organisation de la démocratie future ?

Lancé sur cette pente dangereuse, le *Sillon*, encore qu'il se propose de catholiciser la démocratie donnera l'impression de ne plus admettre que l'antagonisme des croyances se dresse en barrière entre les âmes où germe la semence de l'amitié commune. Si les non-catholiques « ont tellement l'habitude de se rencontrer avec nous sur le terrain social et politique, s'ils conçoivent vraiment la démocratie comme nous, si, constamment nous les retrouvons à côté de nous pour combattre le même combat, quoi d'étonnant à ce que le nom de sillonniste finisse par être adopté par l'usage pour les désigner, surtout s'ils ne s'en défendent pas, et s'ils sont assez courageux pour ne pas craindre d'être flétris de ce nom par les réactionnaires et les anticléricaux ». Sans doute, mais cette largeur d'esprit, en vertu de laquelle le *Sillon* devient *le plus grand Sillon*, prouve surtout que l'immanence sociale, fidèle à son double principe de spontanéité et d'autonomie est de nature à rompre les digues de la foi comme elle a rompu les digues du patriotisme séculaire. Nous sommes, protestent les sillonnistes, nous sommes un mouvement laïque, nous visons un objectif temporel : l'Eglise n'a pas à s'occuper de nos orientations politiques. Prétention insoutenable et dont le Pape fera justice : Les sillonnistes, écrira-t-il, sont « vraiment professeurs de morale sociale, civique et religieuse ; et quelques modifications qu'ils puissent introduire dans l'organisation du mouvement sillonniste, nous avons le droit de dire que le but du *Sillon*, son caractère, son action ressortissent au domaine moral, qui est le domaine propre de l'Eglise, et qu'en conséquence les sillonnistes se font illusion lorsqu'ils croient évoluer sur un terrain aux confins duquel expirent les droits du pouvoir doctrinal et directif de l'autorité ecclésiastique ». Mais de cette illusion quelle est la véritable source? Je ne puis que me répéter une fois de plus. Du moment que la société procède de l'épanouissement des consciences autonomes, elle échappe à l'emprise de toute autorité extérieure, cette autorité serait-elle de l'Eglise universelle.

Allons jusqu'au bout. Si les sillonnistes avaient entendu dérouler toute la trame de leurs idées, ils devaient coûte que coûte professer que la démocratie est la forme, la seule forme rationnelle de gouvernement, quel qu'il soit, spirituel ou temporel. Car toute autre forme, impliquant le maintien d'une autorité extérieure, distincte de la masse, ne peut soutenir la comparaison avec ce régime où l'autorité est pour ainsi dire, résorbée par l'âme commune des citoyens. Donc l'Eglise *doit* être une démocratie, et elle ne saurait admettre pour les peuples, sinon par condescendance, d'autre forme politique que la démocratie. Et ainsi le principe, proclamé naguère par le *Sillon* se retourne : ce n'est plus la démocratie qui postule le catholicisme ; c'est le catholicisme qui postule la démocratie. Or « il y a erreur et danger à inféoder, par *principe*, le catholicisme à une forme de gouvernement ; erreur et danger qui sont d'autant plus grands lorsqu'on synthétise la religion avec un genre de démocratie dont les doctrines sont erronées ».

Ces dernières paroles sont encore de Pie X; et l'on ne prétendra pas que le Pape n'ait point vu clair dans l'engrenage fatal de ces erreurs dont les sillonnistes n'ont certainement pas eu conscience mais qui s'engendraient l'une l'autre avec une logique impitoyable.

Touchons enfin un dernier aspect du problème. Combien de fois n'a-t-on pas reproché amèrement aux sillonnistes le caractère équivoque de leur attitude et de leur conduite? Lorsqu'on parcourait leurs livres, leurs revues, leurs journaux, on y trouvait, disait-on, en si étrange compagnie, les maximes les plus orthodoxes et les maximes les plus inquiétantes, que beaucoup d'observateurs en venaient à se demander si ce dualisme déroutant n'était point l'effet d'une tactique préconçue, et si les sillonnistes ne cherchaient pas à couvrir d'une habile façade le fond intime de leurs véritables desseins.

Une telle accusation ne supporte pas l'examen. Avec tout le monde, les sillonnistes prononçaient les mots d'usage. Mais peu à peu, entraînés « par leur activité et leur cœur », attentifs uniquement à écouter leurs voix intérieures, ils remplaçaient le contenu des anciens concepts par des notions nouvelles, qu'ils ne se souciaient pas d'accorder avec celles qu'ils liquidaient sous la poussée de l'intuition.

Ils allaient épris de leur rêve, soutenus par le sentiment de je ne sais quelle prédestination dont ils étaient à la fois effrayés — et fiers. L'instinct sacré de la démocratie future jailli de leur âme comme un feu brûlant, formait d'abord une enclave irréductible et inassimilable aux ténèbres où la société moderne était plongée. Mais l'on espérait qu'insensiblement le petit *Sillon* étendrait à l'infini sa nappe de lumière au sein de ces ténèbres mortelles. Il serait à la cité de l'avenir ce que son fondateur avait été pour lui. « Majorité dynamique », « ferment » victorieux, il ferait lever, des subconscients e· lormis, les mêmes ardeurs et les mêmes convi   ions.

Et dans ce vaste couran jui petit à petit s'évadait du passé et de la tra lition desséchée, tous seraient admis, croyants ou incroyants, protestants et catholiques, laïcs et prêtres, pourvu qu'ils fussent marqués au sceau de l'élection fraternelle. Quant aux autres, ils s'élimineraient sans doute en vertu de cette sélection naturelle dont le temps est la grande ouvrière. Et ainsi, la démocratie n'était plus un incident de la vie des peuples, auquel l'Eglise s'efforçait de pourvoir par sa grâce inépuisablement rédemptrice. La démocratie était devenue « la chose en soi », elle était devenue le centre et la loi unique de l'histoire; elle était plus que le *Sillon* lui-même, plus que la patrie, plus que le christianisme, plus que l'Eglise : elle était l'HUMANITÉ.

Vision éblouissante, mais vision chimérique, projection idéale d'une touchante idylle qui n'aurait jamais dû sortir de la chaude intimité où elle avait pris naissance. Vision tellement effrayante aussi, que les sillonnistes, je le crois volontiers, n'ont jamais eu l'idée de la suivre jusqu'au bout, car s'ils l'avaient suivie jusqu'au bout, la charité nous oblige de supposer qu'ils se seraient arrêtés à temps.

Heureusement, dans la solitude de la Cité éternelle, un homme veillait. Et cet homme, qui venait de dénoncer le modernisme à la face de la terre, d'un geste brusque mais salutaire, déchira soudain le voile qui cachait l'abîme. La lettre sur le *Sillon* était le complément de l'Ecyclique *Pascendi* et elle rejoignait l'Encyclique *Mirari vos* qui avait condamné l'immanentisme menaisien. Pour la seconde fois, et pour des raisons foncièrement identiques, la jeunesse catholique était frappée. Mais l'avenir dira que l'Eglise, à cette heure douloureuse où elle s'armait de sévérité, n'eut pas à enregistrer une seule défection. Et elle dira encore qu'en août 1910 ce ne fut pas la démocratie qui fut atteinte, mais la déviation que les sillonnistes, avec les meilleures intentions du monde, avaient fait subir à la démocratie approuvée et bénie par le Pape Léon XIII. Sur un point aussi grave il serait criminel d'opposer un Pape à un autre Pape.

« Quoi qu'il advienne, avait écrit, cinq années auparavant, Marc Sangnier, même si tout semble tromper nos espérances et mentir à nos rêves, nous ne serons pas encore déçus, rien ne pourra faire que nous n'ayons pas réussi, s'il est vrai que c'est déjà réussir que de développer en soi de la foi et de l'amour, et s'il est certain que dans le cas seul où Dieu n'existerait pas, on aurait le droit de dire que nous avons aussi cru en vain. »

Et bien oui, les anciens sillonnistes, — et je ne parle pas ici de leurs continuateurs qui ont vaillamment repris sur des bases plus stables l'œuvre d'autrefois — n'ont pas à regretter leur déception. Ils ont eu la foi. Ils ont eu l'amour. Ils me permettront bien d'ajouter qu'ils ont eu l'esprit de sacrifice et d'immolation. N'auraient-ils réussi qu'à accroître parmi nous ce triple trésor, ils auraient rendu à notre temps un service dont la France, — la France qui croit, qui aime et qui souffre, — apprécie encore l'inestimable bienfait.

VIII

LA CRISE DE LA CROYANCE

Nous avons suivi les jeunes catholiques sur le double terrain où le xix° siècle les engagea. Tour à tour royalistes, libéraux et démocrates, ils ont essayé de conserver ou de restituer à la politique française l'élément chrétien, inséparable de nos traditions nationales. Apôtres décidés du catholicisme social, ils ont réellement acclimaté parmi les catholiques le souci d'améliorer les classes laborieuses.

Notre tâche serait terminée, si notre époque n'avait pas souffert d'une troisième crise, plus grave encore, et tellement généralisée qu'elle a été, surtout à la fin du siècle, l'inspiratrice des deux premières : la crise de la croyance. Nous savons comment elle se noua, aux environs de 1860, par l'avènement du scientisme.

Qui donc, en ce temps-là aurait pu prévoir que l'idolâtrie de la science préparerait les voies à une génération nouvelle, en pleine réaction contre les excès d'un intellectualisme raffiné et stérile ; que le lourd nuage du rationalisme se résoudrait en une rosée de pur mysticisme, et qu'enfin toute une jeune élite, talonnée par l'intense désir d'échapper à la mort de l'esprit, demanderait aux vieux dogmes la certitude et la joie qui, jadis, faisaient vibrer l'âme d'un Pascal? Et pourtant ce spectacle, nous l'avons eu et il est encore sous nos yeux.

Ce mouvement de retour s'est développé, à l'origine et dans une large mesure, en dehors de l'Eglise. Je veux dire par là qu'il n'est pas le fruit d'un apostolat directement exercé par les catholiques dans les milieux incroyants. Ce n'est pas l'Eglise qui est allée au-devant de ces enfants prodigues. Spontanément ils sont venus à elle. Gardons-nous des rapprochements artificiels. Je songe néanmoins que la France a connu, au cours de ce dernier quart de siècle, quelque chose qui rappelle le célèbre mouvement d'Oxford. Des deux côtés, le point de départ est étranger, hostile même à la foi romaine. Des deux côtés encore, l'évolution s'accomplit par approches successives, et les étapes se marquent d'idées, de théories peu orthodoxes en elles-mêmes, mais qui revêtent, au point de vue psychologique, une réelle valeur d'acheminement et de transition. Mais tandis qu'en Angleterre, les futurs convertis étaient des protestants attachés à la tradition chrétienne, chez nous, ils sont franchement incrédules. Ils reviennent des confins de l'athéisme. Leur transformation d'âme n'en est que plus intéressante à étudier.

Elle l'a été déjà à maintes reprises. Au commencement de 1917, M. George Fonsegrive signait, avant de mourir, un ouvrage compact sur *l'Evolution des idées dans la France contem-*

poraine, de Taine à Péguy. Plus récemment, une importante revue italienne, la *Civiltà cattolica*, décrivait, en trois articles remarquables, le renouveau littéraire chrétien dont la *Revue des Jeunes* est actuellement l'un des organes. Vers la même époque, l'abbé Laurec réunissait sous un titre analogue, — le *Renouveau catholique dans les lettres* — une suite d'études parues dans divers périodiques. Je ne me permettrais pas de citer à côté de ces travaux d'ensemble, un modeste recueil édité par les soins de la *Revue des Jeunes*, si ce livre ne contenait un certain nombre de récits de conversion, tout à fait caractéristiques de l'époque comprise entre 1880 et 1910. Enfin, dans le numéro du 18 mars 1918 de la *Revue des Deux-Mondes*, M. Victor Giraud, à qui nous devions déjà deux belles séries d'études, réunies en volumes, sur *les Maîtres de l'heure*, résumait en quelques pages d'une haute critique, *Un demi-siècle de la Pensée française*. Du reste, si l'on voulait être complet, il faudrait ajouter, à cette nomenclature, la liste fort longue des autobiographies ou biographies de convertis, publiées en l'espace de vingt ans, depuis *La bonne souffrance* de François Coppée, jusqu'au *Joseph Lotte* de Pierre Pacary, délicatement préfacé par Mgr Batiffol.

Je m'excuse d'accumuler ces références. Ce n'est point, on voudra bien le croire, simple scrupule d'érudit. Malgré l'évidence, certains se demandent encore si le « Renouveau catholique » ne serait pas un mythe forgé par l'imagination de quelques historiens férus d'optimisme. Il n'y a point de fumée sans feu. On ne décrit pas, de tant de côtés à la fois, avec une telle concordance de vues, un phénomène inexistant. La convergence des témoignages est à elle seule une preuve irréfragable. Cette preuve, je voudrais simplement la condenser dans un large exposé des faits. Je voudrais surtout montrer comment une partie de la jeunesse actuelle peut, hardiment et sans vaine fierté, se réclamer de cette race de lutteurs qui, convertis ou non, ont brisé l'étreinte glacée de l'idole scientiste. Il y a, à l'heure présente, une jeunesse catholique dont les traits distinctifs incisent profondément le roc des énergies françaises tendues vers l'avenir. Or cette jeunesse ne s'est pas improvisée. Elle date de fort loin. Elle a derrière elle un passé de cinquante années : passé de pénibles recherches, de douloureuses expériences. Et l'on ne saurait saisir tout le sens qu'elle attache à l'idéal qu'elle s'est donnée, si l'on ignorait d'où elle sort, qui lui a frayé ses voies, quels événements de la vie et de la pensée contemporaines ont préparé son éclosion. Remonter aux causes avant de constater les effets, raconter la génération des « tristes années quatre-vingt » avant celle des vibrantes années 1900, ce sera l'indispensable préface à notre enquête sur « les jeunes d'aujourd'hui ».

« N'enseignez à ces filles et à ces garçons que des faits. On n'a besoin que des faits, dans la vie.

Ne plantez rien autre chose en eux. Déracinez en eux toute autre chose ». Cette répartie que Dickens place dans la bouche de l'un de ses personnages, traduit en termes pittoresques la tendance philosophique qui règne aux alentours de 1880. Et je dis « tendance philosophique », parce que cet attachement exclusif au *fait*, avant d'être une méthode pédagogique, est l'expression d'une doctrine rigoureusement arrêtée. Cela semble, de prime abord, paradoxal de dénoncer une doctrine chez les représentants de la pensée française à cette époque. Tout le xixe siècle intellectuel n'avait-il pas été une réaction formidable contre les métaphysiques abstraites? N'avait-on pas vu le positivisme se substituer peu à peu au règne des idées pures? Sans doute. Mais c'est précisément en ce qu'il prétend abolir le culte de l'idée, que le culte du fait s'érige à son tour en système. Pour comprendre comment le Scientisme — produit hybride de la vraie science et de la philosophie — a pu séduire parmi nous toute une lignée de penseurs, il convient d'être attentif à la succession historique des événements. Or — et ceci est capital — la fortune de cette désolante théorie se relie étroitement au progrès des sciences *naturelles*. Avec la pénétration extraordinaire qui caractérise son génie, Paul Bourget, en 1882, laissait entrevoir la portée d'une coïncidence qui allait engendrer la plus regrettable des équivoques. L'auteur des *Essais de psychologie contemporaine* enregistre l'espèce de banqueroute à laquelle aboutit, en politique comme en littérature, l'effort des générations antérieures à 1850. « Le siècle avait manqué son œuvre. Pas tout entière pourtant. Au milieu de ces décombres universels, un arbre pousse, dont la végétation luxuriante redouble de vitalité dans ce paysage de mort. Cet arbre aux frondaisons touffues et sans cesse multipliées, c'est la Science. Seule, elle n'a pas menti à ses dévots. Que dis-je ? elle dépasse les espérances les plus hardies. Celui qui jette ses regards sur le développement scientifique de cette première moitié du siècle, après avoir contemplé la misère des autres entreprises, peut-il retenir un élan d'admiration ? Les travaux de Fresnel sur la lumière, ceux d'Ampère et d'Arago sur le magnétisme et l'électricité, ceux de Magendie et de Flourens sur le système nerveux... ont renouvelé notre vue théorique de l'univers et multiplié nos moyens d'action sur les forces naturelles. Des applications d'une incalculable portée témoignent que la besogne accomplie dans les laboratoires est une œuvre de réalité... Et quel est l'outil de ce progrès quasi merveilleux ? L'application de la méthode y a suffi. Quelle méthode ?... l'Expérience. De cette constatation à l'enthousiasme, à l'idolatrie pour cette méthode unique, il n'y a qu'un pas, et les jeunes hommes que cette prodigieuse fécondité de la science enivre d'espoir, comme les hommes faits qu'elle console après de si durs mécomptes, l'ont bientôt franchi. Une sorte de logique invincible et inconsciente s'agite en nous, qui contraint les plus rebelles jusqu'à l'extrémité de leurs idées ». Ce sont donc bien les progrès des sciences de la nature qui ont mis en vogue la méthode expérimentale, dont la pente invincible d'esprits enthousiasmés par la précision du nouvel outil, généralise l'usage.

Or ce qui donne à la méthode expérimentale son infaillibilité absolue, n'est-ce pas le déterminisme intrinsèque des phénomènes soumis à son analyse? Le fait n'a d'intérêt que parce qu'il révèle la loi, puis la série des lois hiérarchisées, c'est-à-dire, l'inéluctable nécessité des choses. Mais si les diverses manifestations de la vie humaine sont aussi des *faits*, pourquoi ne les traiterait-on pas avec des procédés identiques? Pourquoi l'homme serait-il soustrait au déterminisme universel ? Pourquoi ne *raconterait*-on pas son histoire (ce sera le mot familier à Félix le Dantec), comme l'on « raconte » la géologie, la thermodynamique ou l'électricité? L'ordre humain cessera donc de former un groupe à part dans le cosmos. La psychologie, la morale, la sociologie, ne sont plus que des chapitres de la biologie; la biologie n'est plus qu'un chapitre de la mécanique; la mécanique à son tour se résout en mathématique; tout est nombre, tout est quantité mesurable, et tout est régi par la loi de nécessité : « L'état du monde entier, y compris celui d'un cerveau quelconque est à chaque instant le résultat mécanique absolu de son état précédent, et la cause mécanique absolue de son état dans l'instant suivant ».

Sans doute nous ne sommes pas encore capables de déchiffrer la destinée du monde dans le clair obscur du présent. Cela tient uniquement à l'infériorité momentanée de notre savoir. Mais peu à peu l'obstacle disparaîtra. Et il faut entendre les promesses que les savants d'alors font miroiter aux yeux éblouis de leurs contemporains. Lorsqu'ils auraient enfin découvert « l'axiome éternel prononcé au sommet des choses », il suffirait de connaître la formule de cet axiome et la position de deux atomes pour retrouver « la forme du nez de Cléopâtre et prédire le jour où la croix remplacera le croissant sur Sainte-Sophie de Constantinople ». Plus sérieux, Marcellin Berthelot écrivait : « Au lieu de cette philosophie spéculative qui s'enseigne dans les écoles, on en peut trouver une pratique par laquelle, connaissant la force et les actions du feu, de l'eau, de l'air, des astres, des cieux et de tous les autres corps qui nous environnent, aussi distinctement que nous connaissons les divers métiers de nos artisans, nous les pourrions employer en même façon à tous les usages auxquels ils sont propres et ainsi nous rendre comme maîtres et possesseurs de la nature ». Renan surenchérissait : « Qui sait si en possession de la loi de l'atome, un chimiste prédestiné ne transformera pas toutes choses ? Qui sait si, maître du secret de la vie, un biologiste omniscient n'en modifiera pas les conditions, si un jour les espèces actuelles ne passeront pas pour les restes d'un monde vieilli, qui sait, en un mot, si la science infinie ne donnera pas la puissance infinie, si l'esprit ne prendra pas le gouvernement du monde ? » A quoi le physicien anglais Tyndall répliquait, modestement, ne voir aucune difficulté à ce que les savants fabriquassent des enfants dans leurs laboratoires : « Un enfant, qu'est-ce autre chose qu'un certain arrangement de combinaisons chimiques ? » Et enfin Taine, voué aux études psychologiques, traçait dans cette direction, des avenues enchanteresses : « Elle approche enfin (la Science), et elle approche de l'homme. Elle a dépassé le monde visible et palpable des astres, des pierres, des plantes, où dédaigneusement on la confinait. C'est à l'âme qu'elle se prend, munie des instruments exacts et perçants dont trois cents ans d'expérience ont prouvé la justesse et mesuré la portée. Elle apporte avec elle un art, une morale, une politique, une religion nouvelle, et c'est notre affaire aujourd'hui de les chercher... »

Il est trop facile de montrer les conséquences qu'entraîne au double point de vue religieux et moral, cet enivrement de méthode expérimentale, et de quelle philosophie subversive l'amour du fait est l'inspirateur.

Si le déterminisme absolu est la loi du monde, le miracle est un non-sens, puisqu'il impliquerait une libre ingérence de la première Cause dans le jeu des lois cosmiques. Et comme la preuve rationnelle de la foi repose en dernière analyse sur la possibilité et la réalité du miracle, l'ordre surnaturel croule sur ses bases. Toute l'œuvre de Renan consiste à expliquer, par l'intervention de facteurs purement naturels, la croyance chrétienne en la révélation divine. Et les expériences de Charcot, à la Salpétrière, lui fournissent de précieux documents pour étayer le roman des origines de l'Eglise : l'illuminisme du Christ et l'autosuggestion des apôtres. Il oublie simplement que les sujets du docteur Charcot sont des malades, et qu'on a singulièrement compliqué le problème en reliant dix-neuf siècles de catholicisme à un cas d' « hystérie » ou à un cas d' « épilepsie ».

Du reste, ce n'est pas telle ou telle forme particulière de religion qui s'effondre sous les coups du *Scientisme* : c'est la légitimité et la valeur humaine du sentiment et du besoin religieux. Psychologiquement, la religion procède du sens aigu de ce mystère dont l'homme se sent enveloppé. Avant même qu'il ait pu, par l'emploi du raisonnement métaphysique, s'élever jusqu'à la notion de l'Etre Suprême, cause de tout ce qui existe, l'homme a l'intuition d'un monde invisible qui le domine et duquel il dépend. Avec, et bien avant Shakespeare, il estime qu'il y a, dans l'univers, beaucoup plus de choses que sa sagesse n'en saurait expliquer et il s'incline sous le pouvoir de ce Maître inconnu dont la présence l'imprègne et parfois le terrorise. Intuition et crainte illusoires, affirme tranquillement le scientisme : « le monde est aujourd'hui sans mystère » proclame Berthelot. Il l'est, sinon en fait, au moins de droit, puisqu'un jour la méthode scientifique arrachera à la nature le secret de toutes ses énigmes. Le sentiment religieux n'a donc point d'objet réel. Il est une attitude puérile, humiliante et provisoire. Il témoigne de l' « obscurantisme » où la race humaine a vécu depuis son apparition sur la terre : et c'est le refrain modulé par tous les « primaires », y compris M. Anatole France et M. Salomon Reinach. Rien de plus « scientiste » que la définition effarante donnée par ce dernier de la religion : « La religion est l'ensemble des scrupules qui paralysent le développement de la personnalité ».

Quant à Dieu lui-même, il est bien entendu qu'on ne saurait plus se demander s'Il existe. Renan n'aurait-il pas, en démarquant la pensée d'Hégel, prononcé le mot célèbre : « Dieu n'est pas, il se fait », le pur esprit scientiste empêcherait de prendre parti dans la question. Si jamais savant n'a trouvé l'âme au bout de son scalpel, à plus forte raison Dieu n'est-il point le « résidu » d'une expérience de laboratoire. Et puis, au sein de l'inéluctable fatalité, tout ne se passe-t-il point comme si Dieu n'existait pas ? Dès lors pourquoi s'occuperait-on de Lui ? Il est l'Inconnaissable ; il est l'étranger. Et ce « neutralisme » est le principe de la mentalité qui sévit sur l'enseignement officiel.

Plus de surnaturel, ni de Dieu, ni de religion : voilà la première coupe sombre que le scientisme opère dans l'âme des jeunes de 1880.

La morale n'est pas davantage épargnée. Concevrait-on même qu'en dépit des promesses de Taine, une morale quelconque pût sortir d'un système qui est la négation radicale de la liberté ?

Une morale sans Dieu et sans libre-arbitre est une gageure et un défi au bon sens. A fréquenter les prophètes de la science, n'apprend-on pas que la nature, sans excepter la nature humaine, est indifférente à la notion du bien et du mal ! Elle n'est donc ni morale ni immorale, elle est « amorale ». Elle obéit à sa loi de nécessité. Il reste donc à se laisser façonner ou porter par elle. Écouter et suivre aveuglément les instincts, plaider l'irresponsabilité des actes, tout comprendre afin de tout excuser : telle est la conclusion par où s'achève, en une sorte de râle d'agonie, l'évolution d'un siècle épris cependant jusqu'à la folie d'un farouche idéal de liberté. « La vertu et le vice sont des produits comme le vitriol et le sucre », dit Taine. Et Renan, qui a gardé de son passage au Séminaire la détestable habitude de jouer au théologien, réclame l'absolution de Judas pour le service qu'il a rendu à la cause de l'humanité !

De cette triple déviation du sens chrétien, religieux et moral, résultent pratiquement deux attitudes qui constituent la manière d'être essentielle à la génération des années « quatre-vingt » : le pessimisme et le dilettantisme. « Le meilleur fruit de la science, écrivait encore Taine, est la résignation froide, qui, pacifiant l'âme, réduit la souffrance à la douleur du corps ». Et Paul Bourget, avec une éloquence douloureuse, commente la désolante formule du maître : « Si tout dans notre personne n'est qu'aboutissement et que résultat, si notre façon tendre ou amère de goûter

la vie n'est que le produit de la série indéfinie
des causes, comment ne pas sentir le néant de ce
que sommes, par rapport aux gigantesques puissances qui nous supportent et nous écrasent avec
leur épouvantable mutisme ? Où donc trouver
pour leur résister, à ces terribles puissances, une
autre arme que le renoncement absolu et que le
nirvâna des sages de l'Inde ? Quand Pascal cons-
tatait, avec un tremblement de son être intime,
qu'une goutte d'eau suffit à nous tuer et que nous
sommes à la merci de ce stupide univers qui
nous emprisonne, il se relevait aussitôt, et toute
notre espèce avec lui, en opposant l'ordre de
l'esprit et l'ordre du cœur à cet univers aveugle
et impassible qui peut nous broyer, mais qui ne
peut que cela. Hélas ! où donc prendre cet ordre
du cœur, où cet ordre de l'esprit, si même nos
sentiments et nos pensées sont des produits de
cet univers, si notre *moi* nous échappe presque à
nous-mêmes, sans cesse envahi par les ténèbres
de l'inconscience, sans cesse à la veille de som-
brer d'un naufrage irréparable dans les flux et
et les reflux de la morne et silencieuse marée des
phénomènes dont il est un flot … Ah ! pas même
un flot, mais un des imperceptibles atomes de la
poussière d'écume que le vent disperse à travers
le vide infini ! » Pierre Loti, dans son œuvre
imprégnée d'une sensibilité frémissante, ne trouvera pas d'expressions plus fortes, pour traduire
le désespoir où s'éteignent, en lueurs de crépuscule, les derniers appels de l'âme vers « l'ordre
de l'esprit » et vers « l'ordre du cœur ». Et l'on

ne sera pas surpris si la jeunesse en désarroi demande à Schopenhauer et au bouddhisme de lui enseigner la résignation passive et alanguie que le scientisme inocule à ses mœurs.

Du pessimisme au dilettantisme, la distance paraît considérable. Il n'en est rien. On peut même, sans paradoxe aucun, discerner dans le dilettantisme, une forme plus raffinée du pessimisme. Aurait-on pour jamais déraciné les vieilles croyances, quelque chose survivrait encore dans la déroute des valeurs humaines : c'est d'une part, l'intelligence et c'est, d'autre part, l'incoercible appétit du bonheur. Or attendre le bonheur de la pratique d'un idéal moral serait une illusion, puisque la morale ne se bâtit pas en dehors de la liberté. L'intelligence, et elle *seule*, est donc capable de satisfaire à notre insatiable désir d'être heureux. Cette volonté serait exaucée si la science avait achevé sa courbe et tenu déjà sa promesse d'éclairer l'énigme du monde. Elle n'en est pas encore là. En attendant, il faut se contenter de ce qu'elle donne ; et ce qu'elle donne c'est un diamant aux mille facettes, un édifice dont les lignes interrompues, coupées, brisées, ne laissent entrevoir que les aspects partiels de l'idée totale. Et même cet état de dispersion de notre savoir, du moins certains le redoutent, est probablement définitif, irrémédiable. La nature n'est pas inaccessible, mais elle est trop riche pour se prêter à nos systématisations hâtives et étroites. Dès lors n'est-il pas indiqué que l'on en prenne son parti?

La joie du penseur sera de se démontrer à lui-même qu'il n'y a pas une seule conception philosophique qui ne soit vraie, d'une vérité relative au temps, au milieu où elle est apparue, et à la personnalité qui l'a inventée, — et qui ne soit comme un reflet évanescent de la pensée universelle. Chez Renan, cette tendance d'esprit se complique et s'aggrave. A l'Ecole de l'Allemagne, l'auteur de la *Vie de Jésus* a appris, — s'il ne le savait déjà, — qu'un *éternel fieri* préside à l'évolution des êtres. Ce n'est pas seulement l'intelligence humaine qui s'essaie à surprendre peu à peu le secret de l'Univers, c'est l'Univers, à son tour, qui, sans cesse en mouvement, s'achemine vers des réalisations de plus en plus parfaites, et dont le terme ne sera jamais atteint. L'insaisissable pensée se lance à la trace d'une réalité plus insaisissable encore. L'esprit se délecte de cette déliquescence qui rappelle la danse des feux-follets sur un étang parsemé de fleurs morbides. L'émotion de la recherche, l'ingéniosité des conjectures, la réconciliation éphémère et caduque de toutes les antinomies, de toutes les contradictions, voilà le rêve du dilettante, et l'essence d'un art subtil qui consiste « à exploiter les incertitudes de l'intelligence aux caprices de l'imagination ». Et cette chasse aux fantômes n'est au fond qu'un pessimisme renforcé : pessimisme moral pour autant qu'il ramène le bonheur à l'exercice exclusif des facultés de connaissance, et surtout sensitives; — pessimisme intellectuel pour autant qu'il prononce l'impuissance absolue de l'esprit à étreindre une vérité définitive et immuable.

Pessimisme et dilettantisme conduisent fatalement à un dernier abîme : le dégoût, l'horreur de l'action. Pourquoi agirions-nous, si nous sommes convaincus d'avance de la vanité de nos efforts ? L'action suppose la spontanéité du vouloir : et cette spontanéité, le déterminisme l'a tuée. L'action suppose la foi en un monde de réalités supérieures à la matière : et cette foi, la science ne permet point qu'on la garde. L'action suppose une décision, un choix entre plusieurs partis : et le dilettantisme, en étendant à l'infini le champ des solutions possibles au problème de la destinée empêchera toujours ce choix d'aboutir. Mieux vaut se renfermer chacun dans sa tour d'ivoire ; « caresser à l'aise sa petite pensée », se livrer à la brise des sensations nouvelles et rares ; goûter avec Flaubert « le prestige des civilisations disparues » respirer avec Loti le parfum des fleurs exotiques ; savourer avec Zola et les habitués des soirées de Médan, la truculence des romans naturalistes ; analyser, avec les Goncourt les impressions fugitives, agréables ou douloureuses, au risque d'être à soi-même l'instrument de son propre supplice, — et, par tous ces moyens, « fuir la vie », la vie réelle, avec ses luttes, ses responsabilités et ses devoirs.

Et voici qu'au moment où la pensée et l'action étaient déjà entrées en conflit, un événement terrible a surgi qui précipite la crise au lieu de l'enrayer En quelques mois la façade brillante du second Empire s'est abattue, dans un désastre sans nom. L'effet de la guerre de 1870 n'a pas été immédiat. Il n'en sera ni moins certain ni moins profond. Presque tous les littérateurs des années quatre-vingt le subiront. Il semblera alors « que la défaite n'avait pas été un épisode, mais qu'elle continuerait, que nous serions battus, tous les jours, indéfiniment, jusqu'à l'heure où nous aurions restauré le patrimoine français dans son intégrité ». Et comme on l'a dit, « l'abattement des cœurs » se traduira par un « idéalisme exaspéré » qui exaltera « l'intelligence pure au détriment de la force... la force a vaincu : soit, c'est que la force est mauvaise, c'est que le monde est hostile à l'esprit. Réfugions-nous donc dans une indifférence supérieure qui sauvegarde à tout le moins les droits de cette intelligence vaine et souveraine ».

Il arrivera même qu'un jour le patriotisme connaîtra les atteintes du mal qui ronge l'élite de la jeunesse française. On parlera du « joujou patriotique »; on se félicitera de ne plus être « patriotes »; on consentira bien à maintenir la patrie, à condition qu'elle consente à « servir l'idéal humanitaire » : manière élégante de sacrifier la patrie à une chimère. D'autres, avec plus de franchise, déclareront tout net qu' « un homme vraiment humain ne devrait pas se refuser à concevoir la possibilité de la ruine de sa patrie ». Et d'où vient que l'on blasphème la patrie, et que l'on traite de « plaisanterie » l'idée de la revanche? L'explication est fort simple : l'impitoyable « méthode scientifique » ignore les sentiments et les croyances; et de plus, le patriotisme est une forme de l'action. Or, dit encore un jeune de ces temps-là « le coin où je médite me suffit; on peut conquérir le terrain qui l'environne, jamais on n'attentera à ma pensée ».

Et tel est le bilan de la génération « scientiste ». Car, vous avez pu l'observer, tout se tient d'un bout à l'autre de la filière que nous venons de descendre. La superstition, apparemment inoffensive, du « fait », du « petit fait » se déploie en une force incalculable de destruction. C'est la pierre détachée de la montagne et qui vient frapper les pieds du colosse dressé sur la plaine des siècles. L'effondrement est total, de tout ce qui jusque-là avait fait vivre les hommes : christianisme et philosophie, religion et morale, liberté et patriotisme, toutes les certitudes consolantes ont disparu, tous les ressorts de l'action ont été brisés. Et sur ces débris amoncelés, une race alanguie s'étiole et se meurt. « L'ennui baille sur ce monde décoloré par les savants, écrivait Maurice Barrès en 1885. Tous les dieux sont morts ou trop lointains : pas plus qu'eux notre idéal ne vivra. Une profonde indifférence nous envahit. La souffrance s'émousse. Chacun suit son chemin, sans espoir, le dégoût aux lèvres, dans un piétinement sur place, banal et toujours pareil, du cri douloureux de la naissance jusqu'au râle déchirant de l'agonie — dernière certitude ouverte sur toutes les incertitudes ».

*
* *

Le symptôme le plus alarmant de ce mal était de paraître chronique, inguérissable. Il y a deux façons de traiter une infirmité morale. Est-ce la volonté qui est frappée d'aboulie ? On lui représente avec force les raisons qu'elle a de se mouvoir et d'agir. Est-ce au contraire l'intelligence qui se noie dans le doute et le scepticisme ? On invite la volonté à trancher le débat, et, s'il le faut, à « parier » son salut. Or ni l'un ni l'autre de ces remèdes ne semblait applicable à la génération issue de Taine et de Renan. Esprit et volonté étaient également atteints. La science avait enfermé l'esprit dans la gangue de ses formules désespérantes, et ce n'était pas elle qui jouerait le rôle d'excitatrice d'énergie. La volonté, rouillée par ses habitudes d'indolence, ne serait jamais assez forte pour secouer le joug d'une servitude qu'elle aimait. Comment sortir de ce cercle vicieux ?

Deux issues, cependant, étaient possibles. Je les indique de suite parce qu'elles contiennent, avec le germe du renouveau futur, les deux traits caractéristiques de la génération nouvelle. Ou bien l'excès du mal finirait par ouvrir les yeux sur le danger couru ; et dans ce cas, l'*action* s'érigerait en juge de la science et lui demanderait compte des entraves qu'elle avait apportées à son libre développement. Ou bien l'intelligence, mieux éclairée, en appellerait des verdicts du scientisme, et découvrirait à celui-ci l'inanité de ses prétentions à gouverner le domaine de l'esprit. Il y a là, j'y insiste, deux voies distinctes. Tout système est soumis, de plein droit, à la critique idéologique : il est vrai ou il ne l'est pas ; c'est affaire aux philosophes de se prononcer. Mais s'il ambitionne au surplus de régler les mœurs il tombe sous le contrôle de l'expérience. On juge l'arbre à ses fruits. La conscience humaine ne s'adapte pas indifféremment à n'importe quel régime moral. Veut-on violenter ses lois ? Elle s'insurge ; l'instinct de conservation morale parle plus fort que les sophismes les mieux emboîtés, et, suivant l'énergique expression d'une anglaise convertie, elle jette la logique « au vent ».

L'affranchissement de la jeunesse contemporaine s'est fait des deux manières à la fois. Il a commencé par être une sorte de réduction à l'absurde des dogmes scientistes. Puis, parallèlement à cette rude protestation de la vie et de la conscience, une autre colonne est montée à l'assaut de la forteresse altière. Elle est formée de tous les penseurs qui ont porté l'attaque au cœur de la place, vidé la science des *a priori* qui l'encombraient, opposé la liberté au déterminisme, restitué à l'invisible, au mystère et à l'infini le droit d'intervenir dans le procès de la destinée humaine. Puis les deux forces ont opéré leur jonction. L'action redevenue réaliste et la pensée redevenue mystique, se sont réconciliées en face de l'adversaire commun. Et puis enfin, obéissant à une impulsion dont elles n'avaient pas tout d'abord soupçonné la profondeur, elles ont, sinon toujours, du moins souvent dépassé leur but immédiat. A nombre de ces hommes, en rupture avec le scientisme, l'Eglise catholique est apparue comme la synthèse idéale où le mysticisme et l'action se confondaient en une « doctrine de vie » ouverte tout à la fois sur les réalités invisibles et sur les réalités de l'action terrestre, celles-ci commandées et rythmées par celles-là. Et c'est de ce double courant que notre jeunesse catholique d'aujourd'hui est sortie. Connaissant le terme, nous serons plus à même d'apprécier, à leur juste valeur, les travaux d'approche et de poser les jalons qui marquent la route de la maison hospitalière.

Voici d'abord les premiers frémissements de l'esprit nouveau. Taine, en 1875, commence la publication des *Origines de la France contemporaine*. Certes l'auteur n'a pas modifié ses anciennes positions. Rigoureusement il applique à l'histoire de la révolution les principes qui dirigeaient ses études sur *la littérature anglaise* : « mais les jugements qu'il porte sur les faits et sur les hommes, ses loyales constatations, ses étonnements mêmes, tout cela implique, sinon une philosophie nouvelle, tout au moins la conviction naissante que la science n'est pas le tout de l'homme, et qu'au-delà, ou au-dessus de son champ d'expérience, un autre « ordre » de réalité s'impose à l'attention du chercheur ». De cet ordre, la même année et les années suivantes,

Ferdinand Brunetière revendique énergiquement les droits. Car, à quoi vise sa campagne contre le naturalisme, sinon à démontrer que « l'âme aussi est dans la nature » et que « l'âme, au moins autant que le corps, a droit de cité dans la nature et dans l'art » ?

La réaction s'accentue avec Melchior de Vogüé. Si le *Roman Russe* est « l'un des livres essentiels de la fin du XIXe siècle », c'est parce qu'il réintroduit, dans notre littérature, l'idéalisme, banni par la science, et qui veut être la manifestation d'un réalisme supérieur. Nous avons peine, après trente ans, à imaginer l'impression profonde créée, dans l'âme des jeunes, par des déclarations du genre de celles-ci : « Pour résumer nos idées sur ce que devrait être le réalisme, je cherche une formule générale qui exprime à la fois sa méthode et son pouvoir de création, je n'en trouve qu'une ; elle est bien vieille, mais je n'en sais pas une meilleure, plus scientifique et qui serre de plus près le secret de toute création : « Le Seigneur forma l'homme du limon de la « terre »... La formation par le limon, c'est tout ce que peut connaître la science expérimentale, le champ où son pouvoir de découverte est indéfini ; on y peut étudier la misère de l'animal humain, tout ce qu'il y a en lui de grossier, de fatal et de pourri. — Oui, mais il y a autre chose que la science expérimentale ; le limon ne suffit pas à accomplir le mystère de la vie, il n'est pas tout notre *moi*... Il faut compléter la formule pour nous rendre raison de la dualité de notre être ; aussi le texte ajoute : — « et il lui inspira un souffle de vie, et l'homme fut une âme vivante ». — Ce « souffle » puisé à la source de la vie universelle, c'est l'esprit, l'élément certain et impénétrable qui nous meut, qui nous enveloppe, qui déconcerte toutes nos explications, et sans lequel elles seront toujours insuffisantes. Le limon voilà l'ordre des connaissances positives, ce qu'on tient de l'univers dans un laboratoire, de l'homme dans une clinique ; on y peut aller très loin, mais tant qu'on ne fait pas intervenir le « souffle », on ne crée pas une âme vivante, car la vie ne commence que là ou nous cessons de comprendre ». Il fallait, en 1886, une singulière audace pour parler ce langage. Mais sous la plume de ce prestigieux écrivain, c'était le « mystère » qui faisait éclater les cadres étroits du réalisme scientiste, voué à « peindre l'extérieur et le plus bas côté des choses », affranchi « de toute intention morale et religieuse et s'en glorifiant puérilement ».

Si le *Roman russe* est une date dans l'histoire intellectuelle et morale de la France, à la fin du XIXe siècle, le *Disciple* de Paul Bourget, paru en 1889, en est une autre et plus importante encore. D'où vient donc que ce roman eut la singulière fortune de marquer un « tournant d'histoire » ? D'où vient que Taine, après l'avoir lu, laissait échapper cet aveu mélancolique adressé à l'auteur : « Je ne conclus qu'une chose, c'est que le goût a changé, que ma génération est finie, et que je me renfonce dans mon trou de Savoie » ?

D'où vient qu'un témoin de cet événement littéraire a pu écrire : « Plus tard, quand les Mémoires intimes et les Correspondances de notre génération commenceront à sourdre, on reconnaîtra que peu d'ouvrages de cette nature ont eu sur les esprits, sur les âmes, et sur les consciences même, une pareille action, ont déterminé un pareil ébranlement » ? Est-ce parce que le cas de Robert Greslou posait le problème de la responsabilité encourue par quiconque enseigne une doctrine ? Oui. Mais en posant ce problème, Paul Bourget remettait surtout en cause la légitimité du point de vue scientiste. Avec les tenants du système, Adrien Sixte estimait que la science est amorale et qu'elle n'a pas à tenir compte du retentissement que ses conclusions peuvent entraîner dans le domaine de la vie réelle et pratique. Or voici que Robert Greslou pour avoir appliqué à la lettre les idées de son maître, institué une « expérience scientifique » en séduisant la fille de son hôte, étalait une perversité du sens moral dont la peinture, volontairement raffinée et brutale, appelait du cœur aux lèvres un immense cri de révolte et de dégoût. Et dès lors, si la science favorisait de semblables déviations, était-il concevable qu'elle eût pour elle la vérité ? N'était-il pas avéré, au contraire, qu'elle constituait un effroyable danger, et qu'il était faux qu'un penseur « eût le droit de se désintéresser des autres hommes, et de contempler face à face ce qu'il croit être le vrai et ce qui n'est bien souvent que la projection de son *moi* sur l'univers » ?

Le *Disciple*, quel que fût par ailleurs le réalisme calculé de ses descriptions, protestait au nom de l'instinct moral contre le déterminisme fatal et avilissant. Et la préface du livre soulignait en traits d'une noble franchise la leçon que l'auteur avait voulu inculquer. *Au jeune homme d'aujourd'hui*, Bourget disait : « Dans ce temps de consciences troublées et de doctrines contradictoires, attache-toi comme à la planche de salut à cette parole du Christ : « Il faut juger l'arbre par ses fruits ». Il y a une réalité dont tu ne peux pas douter, car tu la possèdes, tu la sens, tu la vis à chaque minute : c'est ton âme. Parmi les idées qui t'assaillent, il en est qui rendent cette âme moins capable d'aimer, moins capable de vouloir. Tiens pour assuré que ces idées sont fausses par un point, si subtiles te semblent-elles, soutenues par les plus beaux noms, parées de la magie des plus beaux talents ». La conversion de Paul Bourget s'annonçait dans ces lignes, et avec la sienne, celle d'une multitude d'âmes troublées par le mystère de l'invisible et de la destinée.

Ce que Paul Bourget avait inséré dans la trame passionnante d'un roman, Brunetière l'incarnerait bientôt dans une série d'œuvres et d'actes auxquels la réputation du critique conférerait une portée incalculable. Après la mort de Taine et de Renan, il était devenu « le guide incontesté de la pensée contemporaine ». Or, peut-on dire, depuis toujours, Brunetière avait eu la hantise de la question morale. Tout d'abord, aux environs de 1890, il avait cru à la possibilité d'établir une morale laïque, résidu des diverses religions positives, et dont les prescriptions, assez peu différentes de celles de la morale chrétienne, s'imposeraient non seulement à l'homme individuel, mais à l'homme social. Toutefois, il gardait la « curiosité passionnée » de la religion. C'était l'époque où Léon XIII « prononçait en matière politique et sociale, des paroles libératrices ; ou l'Encyclique *Rerum novarum* faisait naître dans toute la jeunesse d'ardents enthousiasmes et de fécondes espérances ; où un homme, dont on a pu dire qu'il a été toute sa vie obsédé par le problème religieux, Eugène Spuller, osait parler d' « esprit nouveau » ; où une « République athénienne » semblait devoir se lever en France... » Brunetière, avec tant d'autres, subissait le prestige du grand Pape ; mais surtout il comprenait peu à peu qu' « en dehors de l'idée religieuse il n'y a pas de fondement solide à la morale ; et même, qu'en dehors du christianisme, il n'y a point, pour une âme moderne, de religion véritable ». En 1894, il se rendait à Rome. On sait la tempête d'opinion que souleva l'article de la *Revue des Deux-Mondes* : *Après une visite au Vatican*. Brunetière, avec sa maîtrise de penseur et son style incisif, rouvrait le procès du scientisme. La science avait promis d'apporter une solution à tous les problèmes de la vie et de la destinée. Avait-elle tenu ses promesses ? Nullement. Elle avait donc fait banqueroute, non pas en tant que science, mais en tant qu'elle se flattait de remplacer les dogmes religieux et la morale traditionnelle. Et de même que le *Disciple* avait été chez Bourget, le point de départ d'une évolution lente mais sûre vers le catholicisme, de même le manifeste lancé en 1894 par le directeur de la *Revue des Deux-Mondes* fut pour celui-ci le premier pas du retour à la foi. En 1900, à Besançon, le « seuil du temple » était franchi. Pour combattre le Dilettantisme, l'Individualisme, l'Internationalisme, disait-il, « j'ai cherché un point d'appui, et après l'avoir inutilement cherché dans les leçons de la science ou de la philosophie, je l'ai trouvé, et je ne l'ai trouvé que dans le catholicisme. Oui, je n'ai trouvé qu'en lui l'aide et le secours dont nous avons besoin contre l'individualisme. C'est à la lumière de ses enseignements que j'ai compris aussi, à voir, dans le présent et dans le passé, comment le catholicisme et la grandeur de la France étaient inséparables l'un de l'autre, que nous n'avions pas de plus sûre protection contre les progrès de cet internationalisme dont vous parliez tout à l'heure. Indépendamment de toute idée personnelle, ce sont là des *faits certains*, ce sont des vérités qui s'imposent, et du jour où l'évidence m'en est entièrement apparue, c'est de ce jour que je me suis déclaré catholique ».

De Vogüé, Bourget, Brunetière, voilà les grandes voix qui donnent une expression vibrante aux nouvelles tendances de la jeunesse française, tendances qu'ils ont créées dans une large mesure. Ce n'est pas à dire qu'ils sont les seuls, et si je me suis arrêté à eux de préférence, c'est parce que je vise surtout à décrire l'avènement de la jeunesse catholique d'aujourd'hui. Et tous représentent *la réaction de la vie* contre la tyrannie de la fausse science. Ils sont, dans le meilleur sens du terme, des *pragmatistes*. Et parce qu'ils veulent *agir*, sauver leur propre vie et sauver la société menacée de ruine, ils se retournent vers l'Eglise catholique qui leur apparaît comme l'unique source d'une action féconde et d'une vitalité inépuisable.

Or tandis qu'une « expérience » plus large et plus compréhensive détruisait, en fait, les conclusions unilatérales et mesquines de l' « expérience scientifique » d'autres pionniers se prenaient corps à corps avec l'idole et, iconoclastes hardis, la renversaient par terre. Je ne me dissimule pas combien délicate serait la tâche qui consisterait à préciser l'influence exercée par des hommes dont nous autres catholiques, nous ne pouvons pas approuver les doctrines. N'est-il point paradoxal d'avancer que des philosophes comme Renouvier, Alfred Fouillée, Boutroux, Bergson, William James aient eu leur part, et une part considérable à l'évolution des esprits vers le catholicisme ? Une simple observation suffit à mettre au point les choses. Ce n'est pas tant par le côté constructif de leur œuvre que ces penseurs ont rendu d'éminents services à la jeunesse contemporaine, que par la négation tranchante qu'ils ont opposée au déterminisme scientiste. Analyser l'un après l'autre leurs systèmes nous entraînerait trop loin. Aurions-nous

mené à terme ce long travail, il resterait encore
à dépouiller les témoignages, aussi valables,
des purs savants qui, avec Pierre Duhem et Henri
Poincaré, ont démontré le caractère relatif,
approximatif, toujours sujet à revision des formules scientifiques les plus rigides et les mieux
vérifiées.

Mais de cette impressionnante unanimité de
vues se dégage une conclusion que George Fonsegrive a clairement indiquée en résumant la
doctrine d'Henri Bergson : « Il n'y a pas de doctrine plus débilitante que celle qui nous affirme
que notre vie n'ajoute rien aux vies du passé,
que le monde tourne invariablement dans un
cercle éternel, comme le serpent qui se mord la
queue. Le monde de la réalité est le monde de
l'histoire où tout sans cesse est nouveau ; ce n'est
donc pas un monde que domine et gouverne la
nécessité, c'est un monde où règne la liberté. Si
les philosophies de la nécessité, du déterminisme
ont eu tant de vogue, si elles ont paru avoir tant
de fois l'avantage sur les philosophies de la
liberté, c'est qu'elles ont imposé à ces dernières
leurs méthodes et leur conception propre de la
vérité ». Et par conséquent elles aussi, elles
prouvent, à leur façon, la prééminence de la
liberté sur le déterminisme.

Or réintégrer la notion de liberté au patrimoine des biens humains, voilà l'immense bienfait dont nous sommes redevables même à ces
penseurs qui pour la plupart n'étaient pas des
nôtres. Le fond, l'essence du scientisme se rame-

naît à cette erreur initiale ; nous ne sommes pas libres. Pessimisme, dilettantisme, dégoût de l'action, tout était sorti de cette négation première. En réhabilitant la liberté on affranchissait donc les âmes, on leur réapprenait à agir, on leur permettait de respirer l'air de l'infini et de chercher, par-delà l'impitoyable réseau des phénomènes, la réalité divine. Et voilà pourquoi sans doute nombre de jeunes hommes, semblables à Joseph Lotte, en lisant plus tard *l'Evolution créatrice*, « sentiront Dieu à chaque page ». Et ainsi la nostalgie de l'au-delà et du mystère se réveillaient du lourd sommeil où l'avaient plongée la déprimante intoxication du scientisme.

Arrêtons ici cette première partie de notre enquête. Nous voici au seuil du xxᵉ siècle. Le sain « intellectualisme » des philosophes rejoint peu à peu le « pragmatisme » des hommes d'action. Déjà l'Eglise catholique a pu enregistrer de belles victoires : Bourget et Brunetière, Coppée, Huysmans, Paul Claudel comptent parmi les plus illustres. D'autres sont moins connues. D'autres s'annoncent. Mais comment l'idéal nouveau achèvera-t-il d'imprégner les générations qui montent à l'horizon; quels seront les chefs et les guides de la jeunesse des années 1900 ? Vous les voyez venir : Péguy, Lotte, Psichari, étoiles dont la course se continue dans l'immortalité, après les jours glorieux de la Marne.

LA GÉNÉRATION NOUVELLE

L'effort convergent des « pragmatistes » et des « intellectuels » a donc ouvert une large brèche dans la tour d'ivoire du scientisme. Les premiers, opposant aux préceptes de la doctrine en vogue la dure leçon des réalités, ont jugé l'arbre à ses fruits. Une doctrine qui accule l'être humain au suicide de ses facultés maîtresses leur est apparue ce qu'elle est en effet : une monstrueuse duperie. En eux, l'instinct moral et l'instinct social se sont révoltés, et peu à peu ils se sont tournés vers le catholicisme, seule puissance capable d'apporter un remède efficace à l'anarchie des idées et à la déroute des énergies.

La réaction des intellectuels s'insère dans ce mouvement. Elle le caractérise, le renforce et, surtout, elle le légitime. Sans doute l'expérience condamne les faux systèmes : elle ne les atteint que dans leurs conséquences pratiques. La victoire n'est assurée que si les philosophes, mobilisés à leur tour, ont porté le coup décisif à l'idée génératrice d'erreur. Ce coup mortel, les théoriciens de la liberté l'ont asséné au scientisme. Avec Boutroux, ils ont démontré la « contingence »

des lois naturelles. Avec Bergson, ils ont rétabli
les droits de la vie spontanée contre la nécessité
brutale. La barrière du déterminisme s'est effon-
drée, et les âmes affranchies du lourd pessimisme
qui pesait sur elles ont recouvré, avec le goût
de l'action, le désir et l'espoir des réalités imma-
térielles.

De ces deux courants, pragmatiste et intellectuel, la nouvelle génération est issue. Et quand
je dis : de ces deux courants, je n'entends nullement ramener l'un et l'autre au même plan. Que
le bergsonisme ait exercé sur la jeunesse, soit
directement, soit par infiltration anonyme, une
influence considérable, il n'est point loisible à
l'historien de le nier. Nous en aurons bientôt la
preuve évidente. Mais prétendre que la philosophie de « l'élan vital » ait été la cause déterminante du retour à la foi religieuse et à la foi
catholique chez un nombre appréciable de nos
jeunes serait une exagération. Comme on l'a
judicieusement observé, « ouvrant toutes grandes
les portes sur le mystère, sur les possibilités
infinies de la liberté, n'aboutissant d'ailleurs
elle-même et par elle-même, jusqu'ici du moins,
qu'à la destruction du dogmatisme positiviste ou
scientiste, la philosophie de M. Bergson laisse
l'âme en l'air, sans assiette et sans direction ».
Et pour être tout à fait juste, il faut ajouter, avec
le même écrivain, que la méthode intuitive, pratiquée à la lettre, favoriserait un dilettantisme
aussi dangereux et aussi anarchique, sinon davantage, que celui d'Ernest Renan.

Au fond, le bergsonisme n'est qu'un épisode enveloppé et endigué dans un mouvement beaucoup plus vaste orienté déjà vers l'action positive et réelle. La pierre de touche par excellence des maîtres et des guides de la jeunesse actuelle, a été l'état de décomposition morale où la France fut réduite par les prophètes de la Science. Le bergsonisme s'est trouvé là, à point nommé, pour renverser l'obstacle qui, chez certains, empêchait le vouloir-vivre de refluer jusqu'à la source de toute vitalité humaine et surnaturelle : le christianisme. Plusieurs même ont accompli leur évolution religieuse en dehors de ce système. Les autres ont simplement trouvé dans la pensée du professeur du Collège de France, un point d'appui, un levier, ou, si l'on préfère, un relai sur la route qui conduisait vers des réalisations plus parfaites. Ils lui ont aussi emprunté un procédé d'introspection que M. Maurice Barrès avait déjà pratiqué avec le plus grand succès. A creuser les stratifications de leur *moi*, ils ont découvert des raisons d'agir qui dépassaient ce *moi* égoïste et solitaire ; ils ont retrouvé le sens de la tradition et le sens chrétien. Et puisque je viens de prononcer le nom de M. Barrès, je tiens à rappeler que personne, plus que l'auteur des *Déracinés* et de la *Colline inspirée*, sinon M. Bergson lui-même, n'a contribué à instaurer, parmi les jeunes, le culte de la vie intérieure : non par l'analyse stérile et déprimante des romantiques, mais par ce souci de sincérité qui fait, de la connaissance de soi-même, un ressort d'action et, à ce titre, rentre encore dans le sillage de la vie catholique.

Mais, je le répète, ce qui donne à ces éléments nouveaux — sens du mystère, attrait de la vie intérieure — un sens et une portée incontestables, c'est que, plus profondément encore, la jeunesse française, après les aînés dont nous décrivions naguère le sursaut d'énergie splendide, avait éprouvé le tressaillement annonciateur de la résurrection. C'est parce qu'elle voulait, à tout prix, échapper à la mort, réagir et agir, qu'elle a fait feu de tout bois, utilisé toutes les planches de salut, l'égotisme barrésien et l'intuition bergsonnienne, jusqu'à ce que, d'étapes en étapes, elle ait abordé aux rivages de l'Eglise catholique. « Tu ne me chercherais pas si tu ne m'avais trouvé... » Ce mot de Pascal, mille fois cité, résume l'histoire de la génération dont je vais, brièvement, vous entretenir.

*
* *

Le point culminant de l'influence scientiste est atteint à l'époque de la trop célèbre affaire Dreyfus. Le cas de l'officier juif, s'il n'avait relevé que du huis-clos d'un conseil de guerre, eût été jugé sans éclat. En fait, c'est tout autre chose qui s'agite aux alentours de l'accusé. Il s'agit de savoir si la « personnalité » française s'évanouira dans les nuées de l'humanitarisme; si l'armée, gardienne de la tradition nationale, sera dépouillée de sa force, de son prestige et de son honneur;

si enfin la religion qui, vaillamment, soutient l'armée et la patrie, partagera l'humiliation infligée à l'idéal qu'elle défend. Antimilitarisme, antinationalisme, guerre à l'idée religieuse, voilà le cône d'ombre que projette, derrière lui, l'homme effacé qui se tient au banc des coupables. Et dans cette ombre, clapote le plein de la marée scientiste qui n'attend qu'un mot pour embourber tout le pays. Ce mot, alors, ne fut pas prononcé, puisqu'en 1899 Dreyfus était condamné pour la seconde fois; et quand il sera prononcé, en 1906, grâce à Dieu, ce sera trop tard et la France se sera ressaisie. Il n'en reste pas moins que la grande « affaire » a été une date mémorable de notre histoire contemporaine. Si elle a déchaîné un redoublement de persécution religieuse, elle a imprimé, à une foule d'hommes réfléchis, une secousse salutaire. Le renouveau nationaliste a pris, vers 1900, une allure décidée, et le renouveau nationaliste déclanchera, dans une large mesure, le renouveau catholique. On ne le redira jamais assez : ce sont les ouvriers de la renaissance française qui, cette fois, dans un cône de lumière, ont fait surgir la haute et bienfaisante silhouette de la cité chrétienne.

Parmi les chefs de cette double renaissance, Charles Péguy entonne le chant de la marche triomphale. Il avait commencé par être un dreyfusard et un socialiste convaincu. C'est même pour mieux servir cette double cause qu'il avait fondé en 1900 les *Cahiers de la quinzaine*. Seulement il avait, de sa mission, une idée singulièrement élevée. Son dreyfusisme et son socialisme étaient profondément mystiques, nullement politiques. Précisons la signification de ces termes, car ils ont, dans la langue de Péguy, un sens spécial : « La mystique d'un parti, c'est l'idée ou le sentiment pur, désintéressé, qui l'a suscité et qui l'anime, et les mystiques sont ceux qui servent purement cet idéal, sans arrière-pensées personnelles, incapables de transiger et prêts à donner, s'il le faut, leur vie pour son triomphe final. » Quant à la politique, c'est « le *détournement*, l'exploitation de cette idée et de ce sentiment pour des intérêts temporels, intérêts personnels ou intérêts de caste : places, faveurs, domination, vengeance. C'est la règle des tractations, des compromissions, des *contaminations* de la mystique de la cause, devenue comme une chose dont on trafique au gré des circonstances et qu'on plie sans scrupule à des avantages électoraux ».

Mystiques, assurément, le dreyfusisme et le socialisme de Charles Péguy l'étaient. Fils du peuple, il aimait la classe laborieuse, et comme les socialistes lui semblaient travailler au bien des humbles, il était devenu l'un des leurs. N'avait-on pas vu ce petit homme, « carré d'épaules, serré dans un veston étriqué, d'énormes souliers ferrés aux pieds », avec sa « face éclairée de paysan où brillaient deux yeux aigus », avec sa mâchoire marquée « d'énormes maxillaires dont on voyait les muscles jouer sous la peau », ne l'avait-on pas vu, dis-je, quêter ses compagnons de l'Ecole Normale, pour ce qu'il appelait les

« œuvres » de son parti ? Et il était si grave, si convaincu, une telle autorité se dégageait de toute sa personne, que nul ne songeait à lui rien refuser : « il n'avait qu'à tendre la main pour qu'aussitôt on vidât ses poches. C'était automatique. »

Avec la même sincérité, Péguy avait pris la défense de l'accusé de Rennes. Persuadé de l'innocence de Dreyfus, il croyait que seule « l'injustice de la raison d'Etat » empêchait l'acquittement, et « il ne voulait pas que la France, en endossant cette injustice, fût constituée en état de péché mortel ». Aux militants de la cause, il assignait la tâche, lorsqu'ils auraient vaincu, « de défendre les mœurs et les lois, le sérieux et la sévérité, les principes et les idées, la révolution et le socialisme, le droit, la simple entente, le travail, la pauvreté ». Au lieu de cela, on eut la ruée des arrivistes, des profiteurs ; on eut le régime des fiches et l'avilissement de l'armée ; on eut les lois sectaires et les mesures d'ostracisme contre d'honnêtes citoyens. Socialistes et dreyfusards « se retournaient contre la justice, trahissant la France et la liberté » : *La politique avait tué la mystique.*

La désillusion fut terrible. Elle trouva, sous la plume de Péguy, des expressions vengeresses : « Trente ans nous avons été trahis. De notre socialisme qui était un système de justice, de vérité, de santé économiques et sociales, en un mot de justice et de vérité et de santé temporelles... ils ont fait un reniement de tout, une basse politique, un sabotage ignoble, proprement une trahison militaire contre le peuple français. De notre dreyfusisme, qui était un système de justice et de vérité et de santé juridiques, et encore sociales et très proprement nationalistes, ils ont fait une basse politique et une basse démagogie ». Avoir cru servir la France et s'apercevoir tout à coup que l'on avait, sans le vouloir, précipité sa déchéance : l'échec était dur. Mais Péguy était de la race des forts. Il eut vite fait de se ressaisir : « Puisqu'à notre corps défendant nous avons fait cette longue expérience des hommes, nous sommes comme tout le monde, nous voulons au moins que notre vie ne soit pas toute perdue, nous voulons qu'une si cruelle expérience serve au moins à quelque chose... A aucun prix nous ne souffrirons que nos enfants soient trahis à leur tour et par les mêmes maîtres et par les mêmes chefs... Nous serons plus courageux pour nos enfants que nous ne l'avons été pour nous-mêmes ».

Avant d'aller plus loin, notons que le cas de Péguy est absolument représentatif de toute la génération nouvelle. Ce réveil de l'instinct national, vous le verrez pétiller, en étincelles contagieuses, de 1900 à 1914, depuis l'*Action française*, jusqu'aux jeunes, enquêtés en 1912 par Agathon. Joseph Lotte, le fidèle compagnon de Péguy, avait partagé les illusions généreuses de son ami. Mais lorsqu'il eut vu le socialisme tourner à l'exploitation de l'ouvrier par les bourgeois intellectuels, et le dreyfusisme fournir un prétexte aux crimes de l'antipatriotisme et aux « hontes du combisme », lui aussi se révolta, et son amour de la France sortit purifié de cette crise douloureuse. René Salomé, un autre ami de Péguy, a contemplé, avec stupeur « une France menacée du dehors, malade au dedans, en proie, elle aussi au doute, à l'amoralisme, au byzantinisme, à la suffisance orgueilleuse, une France dont le matérialisme pratique énervait le courage, aveuglait la clairvoyance, une France livrée aux entreprises des démagogues, des politiciens véreux, des grands ou petits pillards, bernée par une presse vénale, contaminée par les idéologies les plus démentes et souillée par les propagandes les plus basses ; et sous l'anarchie, sous la corruption, une sorte de relâchement intime dont l'expression la plus usuelle était cet humanitarisme commode qui semblait inventé pour dispenser chacun de rester à sa place et d'y faire tout son devoir ». Et toute l'élite de la jeunesse a suivi le même exemple. Avec cette différence, toutefois, qu'elle n'a pas connu le déchirement intime dont les aînés avaient souffert. Elle s'est trouvée comme investie par l'atmosphère que ses premiers guides avaient créée. On le vit bien lorsqu'en 1905 la menace allemande commença de planer sérieusement sur le pays. « A cette époque, un frisson passa sur la France. De jeunes énergies se dressent : nous étions, à dix-huit ans, des petits Français d'une fierté hautaine et résolus à ne plus subir une humiliation ». « Et en soi-même, chaque jeune

homme entendit, retrouva, écouta, « comme
« familière et connue, cette résonnance profonde,
« cette voix, qui n'était pas une voix du dehors,
« engloutie là et comme amoncelée, on n'en
« savait depuis quand ni pourquoi ». Et depuis
ce temps, la perspective de la guerre imminente
n'a pas cessé de hanter, comme un rêve glorieux,
la pensée de nos jeunes. Agathon a été bien
inspiré de consigner dans son livre, ce passage
d'une lettre écrite alors par un élève de rhéto-
rique alsacien d'origine : « L'existence que nous
menons ne nous satisfait pas complètement,
parce que, si nous possédons tous les éléments
d'une belle vie, nous ne pouvons les organiser
que dans une action pratique, immédiate, qui
nous prendrait corps et âme et nous jetterait hors
de nous-mêmes. Cette action, un seul événement
nous la permettra, la guerre ; aussi la désirons-
nous... C'est dans la vie des camps, c'est au feu
que nous éprouverons le suprême épanouissement des puissances françaises qui sont en nous.
Notre intelligence ne se troublera plus devant
l'inconnaissable, puisqu'elle pourra se concentrer toute sur un devoir présent, d'où l'incertitude et l'hésitatiou seront exclues ». En vérité,
Péguy n'avait-il pas raison de dire, en 1913 : « Il
ne faut pas désespérer. Notre pays a des ressources inépuisables. La jeunesse qui vient est
admirable ». Ce qu'il ne disait pas, c'est que
lui-même, autant et plus que n'importe quel
autre homme d'action, avait provoqué ce renouveau de l'instinct patriotique.

Un amour profond pour la France ; voilà le trait le plus universel de la nouvelle génération, la base de l'entente commune, et ce par quoi les jeunes d'aujourd'hui rompent en visière avec les déviations favorisées par l'esprit scientiste.

*
* *

Mais il ne suffit pas d'aimer tout court son pays. Il faut l'aimer avec discernement afin de le servir avec fruit. Quel programme adopter ? Et si l'on parle de restauration, qu'entend-on exactement restaurer ? Revenons à Charles Péguy, puisque aussi bien son histoire est l'une des manifestations les plus typiques de l'esprit nouveau.

Brusquement arraché au parti dont il avait cru servir la « mystique », Péguy comprit où était le nœud de la crise actuelle : « Le débat, dit-il, n'est pas entre un ancien régime, une ancienne France qui finirait en 1789 et une nouvelle France qui commencerait en 1789. Le débat est beaucoup plus profond. Il est entre toute l'ancienne France ensemble : païenne et chrétienne, monarchiste, royale et républicaine, et, d'autre part, une certaine domination primaire qui s'est établie vers 1881, qui n'est pas la République, qui est le plus dangereux ennemi de la République et qui est proprement la domination du parti intellectuel ». (Entendez par « intellectuels » les souteneurs du dreyfusisme auxquels M. Salomon Reinach, dans l'*Orpheus*, p. 553, décerne, à peu près, les honneurs du martyre).

Et cela revient à dire qu'il existe une rupture entre le passé et le présent de la France ; que l'origine du mal actuel est dans l'oubli de nos traditions ancestrales ; et que, par conséquent, le salut sera réalisé par un retour à l'authentique tradition française. Cette idée, je me hâte d'en convenir, n'est ni propre ni exclusive à Péguy : elle est l'âme profonde de tout le courant nationaliste, depuis vingt ans. Mais si je demande à l'auteur du *Mystère de Jeanne d'Arc* de la préciser, c'est parce qu'il a poussé, très loyalement, ce sens aigu de la tradition jusqu'à ses ultimes conséquences religieuses, et c'est surtout parce qu'il l'a touchée, vécue, incarnée : « Cette fécondité antérieure, cette essentielle tradition, Péguy la trouva en lui-même ; il lui suffit d'être de ce qu'il était, l'homme de son extraction. Il y a là tout le mystère d'une vocation. Alors que le monde intellectuel cherchait au dehors les inspirations de sa pensée, cet homme de la vieille France, ce fils de plébéien de l'Orléanais, porte témoignage de ce qui était, « lorsqu'il y avait « une ancienne France, encore toute et intacte »... Quand Péguy parle, on sent la voix, le conseil de tout un peuple. Toute une race parle derrière lui, avec ». Et qu'enseigne-t-elle donc cette race ? Ecoutez : « Une dignité. Une fierté... Une décence et une finesse de langage. Un respect du foyer. Un sens du respect, de tous les respects, de l'être même du respect. Une cérémonie pour ainsi dire constante... Tout était un rythme et un rite et

une cérémonie depuis le petit lever. Tout était
un événement sacré. Tout était une tradition, un
enseignement, tout était légué, tout était la plus
sainte habitude. Tout était une élévation intérieure et une prière.., Et l'atelier était un oratoire.
Tout était l'événement d'un beau rite ».

Et vous avez reconnu sous ce flot d'images,
sous cette accumulation de redites, les grandes
notions que la France d'autrefois peut en effet
réapprendre à la France d'aujourd'hui : l'ordre,
la discipline, « la piété de l'ouvrage bien faite »,
l'attachement volontaire de chacun à sa tâche, à
sa place, si humbles, si effacées qu'elles puissent
être. Et c'est pour les avoir perdues de vue que
le « monde » encourt de Péguy, cette malédiction
dont la virulence a pu étonner parfois, et dont
pourtant le sens n'est point douteux : « Le monde
moderne avilit, c'est sa spécialité. Il avilit la
cité, il avilit l'amour, il avilit la femme, il avilit
la race, il avilit l'enfant : il avilit la nation ».
Et c'est encore pour recouvrer ces vieilles
idées perdues qu'un jour le petit fils de Renan,
Ernest Psichari, s'enfuyait au désert de Mauri-
tanie, « poursuivi par d'étranges remords,
troublé devant la malignité du mensonge, chargé
de l'affreuse décision d'une vie engagée dans le
désordre des pensées et des sentiments ». Il s'en
allait, hanté par l'impérieuse et lancinante question : « Où trouver une raison d'être ? Où trouver une règle, une loi ? Où trouver, dans le
désordre de la cité, un temple encore debout ? »
Et cette règle, il la trouvait d'abord à l'école de

la discipline la plus rude, celle de l'armée, de cette armée qu'il appelait « une force vivante du passé », la seule que « la grande impureté moderne » n'eût pas souillée. — Et c'est enfin parce que, de ces mêmes et vieilles notions d'ordre et de discipline, nos jeunes d'aujourd'hui en ont apprécié l'urgence et le bienfait, que leur « réalisme » ne court pas le risque de s'évaporer en action dispersée, sans loi et sans but. « Ils ont horreur du déréglement, de l'anarchie, comme de la pire entrave au développement de soi-même, à la véritable liberté ». « Alors que leurs aînés se perdaient en arguties sceptiques, ils savent qu'ils sont là, et *là* signifie qu'ils vivent en France, à une certaine période de son histoire et que tout doit être envisagé de ce point de vue actuel et français ». Alors que leurs aînés croyaient qu'il était de bon ton de reculer le plus possible le moment de choisir une carrière : « ils savent tout de suite où ils veulent aller, et, très jeunes, ils se tracent leur voie ». Très jeunes aussi ils fondent un foyer ; à vingt-cinq, à vingt-deux ans, beaucoup sont pères de famille ! Et d'où provient un changement si profond dans les mœurs ? D'un sentiment très fort de la stabilité, de l'ordre, et par tous ces traits ces jeunes gens rejoignent la tradition française qui est faite d'honneur, de probité et de sens pratique.

Continuons, suivant la méthode d'analyse familière aux premiers guides de la jeunesse actuel à creuser cette âme nouvelle qui, depuis une quinzaine d'années a voulu réaliser sa voie. Sitôt que l'on a posé le problème de la restauration nationale par l'appel aux vertus traditionnelles de la race, bon gré, mal gré, on se rencontre avec le catholicisme. Chez Péguy et chez Lotte — car ils sont inséparables — ce tête-à-tête fut soudain. L'un et l'autre avaient reçu une formation chrétienne. Tous les deux, chose étrange, s'étaient détachés des croyances religieuses parce qu'on avait su leur présenter l'Eglise comme une « effroyable puissance de mensonge, de haine et d'oppression » dressée en face de la Démocratie. L'enseignement universitaire, la crise morale de l'adolescence avaient fait le reste. Et tous les deux étaient bien persuadés qu'en eux la semence chrétienne était étouffée pour jamais : « Les treize ou quatorze siècles de christianisme introduits chez mes aïeux, écrivait Péguy en 1900, les onze ou douze ans d'instruction et parfois d'éducation catholique sincèrement et fidèlement reçue ont passé sur moi sans laisser de traces ». Et Lotte, vers 1905, écrivait à un ami : « La renommée aux cent bouches m'a rapporté que tu rencontrais pas mal de difficultés auprès des tiens à mettre ta prochaine progéniture à l'abri de toute aspersion baptismale. On est pour les vieux usages. Au fond, ça n'a pas une énorme importance, mais c'est un acheminement à la première communion et voilà ce qui est dangereux ». Ils se croyaient donc bien éloignés, comme disait encore Péguy, de « la métaphysique des curés ». Or voici que, tout à coup, le dreyfusisme en démasquant ses vrais intentions, accablait de ses coups l'Eglise coupable d'opposer une barrière à l'invasion de l'anarchie. Et la magnanimité avec laquelle l'Eglise souffrait la persécution des sectaires s'imposait à l'admiration des deux incrédules. Et plus ils y réfléchissaient, plus ils s'apercevaient que d'eux à elle, il y avait plus d'un lien de sympathie. Elle aimait les pauvres, et eux ils adoraient le peuple. Tout impie qu'il se fût déclaré, Péguy, à l'Ecole normale, était membre de la Société de Saint-Vincent de Paul, en attendant qu'il fondât, sous le patronage du même saint, une conférence laïque où l'on se dévouait aux pauvres pour le seul amour de l'humanité.

En compagnie de Lotte, il s'en allait, les nuits d'hiver, servir des soupes aux indigents du quartier de la Glacière. Mais, surtout leur cœur s'émouvait lorsque, interrogeant le passé, ils la voyaient, l'Eglise, façonnant l'âme de l'artisan, imprégnant la société de ses dogmes, de sa morale, de sa liturgie. Et dès lors, si les adeptes du « monde moderne » la combattaient, s'ils voulaient à tout prix la supprimer, n'était-ce point parce que, précisément, elle était une puissance d'ordre et de discipline ? Et c'est ainsi qu'à regarder loyalement au fond d'eux-mêmes, Péguy et Lotte s'aperçurent qu'ils étaient chrétiens et catholiques. Malheureusement un écran arrêtait net la pénétration de ce regard intérieur. « La métaphysique des maîtres laïques », ne leur permettait de croire ni à Dieu, ni à l'âme, ni à la liberté.

De cette métaphysique étouffante, Bergson les « désentrava ». Et tandis que Lotte, auprès du lit de mort de sa fille Monique, de sa femme Henriette, puis auprès et avec l'aide de ses jeunes élèves du lycée de Brest, réapprenait à penser à Dieu, Péguy, à travers mille épreuves s'acheminait vers la foi. On se rappelle la scène émouvante où l'un à l'autre ils se communiquèrent la grande nouvelle : « Chaque année, raconte Lotte, j'allais le voir, (Péguy) en septembre : une rapide visite à Orsay où à Lozère, un repas familial au milieu de ses enfants, une grande course sur les admirables côteaux voisins. En 1908, je le trouvai couché, épuisé, malade. Le médecin diagnostiquait une maladie de foie. C'était toute l'énorme fatigue, soutenue douze ans sans défaillance, qui l'écrasait enfin. D'immenses malheurs m'avaient frappé moi-même. Il me dit sa détresse, sa lassitude, sa soif de repos : une petite classe de philosophie dans quelque lycée lointain, près de moi, en pleine province, il pourrait ainsi, sans heurts, sans traverses, sans angoisses, produire tout ce qu'il portait en lui... A ce moment, il se dressa sur le coude, et les yeux remplis de larmes : « Je ne t'ai pas tout dit... J'ai retrouvé la foi... Je suis catholique... Ce fut soudain comme une grande émotion d'amour ; mon cœur se fondit, et pleurant à chaudes larmes, la tête dans les mains, je lui dis presque malgré moi : « Ah ! pauvre vieux, nous en sommes tous là ». Nous en sommes tous là. D'où me venait ce mot, puisque l'instant d'avant, j'étais encore incroyant? De quel travail, de quel lent, obscur et profond travail révélait-il l'action? A cette minute je sentis que j'étais chrétien. Dans le train qui me ramenait à Paris, une prière monta à ma bouche et ne la quitta plus de tout le trajet, la prière douce entre toutes, fraîche et joyeuse comme une aurore : *Je vous salue, Marie, pleine de grâces.* »

Si émouvant que soit ce récit, il faut nous arracher à son charme pour recueillir l'enseignement qu'il nous peut suggérer. Elle est à remarquer l'insistance avec laquelle Charles Péguy s'est toujours défendu d'être un « converti ». Ce n'était point de sa part une chicane de mots. Ce n'était point davantage, hélas ! une allusion à la situation délicate qui l'empêcha toujours, jusqu'à sa mort glorieuse, de s'approcher des sacrements. Cette protestation avait un autre motif et, tout en maintenant, par souci d'exactitude théologique, que Péguy fut bien un converti, je ne puis passer sous silence la curieuse explication qu'il donne de son retour à Dieu : « Nous tenons depuis vingt ans, depuis notre *jeunesse*, la même voie droite, la même voie d'approfondissement... *C'est par un approfondissement constant de notre cœur* dans la même voie, ce n'est nullement par une évolution, ce n'est nullement par un rebroussement que nous avons trouvé la voie de chrétienté. Nous ne l'avons pas trouvée en revenant. Nous l'avons trouvée au bout... Notre préfidélité invincible, notre jeune préfidélité aux mœurs chrétiennes, à la pauvreté chrétienne, aux plus profonds enseignements des Evangiles, notre obstinée, notre toute naturelle, toute allante fidélité secrète *nous constituait déjà une paroisse invisible...* » Mettons la théologie — dont Péguy n'avait pas grand souci — d'accord avec l'expérience personnelle de l'auteur d'*Un nouveau théologien*, en disant que Péguy s'est converti par « approfondissement » de son cœur, et nous aurons défini non seulement l'un des traits distinctifs des vrais convertis de la génération nouvelle, mais encore l'attitude religieuse de tous les jeunes à l'égard du catholicisme.

Certes cette génération compte un nombre très considérable de convertis. Leur énumération serait longue, et je ne puis m'y attarder. Or presque tous ont suivi une voie analogue à celle de Charles Péguy et Lotte. *Ils se sont retrouvés chrétiens en s'approfondissant.* Et si vous me demandiez en quoi consiste exactement ce travail en profondeur, je me contenterais de vous rapporter le témoignage d'un normalien cité par Agathon dans son enquête : « La réalité religieuse est intérieure et vitale, et le problème religieux nous apparaît d'abord comme un problème où nous sommes engagés *par la vie même*. Mais si nous croyons que la religion n'est rien sans la vie du cœur, nous savons que, pour nous élever au-dessus du caprice individuel, il est besoin d'une règle universelle. Aussi, sommes-nous séduits par ce qu'il y a d'absolu dans le dogme. Loin de penser que le christianisme est une morale sublime à prendre en faisant bon marché du dogme et que celui-ci n'est dans la religion qu'une partie très secondaire, une sorte d'algèbre insignifiante, nous le tenons pour une réalité vivante qui dirige et inspire notre conduite. Nous ne sommes pas de ceux qui disent *non serviam*. Nous ne trouvons la plénitude du christianisme que dans le catholicisme. »

Le catholicisme condition essentielle à la vie intérieure : voilà le carrefour où se rejoignent les récents convertis et ceux qui n'avaient pas besoin de conversion. Mais ce sont surtout les premiers qui, par l'allure générale de leur évolution religieuse nous rendent ce phénomène plus sensible. Relisez le *Voyage du Centurion*. Comment Maxence trouve-t-il la foi? Ecoutez : « Certes, disait l'âme inquiète, ce devoir est bien tracé, qui guide mes pas et ordonne mes démarches. Et pourtant, il me semble que mes pas ne sont guère assurés et que mes démarches sont celles du rêve. Je suis ce poisson qui se gouverne habilement dans l'eau, et qui, pourtant, ne connaîtra jamais la mer, faute de pouvoir la contempler du rivage. Je ne défaillerais pas si je n'avais *la hantise de l'harmonie totale* et ne voulais dominer l'élément où se meut le corps que je supporte ». Et c'est en approfondissant le soldat, que Psichari découvre le chrétien, car dit-il, tout est lié dans le système de l'ordre. Il faut donc, ou rejeter l'autorité et le fondement de l'autorité, qui est l'armée, ou bien accepter toute l'autorité, l'humaine et la divine. Et Psichari, cédant aux exigences de sa vie intérieure, remonte la série des « autorités » et ne s'arrête, haletant, qu'entre les bras du Christ.

A un autre point de l'horizon religieux, voyez André de Bavier. Protestant positif, puis libéral, le dogme catholique lui est odieux parce qu'il lui paraît être un obstacle, une tyrannie insupportable à la libre expansion de l'âme. Or à Cantorbéry, de Bavier entre en relations avec ce milieu anglican, si proche du catholicisme par l'ensemble des croyances qu'on y professe et par l'ample vêtement liturgique dont la foi y est enveloppée. Son étonnement est sans limites : « Je fus profondément attristé par cette invasion d'idées papistes. Je l'attribuais d'abord à une déformation de l'esprit chrétien, à un affaiblissement de la vie intérieure. Mais je fus bientôt obligé de reconnaître que je m'étais trompé et que la vie religieuse de ces anglicans ritualistes était bien plus profonde que celle de mes coreligionnaires libéraux ». Après cette découverte, André de Bavier était virtuellement converti. Ici encore le besoin de vie intérieure avait frayé le chemin de la Vérité.

Par ce souci d'approfondissement et de sincérité les jeunes d'aujourd'hui ont évité un péril qui est loin d'être illusoire. Et je parle ici principalement de ceux dont le retour à l'Eglise fut amorcé, comme il l'avait été chez Péguy et Lotte, chez Salomé et Bertrand, par les exigences du nationalisme. Il leur eut été facile de raisonner ainsi : « Le catholicisme est la forme religieuse de la société où je suis né. Considérant, d'une part, que la religion est un élément nécessaire de toute société : d'autre part, que la religion ne se conçoit pas pour un peuple sans une forme particulière, et que le catholicisme est cette forme, je suis amené à pouvoir me dire catholique ». Cette adhésion tout extérieure, toute nominale, calquée sur l'attitude de cet étonnant professeur de Sorbonne qui avait nom Jules Soury, ne pouvait convenir à la majorité d'une élite décidée à mettre d'accord « l'ordre du cœur » avec « l'ordre de l'esprit ». Accepter « une tradition sans exiger la vie qui l'a inspirée », équivaudrait à se rallier à un « traditionalisme mort ». Le catholicisme n'a de valeur que s'il est pratiqué exactement comme le pratiquèrent les ancêtres de la France, c'est-à-dire, par une conformité volontaire et spontanée à la règle de croyance et de moralité que l'Eglise impose à ses fidèles. Serait-il équitable de dissocier ce qui est indissolublement uni, d'admirer les effets de l'ordre en supprimant la cause de l'ordre? Et la *cause* de l'ordre, c'est le dogme, ce sont les préceptes de la morale surnaturelle, imprégnant d'abord les sommets de l'âme, puis se diffusant à travers l'organisme humain, puis rayonnant au dehors, embrassant à la fois tous les domaines de l'activité humaine, individuelle et sociale, la famille et la cité, l'économie et la politique, la guerre et la paix, le présent et l'avenir; irradiation lumineuse et chaude à laquelle rien n'échappe et qui a son centre et sa source dans la divine Eucharistie. Voilà comment nos jeunes comprennent la vie chrétienne : ce que Robert Vallery-Radot appelait, avec une grande justesse d'expression « le réalisme intégral », et qui consiste, en effet, à « intégrer » les valeurs, toutes les valeurs de vie, dans la réalité surnaturelle qui les apparente et les ordonne à la destinée, à la fin, au but suprêmes.

*
* *

Et nous comprenons aussi pourquoi les « raisons » scientifiques et les « motifs » intellectuels de croire occupent une place si peu considérable dans leur crise religieuse, et pourquoi l'aspect apologétique de la foi ne les attire pas outre mesure. Certains critiques, à l'intérieur et en dehors du catholicisme, les premiers avec inquiétude, les seconds avec une joie non dissimulées ont fait ressortir la ténuité de la trame rationnelle qui encadrait le retour à l'Eglise de ces néophytes. Il ne faudrait pas généraliser. Il ne faudrait pas surtout prendre à la lettre et ériger en principe universel telle ou telle boutade de Péguy : par exemple, celle-ci : « Une parole de saint Louis ou de Jeanne d'Arc met tout saint Augustin par terre », ou celle-ci : « Je suis de ces catholiques qui donneraient tout saint Thomas pour le *Stabat*, le *Magnificat*, l'*Ave Maria* et le *Salve Regina* ». Sous cette réserve, je n'éprouve aucun embarras à le reconnaître : rien ne ressemble moins à une enquête scientifique que le *Voyage du Centurion* ou que l'histoire de la conversion de Louis Bertrand. Nous aurions le droit d'en être surpris, si nous oubliions que la génération actuelle est en pleine réaction contre les abus de l'esprit et de la méthode purement intellectualiste des devanciers, et si nous perdions de vue que, de tous les motifs de crédibilité qui ont frappé les jeunes catholiques d'aujourd'hui, le plus efficace est précisément celui qui met en relief l'action vivante et vitale du christianisme. Je ne connais point, à ce sujet, de page plus suggestive que celle de Joseph Lotte, écrite dans le *Bulletin des Professeurs catholiques de l'Université* à un instituteur incrédule : « Quand à suivre notre ami dans le détail de sa critique, de ses doutes et de ses objections, nous nous y refusons absolument... Il faut bien qu'il se mette dans l'esprit que, d'états comme le sien, on ne sort que par un coup de force; les prétendues impossibilités scientifiques et rationnelles dont il dresse l'épais appareil, sont des nuées vaines, de creuses apparences que l'acte fait subitement s'évanouir. Trois ans je les ai vues s'élever autour de moi, me cachant le ciel, trois ans elles m'ont comme emprisonné. Elles s'entassaient autour de moi comme une muraille pélasgique. Un beau matin je m'élançai; la muraille céda comme un brouillard. Alors pourquoi diable avoir attendu si longtemps?... On a beau détourner la tête, il est des moments, vous ne pouvez l'ignorer (car quel homme de quarante ans peut l'ignorer? Quel homme qui a vu des naissances? Quel homme qui a vu des morts? Quel homme qui a vu l'amour et la trahison de l'amour, l'amitié et la trahison de l'amitié?), il est des moments où, au fond de certaines tristesses, vous le savez bien, c'est Dieu qu'on atteint tout à coup. Alors, pourquoi le nier, quand on l'a une fois découvert? Pourquoi se débattre ainsi? pourquoi pas l'abandon aux bras de notre père? » Ce genre d'apologétique n'a rien, il est vrai, de commun avec l'argumentation syllogistique. Et pourtant il reste, strictement et rigoureusement théologique, si l'on veut se rappeler qu'à l'origine, au point de départ de tout mouvement de conversion, il y a déjà une touche, une impulsion, un tressaillement de grâce divine. Les jeunes gens de la génération actuelle, prodigieusement attentifs aux pulsations de la vie intérieure, n'ont pas eu de peine à identifier la nature et le sens de l'appel qui résonnait au fond de leur conscience.

Se perdre en de subtiles controverses, discuter interminablement le pour et le contre des objections captieuses, ils n'en avaient ni le temps ni le goût; eux aussi ils ont pris leur élan; la vie appelle la vie, et la religion est vraie, par cela même qu'elle est une plénitude de vie. Et il n'est pas un seul de nos jeunes convertis qui ne signeront des deux mains la touchante profession de foi que voici : « *Nous croyons*, premièrement, parce que nous n'avons pas fait le malin avec le bon Dieu et qu'il nous a suffi de l'entrevoir à de certains instants privilégiés de notre vie pour admettre tout simplement qu'il est. *Nous croyons*, deuxièmement, parce qu'ayant éprouvé l'existence de Dieu nous avons compris autant avec notre cœur qu'avec notre raison qu'il ne pouvait se désintéresser de nous, qu'il fallait qu'il nous aimât, que nous étions ses enfants, ou sinon, que ce monde, cette vie et tout, ce serait par trop horrible. *Nous croyons,* troisièmement, parce qu'ayant réclamé comme un dû cet amour, nous n'avons eu qu'à ouvrir les yeux pour voir dans la naissance, dans la vie, dans l'enseignement et dans la mort de Jésus-Christ, la preuve d'un amour tellement inouï qu'il ne reste plus à l'homme qu'une attitude pertinente, celle d'une perpétuelle action de grâce. *Nous croyons,* quatrièmement, parce que la vie *selon* Jésus étant impossible *sans* Jésus, il faut que sa présence se perpétue parmi nous ; or, cette présence se perpétue dans l'hostie. *Nous croyons,* cinquièmement, parce que, dans un monde où tout change, ni cet enseignement ne peut se maintenir, ni cette présence se perpétuer que dans et par une institution immuable : or, cette institution, on sait assez que c'est l'Eglise romaine ». Et ce raisonnement, où le cœur, imprégné de la grâce surnaturelle, soutient la logique « invincible » de la pensée, après tout en vaut bien une autre.

Rentrés sous le toit du père de famille, ces convertis gardent la même foi, vigoureuse, simple, tournée tout entière vers la réalité divine et vers la réalité humaine, puisqu'il est bien entendu que leur mysticisme n'est qu'un aspect, mais l'aspect supérieur et comme le pur sommet de leur réalisme. Péguy devient « l'apôtre de l'Espérance »; Francis Jammes décrit la vie du laboureur ensoleillée des clartés de l'au-delà; Claudel, avec son lyrisme impétueux, évoque splendidement le monde de l'invisible. Et quel que soit le talent de ces écrivains, une partie de leur fortune ne leur vient-elle pas de l'accord parfait qui règne entre leur pensée et les instincts profonds de la génération nouvelle? Se les représenter comme des hommes perdus dans la nuée serait un non sens. Réalistes, ils le sont à la grande manière, car pour eux, l'horizon du réel ne s'achève pas avec les phénomènes du monde sensible. « Pour nous, écrit Péguy, le surnaturel et la sainteté, c'est cela qui est l'histoire, la seule histoire peut-être qui nous intéresse, la seule histoire profonde et profondément réelle ».

Et qu'y a-t-il de plus réaliste, que ces vers de Francis Jammes, choisis presqu'au hasard, dans son œuvre toute pénétrée du sentiment de la présence divine :

Donnez-nous aujourd'hui notre pain quotidien
Puisque sans vous l'homme n'a rien et ne sait rien.
C'est vous qui apprenez ce que nous voyons faire
Aux doigts dans le pétrin croisés comme en prière.
C'est vous qui enseignez les bras à supplier
En brandissant la pâte afin de la lier.
C'est vous qui des soupirs du travail qui halète
Tirez des mots d'amour que scande le poète.
Notre Père des Cieux, considérez ces gens
Et montrez-vous pour eux tel qu'un maître indulgent.
Père des moissonneurs, voici votre faucille;
Comme des champs de blé vous tranchez les familles.

O Père des meuniers! voici votre moulin :
Cet Univers qui tourne, et nous sommes vos grains.
Père des boulangers, pétrissez notre argile,
Multipliez les pains dont parle l'Evangile.

Et qu'y a-t-il de plus réaliste encore que ce chant de délivrance et de victoire, où Claudel laisse épancher sa joie d'avoir retrouvé Dieu :

Soyez béni, mon Dieu, qui m'avez délivré des idoles,
Et qui faites que je n'adore que Vous seul, et non point Iris et Osiris,
Ou la justice, ou le Progrès, ou la Vérité, ou la Divinité, ou l'Humanité, ou les lois de la Nature, ou l'Art, ou la Beauté,
Et qui n'avez pas permis d'exister à toutes ces choses qui ne sont pas, ou le vide laissé par votre absence...
Seigneur, vous m'avez délivré des livres et des Idées, des Idoles et de leurs prêtres,
Et vous n'avez point permis qu'Israël serve sous le joug des Efféminés.
Je sais que vous n'êtes point le Dieu des morts, mais des vivants.
Je n'honorerai point les fantômes et les poupées, ni Diane, ni le Devoir, ni la Liberté et le bœuf Apis.
Et vos « génies », et vos « héros » vos grands hommes et vos surhommes...
Savants, épicuriens, maîtres du noviciat de l'Enfer, praticiens de l'Introduction au néant.
Brahmes, bonzes, philosophes, tes conseils.

Egypte ! vos conseils, vos méthodes et vos démonstrations et votre discipline.

Rien ne me réconcilie, je suis vivant dans votre nuit abominable, je lève mes mains dans le désespoir, je lève mes mains dans la transe et le transport de l'espérance sauvage et sourde.

Qui ne croit plus en Dieu, il ne croit plus en l'Etre, et qui hait l'Etre, il hait sa propre existence.

Seigneur, je vous ai trouvé.

Et qu'y a-t-il enfin de plus réaliste que ces trois strophes prophétiques où Péguy célébrait d'avance sa propre gloire et la gloire des héros tombés au champ d'honneur :

Heureux ceux qui sont morts dans les grandes batailles,
Couchés dessus le sol à la face de Dieu.
Heureux ceux qui sont morts sur un dernier haut lieu
Parmi tout l'appareil des grandes funérailles;

Heureux ceux qui sont morts pour des cités charnelles,
Car elles sont le corps de la cité de Dieu.
Heureux ceux qui sont morts pour leur âtre et leur feu,
Et les pauvres honneurs des maisons paternelles.

Heureux ceux qui sont morts, car ils sont retournés
Dans la première argile et la première terre;
Heureux ceux qui sont morts dans une juste guerre,
Heureux les épis mûrs et les blés moissonnés.

Ce réalisme, il est vrai, diffère sensiblement de celui des naturalistes de l'école de Médan. Et c'est justement pour cela que les jeunes d'aujourd'hui le préfèrent, car il renverse les cloisons étriquées dans lesquelles le scientisme périmé se targuait d'emprisonner l'essor de l'âme vers l'Invisible.

Et chose remarquable, ces échappées mystiques ne les empêchent nullement de se retrouver, en pratique, aussi âpres à la lutte, aussi passionnés d'actualité, aussi mêlés à l'ardente controverse des problèmes soulevés par le monde moderne. Seulement, et c'est là leur note caractéristique : partout ils font pénétrer leur mysticisme chrétien, partout ils entendent dégager les conclusions ultimes de leur vie intérieure : « Aujourd'hui, écrit Vallery-Radot, nous invoquons ouvertement la communion des Saints, les mérites du Fils de l'Homme, la Rédemption, l'Eucharistie, comme des réalités qui alimentent non seulement notre pensée mais tout notre être ». Jamais peut-être une telle affirmation d'esprit catholique ne s'était produite au sein de la jeunesse française.

Depuis le début de cette étude nous avons suivi une marche singulière. Nous étions partis de la tumultueuse cacophonie de l'affaire Dreyfus. Et voici que peu à peu nous avons traversé des régions de plus en plus silencieuses et recueillies, et nous avons fini par aboutir aux rivages de l'Eternel, de l'Immuable. Nous étions partis d'un homme autour duquel s'agitait la cohue, la ruée des passions déchaînées. Et maintenant nous évoluons dans un monde où se réalise l'harmonieuse synthèse de la pensée et de l'action dans la foi la plus pure, la plus sérieuse et la plus féconde. Ce n'est point par un artifice de

composition littéraire que nous avons passé du
bruit au silence, de l'anarchie à l'ordre, de l'anticléricalisme bas à l'amour de l'Eglise. Nous
avons simplement suivi, dans son travail d' « approfondissement » la génération nouvelle. Et ce
n'est pas notre faute si elle nous a forcé de descendre avec elle, de couche en couche, jusqu'à
toucher le roc primitif qui porte toutes les autres
assises. Réveil du nationalisme ; retour à la tradition avec laquelle la patrie forme bloc ; regard
sympathique à l'Eglise, inséparable de la tradition française ; conversion volontaire et spontanée
à cette religion qui ne saurait restaurer la France
si on se refuse à la restaurer d'abord en soi-
même ; et enfin, parce que le catholicisme est une
vie, identification absolue de toute vie intérieure
avec celle dont le dogme, la morale, les sacrements, la liturgie catholiques sont l'aliment. Tout
cela est logique ; mais tout cela témoigne aussi
que quelqu'un, là-haut, avait décidé que la France
ne mourrait pas, et qu'il était temps de lui préparer « des cieux nouveaux et une terre nouvelle ».

X

PASSÉ, PRÉSENT ET AVENIR

DE LA

JEUNESSE CATHOLIQUE FRANÇAISE

Nous voici parvenus au terme de notre pérégrination à travers les mouvements de la Jeunesse catholique française au xixᵉ siècle. Un vaste panorama a défilé devant nous, varié d'aspects, riche de couleurs, étonnamment vivant. Nous devions bien nous y attendre. Quand la jeunesse se mêle d'être *quelqu'un*, elle l'est, comme dirait le P. Lacordaire, « jusqu'au cou ». Et cela veut dire que, le don de soi, elle ne le marchande jamais. Mais avouons que le fait a dépassé nos prévisions. L'activité des jeunes au xixᵉ siècle est, tout simplement, miraculeuse. Encore, de ce tableau, n'avons-nous retenu que les maîtresses lignes et les tendances les plus caractérisées. Si nous eussions voulu, en si peu d'espace, dresser le bilan de toutes les initiatives, notre étude eut pris les allures d'un répertoire ou d'un herbier. Et Dieu nous garde de traiter les documents humains avec les procédés en usage dans les bureaux ou dans les muséums.

19

Il y avait mieux à faire. Ce mieux, nous l'avons essayé. Dans la tourbillonnante histoire de notre époque, nous avons distingué, çà et là, quelques-uns de ces nœuds fluides qui dénoncent les points de résistance et de stabilité. Nous les avons définis en eux-mêmes; nous les avons situés dans le milieu où ils apparaissaient ; nous avons suivi le blanc sillage dont ils striaient la coulée torrentielle. Et peu à peu, nous voyions la jeunesse, forte de ses convictions chrétiennes, éprouver l'un après l'autre, les idéals multiples de ce siècle remuant. Semblable à cette foule qui, dans *l'Etranger* de Vincent d'Indy, reflète, avec une intensité prodigieuse d'expression, les péripéties d'un drame qu'on ne voit pas et qui se déroule, à quelques pas de là, sur la mer en furie, elle aussi, massée sur les rivages de l'Eglise, elle répercutait en son âme vibrante le drame où se débat la société contemporaine. Elle faisait plus que de le répercuter. Elle lançait ses amarres, elle détachait ses barques, elle volait au secours de ce monde moderne, secoué de fond en comble par la tempête révolutionnaire, et qu'à tout prix elle voulait sauver.

Avant de porter sur son action un jugement d'ensemble, ah ! saluons ces jeunes et vigoureux lutteurs qui nous sont revenus, de toutes parts, bronzés par les embruns et les coups de soleil, imprégnés des saines brises de l'océan, le front haut, l'œil ardent et le cœur joyeux. Ils ont combattu le bon combat, et tous, sans exception, ont droit à la douce étreinte maternelle de l'Eglise.

Tous pourraient lui répéter, même et surtout ceux qui ont reçu quelque blessure, ce qu'un jeune soldat murmurait à sa mère, accourue à son chevet : « N'est-ce pas maman, que j'ai bien servi mon pays ? » Oui, ils l'ont bien servi, et leur holocauste actuel est, hélas ! le couronnement héroïque de plus de cent années d'efforts tenaces et de sacrifices ininterrompus.

Et pourtant, même après avoir rendu hommage à leur vaillance, nous ne serions pas quittes de notre dette envers eux, si nous ne cherchions à recueillir, avec une piété attentive, le trésor d'expériences qu'ils nous lèguent. L'avenir se relie au passé et le passé prépare l'avenir : ce fut, il vous en souvient, la pensée directrice de notre entreprise. Elle ne serait pas pleinement réalisée si, en quelques mots, nous ne tirions les conclusions générales d'un travail où, seul, le souci d'être utiles aux jeunes d'aujourd'hui et de demain, nous a inspiré le désir — et parfois le courage — d'interroger les jeunes d'hier.

Je serai bref. Il ne me semble pas en effet que l'histoire des jeunes au xix⁰ siècle se prête beaucoup aux interprétations vagues et divergentes, à condition toutefois de l'envisager au point de vue qui domine tous les autres : le point de vue catholique. Après comme avant la guerre, la restauration catholique demeure le but principal de l'activité de nos jeunes. C'est donc sous cet angle et non pas sous un autre qu'il convient d'envisager le passé, le présent et l'avenir. Attitude religieuse, sociale, politique, tout, pour nous, se subordonne à ce but : le perdre de vue serait lancer les énergies sur de fausses pistes. Or le temps presse. La France, même victorieuse, pourrait mourir de nos hésitations et de nos erreurs.

*
* *

Un simple coup d'œil au passé des jeunes ne laisse d'ailleurs subsister aucune équivoque. Quel que soit le terrain où ils se soient placés, partout et toujours les jeunes ont affirmé, avec une crânerie superbe, exempte de respect humain, leur attachement passionné à l'Eglise. Congréganistes du P. Delpuits, libéraux entraînés sur les pas de Lamennais, confrères de Saint-Vincent de Paul enrôlés par Ozanam sous la bannière de la Charité, frères d'armes du comte de Mun, promoteurs de l'idée syndicale, convertis de la génération scientiste, unanimement, tous fusionnent dans la même et inébranlable volonté: l'affirmation pure et simple de leurs convictions catholiques.

Cette unanimité n'est-elle pas impressionnante ? Et s'il est vrai — l'expérience l'a bien montré — que cette intrépide profession de foi chrétienne n'a jamais nui à la fécondité de leur apostolat, n'en faut-il pas conclure qu'aux jeunes ouvriers de l'avenir, la ligne de conduite adoptée par les anciens est une indication précieuse à retenir ?

A y regarder de plus près, l'attitude, franchement catholique, et toujours égale à elle-même, de nos jeunes gens, se nuance, suivant les époques et les circonstances. Et la question se pose de savoir quelle serait, de ces nuances, la mieux adaptée à la situation d'après guerre. Le sujet est délicat : traitons-le avec prudence, mais aussi, avec toute la franchise qu'il réclame.

Avant de résumer l'histoire, posons quelques distinctions préliminaires.

Abstraction faite des milieux où elle se produit, l'affirmation catholique ne souffre aucun adoucissement. On est catholique, ou on ne l'est pas. Et si on l'est, on ne peut s'empêcher de le dire. Nulle part le précepte du Christ n'est susceptible d'une application plus rigoureuse : « que votre parole soit « oui » ou « non », car ce qui est en cause, c'est l'orientation même de la vie et le choix de la destinée. Et il nous est aussi difficile de taire notre christianisme que de dissimuler notre qualité de français. A qui voudrait le cacher, le passant soupçonneux pourrait dire : « ton langage, à lui seul, te trahit ».

Malheureusement, nous ne sommes pas seuls au monde. Il y a autour de nous, des hommes qui ne partagent pas nos idées ; beaucoup leur sont hostiles, et le plus grand nombre leur est indifférent. Or, vis-à-vis de ces gens du dehors, comment se comporter ? Quelle tactique employer à leur endroit ? On ne voit guère, ordinairement, à ce problème pratique, que deux solutions : l'intransigeance ou le libéralisme.

Intransigeants et libéraux ont en commun le souci de l'adversaire. Mais tandis que les premiers ne perdent aucune occasion d'accentuer les divergences, les seconds s'attachent à découvrir et à multiplier les points de contact. L'intransigeant estime que la foi n'a rien à gagner, en recherchant ses propres vestiges dans l'âme de ceux qui ne croient pas. Le libéral estime que, l'âme humaine étant « naturellement » chrétienne, le meilleur service qu'on puisse rendre à la foi, c'est d'en dénoncer les germes chez ceux qui se targuent de ne la point posséder. L'intransigeant professe que toute espèce d'alliance, avec des hommes étrangers à la religion, serait une naïveté et un danger. Le libéral se persuade que du moment qu'une idée est juste et opportune, il est tout indiqué, pour la défendre, de grouper toutes les bonnes volontés. L'intransigeant, tourné vers l'extérieur, considère le bloc indivisible du christianisme et sa devise est « tout ou rien ». Le libéral, tourné vers le monde, considère les hommes concrets, et dans chacune de leurs aspirations profondes, il voit comme une composante de la lumière intégrale, réfractée par le prisme de l'ignorance ou du préjugé.

Il y a là plus que deux méthodes d'action. Il y a là deux tempéraments aussi vieux que l'Eglise, aussi vieux que l'histoire. Ils ont chacun leurs misères et peut-être la Providence leur permet-elle de subsister pour qu'ils se fassent contrepoids. L'intransigeance, seule, finirait par rendre la religion odieuse. Le libéralisme, seul, l'exposerait aux compromis regrettables. La jeune génération de 1815, rebelle à toute concession, plia sous la poussée de l'esprit révolutionnaire. Les jeunes rédacteurs de l'*Avenir*, en 1830, ne surent pas éviter l'inconvénient contraire, et ils encoururent le blâme de Rome. Peut-être aussi, à l'origine, les Cercles catholiques d'ouvriers se donnèrent-ils un programme trop rigide. Et nous avons vu comment le *Sillon*, mû par le désir de fonder la démocratie idéale, n'avait pas échappé aux écueils d'un libéralisme exagéré.

Or, après la guerre, le même problème pratique se posera, avec une insistance d'autant plus grande que, par la force des événements, l'*Union sacrée* est devenue, pour la France d'aujourd'hui et de demain, l'unique planche de salut.

Nos jeunes seront-ils donc intransigeants ou libéraux? Dussé-je vous étonner, j'émets le vœu très sincère et très ardent qu'il ne soient ni l'un ni l'autre. Et je veux dire par là qu'il faut leur souhaiter d'assimiler tout ce qu'il y a de profondément vrai, de profondément évangélique dans l'une et l'autre de ces attitudes.

Intransigeance et libéralisme ne sont que des mots, un peu gauches, un peu maladroits et qui recouvrent des réalités parfaitement conciliables. Quiconque possède la vérité ne peut s'interdire de réclamer pour elle tous les droits, car l'erreur n'a jamais eu et n'aura jamais de droits. Mais d'autre part, il y a les hommes qui croient posséder la vérité, et qui ne la possèdent pas ou ne la possèdent que par bribes. A ceux-là le Christ a pensé lorsqu'il défendait de fouler aux pieds le roseau brisé ou d'éteindre la mèche qui fume encore. Et nous comprenons le sens de cette recommandation, si nous voulons réfléchir que le christianisme et l'Eglise ont reçu la mission d'entreprendre l'éducation de l'humanité. Or le premier devoir de l'éducateur n'est-il pas de prendre les hommes tels qu'ils sont pour les élever au niveau où ils devraient être? Dénoncer brutalement, sans nécessité, et pour obéir à une impulsion de nature, les points qui divisent ; négliger, de parti-pris, les points de rencontre ou de convergence, cela ne semble ni très sage ni même très évangélique.

De là à préconiser un type amorphe de groupement où, sous prétexte d'apostolat, on voguerait sur les eaux de la neutralité en éteignant avec soin toutes les lumières chrétiennes, il y a une distance infinie. De ce système, les jeunes n'en voulurent jadis à aucun prix. ils ont pu appuyer tantôt dans le sens de l'intransigeance et tantôt dans le sens du libéralisme : toujours ils ont senti qu'on servirait mal la cause de l'Eglise, si l'on avait peur de déployer au grand jour le drapeau des convictions catholiques. Il en sera de même encore demain. Il me paraît cependant qu'en raison des circonstances qui imposent l'union des volontés pour le bien commun, les jeunes catholiques, sans cesser d'être ce qu'ils ont été, sans rechercher les alliances suspectes, auront à cœur d'approuver et de défendre toutes les idées, —auraient-elles été émises par leurs adversaires, — favorables à la restauration du pays. Ils n'en seront que plus forts, — au cas où la persécution sectaire aurait le triste courage de reprendre son œuvre néfaste, — pour s'opposer énergiquement aux violations du droit et de la liberté. On peut parler bien haut lorsque, par ailleurs, on a donné l'exemple de l'impartialité et de la vraie concorde.

*
* *

Résolument catholique, l'action des jeunes, au XIXᵉ siècle, de plus en plus, a pris contact avec les réalités de la vie sociale. Nous avons suivi les étapes de ce magnifique progrès. Sur la large base de charité, établie par Frédéric Ozanam, les œuvres de justice se sont peu à peu édifiées. Aujourd'hui, grâce à Dieu, nous sommes armés d'une doctrine solide et supérieurement adaptée aux conditions de la société actuelle. Inutile de rappeler les résultats définitivement acquis. Notre étude sur le mouvement des *cercles ouvriers* et sur le *catholicisme social* n'était déjà qu'un résumé très condensé, et sans doute fort incomplet, d'un effort qui dure depuis soixante-dix années. Ce rapide aperçu a, du moins osé-je l'espérer, l'avantage d'accuser en un relief très suffisant, l'orientation générale et singulièrement nette de la pensée sociale de la jeunesse catholique au dernier siècle.

Tous nos jeunes ont réagi, avec une persévérance, une ténacité qui ne s'est jamais démentie, et qui n'a pas cessé de s'accentuer, contre les excès de l'individualisme révolutionnaire. Tous se persuadent que la décentralisation d'un Etat, congestionné par l'afflux des incompétences, est une condition indispensable à l'ordre et à la sécurité nationales. Tous réclament la reconstitution des rouages intermédiaires entre l'autorité suprême et les masses, rouages ayant leur vie propre, autonome, sous la sauvegarde et le contrôle des lois. Tous veulent le développement de l'association professionnelle. Tous enfin conviennent que la menace socialiste est une raison de plus pour imprimer au syndicalisme chrétien un essor qui arracherait à l'emprise des exploiteurs du peuple, cet instrument nécessaire de la prospérité industrielle ou agricole et de la paix sociale.

Encourager les jeunes d'aujourd'hui et de demain à entrer dans la voie tracée par les aînés, serait superflu. Ils y sont déjà. L'élan est donné : il ne s'arrêtera plus. Saluons l'heure proche où l'*Association catholique de la jeunesse française* rouvrira ses *Congrès sociaux*; où le retour des jeunes soldats rendra, à leurs Cercles d'études et à leurs œuvres populaires, les milliers d'énergies que la guerre a dirigées vers un but plus immédiat. Et qui sait si, dans la fraternité des tranchées, nos jeunes héros n'auront pas conquis un nombre appréciable de ces recrues d'élite dont nous aurons tant besoin pour reprendre, aussitôt la paix signée, la restauration de l'ordre social chrétien.

*
* *

Aborderai-je le terrain brûlant de la politique ? L'éviter serait une précaution dont la prudence paraîtrait, à juste titre, assez contestable. Car enfin, nous l'avons vu à maintes reprises, la jeunesse catholique n'a pas éludé ce problème. Et puisqu'elle ne l'a pas éludé, je ne vois pas pourquoi il serait interdit à l'historien de recueillir, ici comme ailleurs, la leçon des faits. Je constate donc — et comment cette constatation échapperait-elle aux regards des moins avertis? — je constate qu'en politique, l'attitude de la jeunesse catholique au XIX° siècle offre une variété, une diversité qui tranchent avec l'unité impressionnante de leurs orientations religieuses et sociales.

Si, usant d'un artifice familier aux littérateurs, nous convoquions à un conciliabule les représentants de chaque époque décrite au cours de notre enquête, que de voix contradictoires nous entendrions!

« Soyons royalistes, et soyons-le comme on l'était au temps de Louis XIV, diraient les fils spirituels du P. Ronsin : l'alliance du trône et de l'autel est imposée par la tradition française. » « Royalistes! Y pensez-vous, répliquerait Lamennais avec un sourire de pitié sarcastique. Ne voyez-vous pas que les peuples sont las de subir la domination des tyrans? Nous marchons à grands pas vers la démocratie et vers la République. Laissons les rois enterrer la monarchie et soyons républicains! » — « Républicains! protesteraient Lacordaire et Montalembert. Peut-il échapper à votre clairvoyance, ô maître, que les éléments sains du pays ne veulent pas entendre parler d'un régime qui jamais ne s'implantera dans le pays? Restons fidèles à la royauté, et demandons-lui seulement le respect de la charte : soyons des monarchistes constitutionnels. » — « Et puis, ajouterait gravement Ozanam, à quoi bon soulever d'inutiles querelles? République, Royauté, ce sont là disputes d'intellectuels. Il ne s'agit pas de cela. Oublions la politique, et tournons-nous vers l'ouvrier qui souffre et qui bouleversera n'importe quel régime si l'on n'écoute point sa plainte douloureuse et menaçante. » — « Tel n'est pas tout à fait mon avis, rectifierait Albert de Mun. Social, nul ne l'est plus que moi. Mais il ne m'est point évident que le « politique » et le « social » soient des notions aussi étrangères l'une à l'autre que vous le supposez. Pour moi, je fus royaliste ardent et je racontai les derniers jours du *Drapeau Blanc*. Mais la voix d'un grand Pape, ami des ouvriers, a retenti. Elle nous suggérait de mettre fin à nos discordes et de nous rallier au régime que la France démocratique s'est donné. Cette voix, je l'ai écoutée. J'ai refoulé les préférences de mon cœur, et loyalement j'ai accepté la République. » — « Sacrifice méritoire, déclareraient les sillonnistes. Mais comment voulez-vous que l'on considère sans méfiance, une adhésion qui a le tort d'être, en quelque sorte, forcée? Puisque la France est aujourd'hui républicaine, soyons républicains avec elle. Soyons-le sans regrets, spontanément et non pas sur commande. Après tout la République est un régime viable, un excellent régime. Et parce que nous l'aimons, nous ferons la République démocratique. » — « Illusion ! s'écrient les catholiques d'*Action française*. Le nationalisme intégral postule le roi. La France se meurt d'obéir aux suggestions d'en bas. Votre démocratie est un recul de la civilisation. Il faut mettre le pouvoir à l'abri de la démagogie. La France sera monarchique ou bien elle poursuivra infailliblement sa course aux abîmes. »

Qu'on ne me prête pas l'intention d'avoir voulu donner à ce rapide tableau la moindre tournure satirique. Je dis ce qui fut et ce qui est. Et les tenants de toutes ces opinions ont été et sont des catholiques. La conclusion ne semble-t-elle pas s'imposer ? Chercher l'entente sur un domaine où elle n'existe pas serait chose absolument vaine. Autant réaliser la quadrature du cercle. Laissons donc, suivant le conseil d'Ozanam, la politique, et soyons uniquement soucieux de respecter les opinions d'autrui.

Et sans doute la solution est sage. En général, il convient de s'y tenir. Et pourtant, surtout au lendemain de la guerre, l'intérêt même du catholicisme n'exigerait-il pas qu'à ce mutuel respect s'ajoutât l'accomplissement en commun d'un devoir positif ? Ce devoir, permettez-moi de l'appeler par son nom : c'est le devoir électoral. A quelque opinion qu'on appartienne, il y a une chose qu'on ne peut pas qu'on ne doit pas encouger : l'abstentionnisme, qui mettrait le pouvoir entre les mains des ennemis déclarés de l'Eglise. Songez que la désertion d'une poignée de bulletins de vote peut déchaîner sur le pays la ruée du sectarisme : y a-t-il, je le demande, une doctrine politique dont les exigences théoriques puissent l'emporter sur les exigences pratiques de ce fait brutal ?

Je n'en dis point davantage. Je me suis expliqué sur le reste en parlant du *Sillon*. Je tiens néanmoins à compléter ma pensée. Même dans le cas où la démocratie politique aurait cessé de plaire à la « majorité des Français » — et franchement je ne discerne pas les symptômes de ce revirement — il resterait encore une démocratie impérissable : celle qui consiste, pour un catholique, à aimer et à servir le peuple, de toute son âme, de tout son cœur ; et, cette forme de démocratie, elle est compatible avec tous les régimes.

***

Après avoir délimité le champ d'apostolat où l'action des jeunes entraînés par l'exemple des anciens continuera vraisemblablement à s'exercr, je voudrais attirer l'attention sur d'autres aspects du problème, ceux-là plus intérieurs et par cela même plus importants : qui veut la fin, veut les moyens.

Avant tout, signalons la nécessité d'une coordination à la fois plus solide et plus compréhensive des forces de la jeunesse catholique.

A parcourir, comme nous venons de le faire, l'histoire des jeunes au xixᵉ siècle, on est émerveillé par le nombre et la portée des mouvements qui ont surgi et se succèdent en vagues d'assaut ininterrompues. Mais on observe aussi l'absence fréquente de liaison entre les différentes unités de cette gigantesque armée, soit d'une époque à l'autre, soit au même instant de la durée. L'unique série de mouvements où se révèle l'homogénéité relative des efforts, est celle qu'inaugurèrent Maurice Maignen et Albert de Mun, et dont *l'Association catholique de la Jeunesse française* a été le splendide couronnement. Hors de là, les pièces ne se rajustent pas, ou elles se rajustent mal. La génération de 1830 rompt avec la génération de 1815. Les *Conférences de Saint-Vincent de Paul*, volontairement étrangères à la politique, évoluent en marge du mouvement libéral. A l'époque du catholicisme social, les initiatives se multiplient ; elles sont indépendantes, à peu près sans lien, et du reste elles entendent garder leur autonomie.

Loin de moi la pensée de juger avec une sévérité hâtive, ce grand déploiement de forces isolées et qui, au fond, tendaient toutes au même but par des voies différentes. Deux causes me paraissent expliquer fort naturellement cet état de dispersion. Il y a d'abord ce fait évident que la formule exacte de *tout* le bien à réaliser ne pouvait être inventée du premier coup. Si mobile est la face de ce xixe siècle, secoué par tant de révolutions, que seule une expérience prolongée devait affermir le sol où les tentatives nouvelles se rencontreraient et fusionneraient dans un idéal commun. Quand on mesure la distance parcourue depuis les débuts de la *Congrégation* jusqu'au plein épanouissement de l'*Association catholique de la jeunesse française*, on n'a pas de peine à deviner tout le travail de précision et d'affinement qui s'est opéré d'un bout à l'autre bout du siècle qui précède le nôtre. Or tout travail de précision implique nécessairement un travail de sélection. Beaucoup d'éléments —, idées, programmes, etc., — que l'on avait crus indispensables s'éliminent progressivement sous la poussée des circonstances. Les générations antérieures préparent l'éclosion des générations nouvelles, et celles-ci, à leur tour, prétendent au progrès. C'est la loi de la vie : elle s'est appliquée, en nos temps troublés, avec une rigueur qui n'a pas lieu de nous surprendre : la plupart de nos mouvements de jeunesse sont nés et se sont développés au gré du courant universel qui emportait une société elle-même en mal de mouvement perpétuel.

Et puis, en second lieu, il y a une autre loi non moins indiscutable que la première : je veux dire la spontanéité qui préside aux manifestations de la vie collective, et plus spécialement de la vie des jeunes. Organiser d'avance un cadre fixe auquel, coûte que coûte, devront se plier toutes les œuvres futures serait par trop candide. On n'empêchera jamais un groupe de se former en vue de tel ou tel résultat précis à atteindre. Aurait-on, par impossible, ce pouvoir, il y aurait présomption et maladresse à en user. Présomption : qui donc pourrait se targuer de prévoir tous les besoins, et de posséder toutes les ressources indispensables à leur apaisement ? Maladresse, car le plus sûr moyen de décourager les bonnes volontés est de décréter nul et non avenu tout effort qui oserait se produire en dehors des règles arrêtées une fois pour toutes. Demain, comme hier, n'en doutons pas, les initiatives particulières continueront d'éclore. Non seulement il ne faut pas les craindre : il faut les désirer. Elles seront toujours les bienvenues dans la grande famille de l'Eglise du Christ.

Cela dit, il reste que l'éparpillement des énergies est un mal. Peut-être conviendrait-il d'introduire ici une remarque. Quand on est jeune, on crée facilement le monde à son image, entendez qu'on est un peu porté à le rajeunir. On croit trouver des choses que personne n'avait jamais inventées. On se figure que l'histoire date du jour où l'on s'est éveillé soi-même à la vie, ou bien l'on se flatte de reconstruire, à frais nouveaux, ce que les aînés n'avaient qu'imparfaitement ébauché. Tentation subtile ou, si l'on préfère, geste inconscient dont les suites peuvent être regrettables. Admettons qu'une idée, excellente en soi, se prête à de sensibles améliorations. Est-ce un motif suffisant pour ignorer les réalisations mêmes embryonnaires dont elle a pu être l'objet dans le passé? Est-ce une raison, surtout, pour ne pas s'enquérir si d'aventure, elle n'aurait pas, à l'heure où on la « retrouve » des promoteurs zélés, avertis, et capables de mettre à son service une légion d'ouvriers déjà formés? Et dans ce cas, au lieu de se livrer aux aléas des recommencements perpétuels, ne serait-il pas préférable de se tendre la main pour une action concertée? L'apostolat catholique n'a jamais eu de pire ennemi que le particularisme des œuvres. Nos adversaires le savent mieux que nous. Ils en sont tellement convaincus qu'à la moindre velléité d'organisation vraiment collective de notre part, ils s'émeuvent, protestent, et dénoncent le péril de l'invasion cléricale.

D'autre part, il est certain que les jeunes, après cent années d'essais en tous sens et en toutes directions, savent, ou peuvent savoir exactement ce qu'ils veulent, et que, par conséquent, ils sont en mesure d'arrêter, au moins dans ses grandes lignes, le plan de la restauration religieuse, morale, sociale, économique de notre pays. Le temps n'est plus où la tyrannie des circonstances les obligeait, pour ainsi parler, à courir aux tâches les plus urgentes, et à improviser sur place leurs méthodes d'action. Ils ont à leur actif un magnifique héritage de pensées et d'exemples. Ils ont mieux encore. Ils ont, près d'eux, de vastes groupements, solidement charpentés, et qui ne demandent qu'à dilater davantage encore leurs rangs et à les ouvrir largement aux recrues d'élite. A quoi bon, si l'accord existe en principe, juxtaposer indéfiniment des groupes dispersés et qui, par définition, convergent vers les mêmes fins?

A supposer — et la supposition est tout à fait légitime — que la loi de spontanéité exige le maintien d'une foule de groupes indépendants et autonomes, serait-il donc chimérique d'entrevoir et de désirer la coordination de ces essaims divers, de telle sorte qu'à un moment donné, tous accepteraient le même mot d'ordre, et, comme nous disions à propos de l'*Association catholique de la jeunesse française*, se porteraient, d'un seul élan, sur le point désigné à leur activité commune ? D'où partirait ce mot d'ordre ? Il ne m'appartient pas de résoudre ce délicat problème. Mais on ne peut s'empêcher de songer à la prodigieuse influence qu'exercerait demain notre jeunesse catholique si toutes les fractions disséminées qui la constituent consentaient, ne fut-ce que pour un certain laps de temps, à concentrer et à mobiliser leurs troupes en vue d'atteindre un objectif déterminé. Prenons un exemple. Il s'agit d'obtenir le respect du repos dominical par la fermeture des magasins. Il existe, à cet effet, une *Ligue sociale d'acheteurs*. Imaginez que plusieurs centaines de milliers de jeunes gens se mettent en campagne, simultanément, pour appuyer, par des meetings, des tracts et par l'action directe dans les familles, dans les associations professionnelles, partout en un mot où ils ont accès, les justes revendications de cette ligue. Qui peut douter de l'efficacité d'une semblable levée en masse ? Je choisis ce cas entre mille et l'on en pourrait citer d'autres, empruntés au domaine de l'activité proprement religieuse, ou sociale, voire même politique (propagande électorale, surveillance des scrutins, etc.). Il ne faut point se lasser de rappeler aux catholiques de France la formidable puissance dont ils disposeraient par l'association. Cette puissance, encore faut-il savoir l'utiliser, et comment l'utiliserait-on, sinon par une entente préalable, et par le consentement de tous à un programme commun. Nous laisserons à la générosité des jeunes et à la sagesse de leurs directeurs le soin d'en décider. L'Union fait la force, et il n'y a rien de plus beau, rien de plus humain, rien de plus chrétien que la force gouvernée et dirigée par le droit.

*****

Avec l'union, la jeunesse d'hier conseillerait encore, je le crois, à la jeunesse d'aujourd'hui et de demain, d'acquérir une solide formation doctrinale. Certes, je me garderai bien de généraliser, et il est juste de rendre hommage à la prévoyance de ces nombreux groupes de jeunes qui assignent à l'étude une place d'honneur dans leur programme. Je me borne à constater un fait : c'est que, au XIX° siècle, l'action catholique a été, plus d'une fois, paralysée par l'insuffisance intellectuelle de ceux qui la dirigeaient. Le mouvement de l'*Avenir* échoua parce que Lamennais, théologien improvisé, ignorait profondément la tradition doctrinale de l'Eglise. Le *Sillon* échoua, faute d'une doctrine précise ». De 1830 à 1848, l'absence d'une doctrine sociale empêcha les catholiques de prendre position vis-à-vis du socialisme envahissant. Le mouvement des *Cercles catholiques* n'eut de vraie consistance que du jour où la Revue de l'*Association catholique* s'assigna la tâche méritoire de définir ses principes. C'est le besoin d'une doctrine qui provoqua l'apparition des *Semaines sociales*. Chez certains précurseurs de la génération actuelle, il a bien fallu aussi, parfois, dénoncer l'absence de cette fermeté de doctrine que ne pouvait dissimuler la prestigieuse beauté des formes littéraires. De ce fait, ou plutôt de cet ensemble de faits, chacun peut, avec impartialité, tirer la conclusion : il n'y a pas d'action durable qui ne soit fondée sur le roc immuable de la doctrine catholique. Du reste, les jeunes d'aujourd'hui l'ont admirablement compris. Et l'on est heureux de rapporter ici le témoignage que leur rendent Henri Massis et Alfred de Tarde dans leur enquête : « Certains jeunes gens se passionnent pour la théologie et l'étude du dogme : ils veulent *savoir* leur religion... et déjà l'on signale un retour à l'intellectualisme thomiste, à la théologie traditionnelle ». Souhaitons que cette passion des fortes et saines doctrines se répande parmi nous. Ni la foi du « charbonnier », ni la foi « sentimentale » ne sauraient remplacer la connaissance sérieuse du dogme et de la morale, si la vie intérieure est essentiellement la communion aux réalités éternelles, et si l'action chrétienne n'est en dernière analyse que le rayonnement, à travers le monde, de la révélation chrétienne.

Notre travail est terminé, et je ne veux point dire par là qu'il soit achevé ni surtout parfait.

Peut-être éprouverez-vous avec moi un sentiment de regret à refermer le livre que nous venons de parcourir en hâte, et où s'inscrit, en caractères étincelants, l'histoire des jeunes au XIXe siècle.

Il est si réconfortant et si doux de vivre, même par le simple souvenir, avec ceux dont la pureté et la noblesse d'âme symbolisèrent toujours l'espérance des jours meilleurs !

Eh bien non, ce livre nous ne le refermons pas. L'histoire continue, mais c'est là-bas, dans la tranchée, que s'écrit la page immortelle dont le passé ne fut que la prophétie.

Le XIXe siècle est fini. Le XXe commence. Il sera glorieux et fécond, puisqu'il fut ensemencé dans le sang de nos héros.

Et la jeunesse y occupera une place plus grande encore qu'autrefois, puisque, par son sacrifice, elle aura sauvé l'honneur français et mérité la paix du monde.

De vos demeures éternelles, ô vous qui êtes tombés sur les champs de la Marne, de l'Yser et de Verdun, vous serez encore nos guides et nos sauveurs.

Et vous qui nous reviendrez bientôt, trempés, mûris par la formidable lutte, avec un respect infini nous nous pencherons sur vos âmes, et nous écouterons ce que, dans la retraite de vos jours périlleux, le Christ et la France vous auront inspiré pour nous apprendre à rester dignes de vous !

FIN

NOTES BIBLIOGRAPHIQUES

CHAPITRE II

L'histoire de la *Congrégation* a été écrite par M. Geoffroy de Grandmaison, président de la *Société Bibliographique*. Voici le titre de cet ouvrage, auquel nous avons emprunté beaucoup de renseignements précis et peu connus avant sa publication. *La Congrégation* (1801-1830), préface de M. le comte Albert de Mun, volume in-8° de XXIV-419 pp. 2e édition (1890), Paris, Plon, 1890.

On peut également consulter, sur cette période, outre les histoires générales, les deux volumes du vicomte de Guichen, ancien premier secrétaire d'ambassade : a) *La France morale et religieuse au début de la Restauration*, vol. in-12, 311 pp., 2e éd. 1911. — b) *La France morale et religieuse à la fin de la Restauration*, vol. in-12, 347 pp., 1912, Paris, Emile-Paul.

CHAPITRE III

On consultera avec fruit, sur le mouvement libéral catholique :

Paul Thureau-Dangin, de l'Académie Française: *L'Eglise et l'Etat sous la monarchie de Juillet*, vol. in-18, 497 pp., Paris, Plon, 1880. — Du même auteur : *Histoire de la monarchie de Juillet*, sept vol. in-8°, Paris, Plon.

Références particulières :

p. 73. « *Le duc...* » V. Bucaille, *Quelques années de la jeunesse de Montalembert*, Paris Gabalda, 1911, p. 47.

ibid. « *Il nous faut efforcer...* » *ibid*, p. 99.

p. 74. « *Rien ne me semble...* » Lettre de Lacordaire à Henri Lorain, 22 février 1824.

p. 75. « *Je ne crois pas qu'il n'y ai jamais eu...* » Cité par Boutard. Lamennais. T. I, p. 366 (Paris, Perrin).

p. 77. « *L'essentiel serait de montrer...* » *ibid*. T. I, p. 349.

p. 77. « *Nous demandons, pour l'Eglise catholique...* » *ibid.*
   T. II, p. 28.
ibid. « *Elevez, au-dessus des ruines...* » *ibid.* T. II, p. 38.
p. 78. « *Lorsque les croyances...* » *ibid.* T. II, p. 38-39.
p. 81. « *La société politique...* » *ibid.* T. II, p. 202.
p. 85. « *Peut-être* [*les catholiques*] *se seraient-ils montrés...* »
   ibid. T. II, p. 168.

CHAPITRE IV

Sur Ozanam et les origines des Conférences de Saint-
Vincent de Paul, voir, dans *Ozanam, Livre du centenaire*
(gr. in-8°, de xv-480 pp. Paris, Béauchesne 1913), les
études de *M. Georges Goyau* (Ozanam collégien, Ozanam
étudiant, son apostotat intellectuel); de *M. de Lanzac
de Laborie* (le fondateur de la Société de Saint-Vincent
de Paul); de *M. Eugène Duthoit* (La pensée sociale de
Frédéric Ozanam). — *M. Henri Joly. Ozanam et ses continuateurs,* vol. in-12. de ix-235 pp., Paris, Lecoffre, 1913,.
I. Le Centenaire de Frédéric Ozanam.

Références particulières :

p. 97. « *Combien, songeait-il, je désirerais...* » Cf. Ozanam,
   Livre du centenaire, p. 42.
ibid. « *Chaque fois qu'un professeur...* » Cf. *ibid,* p. 46.
p. 98. « *Parce que Dieu et l'éducation...* Cf. *ibid.,* p. 101.
ibid. «*Quelquefois, lorsque l'air était plus pur...* » Cf. *ibid.,*
   p. 70.
p. 100. « *Vous avez raison, si...* » Cf., *ibid.,* p. 345.
p. 102. « *Le lien le plus fort...* » *ibid.,* p. 104.
p. 105. « *Rien, dit-il, n'est plus honorable...* » *ibid.* p. 136.
p. 106. « *J'ai vu réunis dans l'amphithéâtre...* » Cf. Rouzic,
   op. cit., p. 173.
p. 109. « *Je voudrais...* » Cf., H. Joly, *op. cit.,* p. 15.
ibid. La question qui divise les hommes... » Cf., *ibid.,* p. 17.
p. 101. « *En disant passons aux barbares...* » Cf, *ibid.,* p. 23.
ibid. « *Derrière la révolution politique...* Cf., *ibid.,* p. 350.
p. 111. « *Entre ces deux armées...* » Cf., H. Joly, *op. cit.,*
   p. 17.

p. 111. « *Il m'est évident...* » Cf.; Ozanam, *Livre du centenaire,* p. 124.

p. 115. « *On ne peut toucher à ces problèmes...* » *ibid.,* p. 350.

p. 116. » *Nous autres, disait-il encore...* » *ibid.,* p. 356.

p. 117. « *Il nous est ouvert une voie préparatoire...* », *ibid.*
ibid. « *Notre pensée est de commencer...* » *ibid.,* p. 368.

p. 118. « *Oui, mon ami, écrit en 1835...* », *ibid.,* p. 355-356.

p. 121. « *Quand on réunit dans son esprit...* » Cité par l'abbé
Ch. Calippe dans *L'attitude Sociale des Catholiques français au XIXe siècle,* Paris, Bloud, p. 13.

p, 122. « *On dira souvent,..* » Cf., Ozanam, *Livre du centenaire,* p. 141.

CHAPITRE V

L'essentiel de l'histoire du mouvement esquissé dans ce
chapitre se trouve dans les ouvrages suivants :

Victor de Marolles. *Maurice Maignen, Les œuvres ouvrières,* vol. de xi-236 pp., Paris, Desclée, 1895.

Comte Albert de Mun. *Ma vocation sociale,* souvenirs de
la fondation de l'Œuvre des Cercles catholiques ouvriers
(1871-1875), vol. in-12, 254 pp., 5e édit., Paris. Lethielleux, 1908.

Comte de Roquefeuil. *L'Histoire de l'œuvre des Cercles.*
Publications de l'Action populaire de Reims. Brochures
jaunes, nº 242.

L. Rouzic. *La Jeunesse catholique française au XIXe siècle,*
ch. vii, les Cercles catholiques d'ouvriers. Paris, Beauchesne 1908.

Références particulières :

p. 137. « *L'enfance ouvrière, écrivait-il plus tard...* » Cf.,
de Marolles, *Maurice Maignen,* p. 55.

p. 141. *Qu'avait-elle fait cette société légale...* » C. de Mun,
Ma vocation sociale, p. 29.

p. 142. « *nous étions debout près de la fenêtre...* » *ibid.,*
p. 63.

p. 143. « *La Révolution, y lisait-on...* » Voir le texte intégral, *ibid.,* pp. 72-74.

p. 148. « *La préoccupation de créer des corporations...* »
Cf., de Roquefeuil. *L'Histoire de l'œuvre des Cercles,*
p. 16.

p. 150. *En une matière de si grave conséquence...* » Cité par
de Marolles, *op. laud.*, p. 156.

p. 152. *Notre œuvre, disait-il, par sa nature militante...* »
Cité par Rouzic, *La Jeunesse Catholique française*, p. 344.

p. 154. *De Mun revint à Paris...* Lire le récit des origines
de l'A. C. J. F. dans Reverdy, *Les Jeunes d'aujourd'hui,*
p. 1 à 5.

CHAPITRE VI

Sur le catholicisme social en général, on peut consulter :

Max Turmann. *Le développement du catholicisme social*
depuis l'Encyclique *Rerum novarum*, vol. in-8° de iv-380 pp.
Bibliothèque générale des sciences sociales, Paris, Alcan,
2ᵉ édition, 1909.

Léon Grégoire (George Goyau). *Le Pape, les catholiques
et la question sociale*, vol. in-12, de x-394 pp., Paris, Perrin,
4ᵉ édition, 1917.

Sur l'histoire et le développement de l'*Association catholique de la Jeunesse française* : *Congrès national de Paris,*
21, 22, 23 mai 1911, Fêtes des noces d'argent de l'A. C. J.F.
Compte rendu *in extenso*. Aux bureaux de l'A. C. J. F.,
14 rue d'Assas.

Henry Reverdy. *Les Jeunes d'Aujourd'hui*, Paris, 1912.
Publications de la Société de bibliographie, n° 3, brochure
de 32 pages.

Henri Jarry. *L'Association catholique de la Jeunesse
française*, Histoire, Principes, Organisation, brochure de
16 pages. Paris, 14, rue d'Assas.

L. Rouzic. *La Jeunesse catholique française au XIXᵉ siècle,*
ch. VIII.

Sur les Syndicats d'employés et d'ouvriers:

Pour l'âme populaire. Article paru dans *la Croix* du
16 décembre 1910 (Gaston Tessier).

Petites causes, grands effets, miettes d'histoire syndicale,
brochure de 20 pp. publiée par le Syndicat.

Charles Viennet. *Les applications de l'Idée syndicale chrétienne*, brochure de 62 pp. publiée par le Syndicat.

Charles Viennet. *Le Syndicat des Employés du Commerce et de l'Industrie*, brochure jaune de l'Action populaire de Reims, n° 282.

Sur la Chronique du Sud-Est et les origines de la Semaine sociale

M. Gonin. *La fédération régionale des Groupes d'Etudes du Sud-Est* (dans *Jeunes gens de France*, vol. in-12, de 366 pp.) Paris, Gabalda.

M. Remy. *Un secrétariat d'action sociale*, brochure jaune de l'Action populaire, n° 66.

Georges Goyau. *Seize ans d'histoire et d'idéal*. La Chronique du Sud-Est et les Semaines Sociales. Dans la 4ᵉ série de *Autour du catholicisme social*, pp. 122 et sqq.

Références particulières :

p. 161. « *Très Saint Père...* » Cf. Max Turmann, *le Catholicisme social*, pp. 187-188.

p. 163. « *Le catholicisme social, c'est le christianisme logique...* » Goyau. *Autour du catholicisme social*, IIᵉ série, p. 4.

p. 164. « *Si l'on parle aujourd'hui...* » Cf. *ibid*, p. VII.

p. 169. « *Nous-même, si nous avons adressé...* » Cf. Max Turmann, *op. cit.*, p. 196.

p. 170. « *Restaurer la société par...* » *ibid.*, p. 195.

p. 173. « *Vienne une divergence de vues...* » Georges Piot, *Association catholique*, 15 mars 1903.

p. 175. « *Démocratisation de l'œuvre...* » *ibid.*

p. 176. « *Les différences d'origine...* » A. C. J. F. Historique, organisation, résultat. Publications du Comité général, n° 1, p. 11.

p. 178. *Un rapport de M. Goyau...* Lire ce rapport dans *Autour du catholicisme social*. 2ᵉ série, p. 286 et sqq.

p. 182. « *Ils ont une préférence marquée...* » de Gailhard-Bancel et *Congrès National* 1911, pp. 102-103.

p. 186. *Par son enseignement professionnel.* Cf. Ch. Viennet. *Les applications de l'Idée syndicale chrétienne*, pp. 5 et sqq.

p. 187. « *La corporation au-delà des individus...* » *ibid.*, **p. 7.**

p. 188. « *Le premier et pressant devoir...* » Textes cités par Goyau, *op. laud.*, 4° série, pp. 121, 125, 126.

p. 191. « *Le caractère de la semaine sociale.* » Cité par Turmann, *op. laud.*, pp. 329-330.

CHAPITRE VII

p. 195. « Plaise à Dieu... » Marc Sangnier. *Le Sillon, esprit et méthodes*, p. 6.

p. 196. « *Le Sillon est une vie...* » *ibid.*, p. 5.

p. 202. « *Les citoyens d'une démocratie doivent avoir...* » Louis Cousin. *Vie et doctrine du Sillon*, p. 191.

p. 203. « *... c'est à vous que ce peuple...* » Cf. M. Turmann. *Le catholicisme social*, *op. cit.*, pp. 192-193.

p. 205. « *De là aux événements de l'heure présente...* » *ibid.*, p. 190.

p. 206. « *Nous ne faisons nullement difficulté...* Marc Sangnier. Le Sillon, esprit et méthodes, p. 28, n. 1.

p. 209. « *Quand nous disons que la Démocratie....* » Louis Cousin. *Vie et doctrine du Sillon*, p. 176.

ibid. « *Si nous répétons volontiers...* » *id.*, *ibid.*

p. 210. « *la caricature...* » Marc Sangnier, *op. cit.*, p. 28, n. 1.

ibid. *Prodigieux effets de l'amitié...* » Léonard Constant, *Henry du Roure*, Paris, Bloud, pp. 22-24.

p. 212. « *Les Sillonnistes ne peuvent s'empêcher de sourire...* » Louis Cousin, *op. cit.*, p. 86.

p. 213. « *Le Sillon, groupe des âmes...* » *id. ibid.*, p. 80.

ibid. « *On a pu dire...* » *id. ibid.*, p. 71.

ibid. « *Sans le savoir...* » *id. ibid.*, p. 73.

ibid. « *... on aurait beau réunir...* » *id.*, *ibid.* p. 91.

p. 214. « *... puisque l'élection...* » *id. ibid.*, p. 82.

ibid. « *Il n'y a qu'un seul Sillon...* » *id. ibid.*

ibid. « *... il incarne le plus puissamment...* » *id. ibid.*, p. 89.

p. 217. « *Au point de vue politique...* » Marc Sangnier. *L'Idéalisme républicain. Discours*, 1906-1909, Paris, Bloud, p. 422.

p. 218. « *Le Sillon est tout simplement...* » Louis Cousin, *op. cit.*, p. 40.

ibid. « *n'oublions pas de déclarer...* » *id. ibid.*, p. 41.

p. 219. « *L'unanimité ne se conserve chez nous...* » *id. ibid*, p. 87.

ibid. « *... Je ne vois pas comment...* » Marc Sangnier. *Armée et Patrie*, p. 13.

p. 221. « *ont tellement l'habitude...* » Marc Sangnier. *Le plus grand Sillon*, p. 89.

ibid. « *... vraiment professeurs de morale...* » Pie X. *Lettre sur le* Sillon.

p. 222. « *... il y a erreur et danger...* » Pie X. *Lettre sur le* Sillon.

p. 223. « *... par leur activité et leur cœur...* » Pie X. *Lettre sur le* Sillon.

p. 225. « Quoi qu'il advienne... » Marc Sangnier. Le Sillon. *Esprit et méthodes*, p. 88.

CHAPITRE VIII

p. 230. « *N'enseignez à ces filles...* » Cité par Taine dans *l'Histoire de la littérature anglaise*, t. V, p. 54 (1890).

p. 232. « *Le siècle avait manqué son œuvre...* » P. Bourget. *Essais de psychologie contemporaine*. Ed. définitive, t. I. p. 222.

p. 233. « *L'état du monde entier...* » Cf. G. Fonsegrive. *L'Evolution des idées dans la France contemporaine*, Paris, Bloud, 1917, p. 20.

p. 234. « *... l'axiome éternel...* » L'expression est de Taine.

ibid. « *... la forme du nez de Cléopâtre...* » Cf. G. Fonsegrive, *op. cit.*, p. 20.

ibid. « *Au lieu de cette philosophie...* » Cf., *ibid.*, p. 19.

ibid. « *Qui sait si en possession...* » Cf. G. Séailles, *Ernest Renan*, p. 204. Paris, Perrin 1895.

p. 235. « *Un enfant...* » Cf. Fonsegrive, *op. cit.*, p. 20.

ibid. « *Elle approche enfin...* » Cité par Fonsegrive, *ibid.*, p. 26.

p. 238. « *Le meilleur fruit de la science...* » Cité par Bourget, *op. laud.*, p. 242.

p. 238. « *Si tout dans notre personne...* » *ibid.*, p. 243.

p. 241. « *... à exploiter les incertitudes...* » *ibid*, p. 56-57.

p. 243. « *... que la défaite n'avait pas été...* » P. Bourget. Préface aux *Pages choisies* de Melchior de Vogüé.

ibid. Il arrivera même. Cf. Agathon. *Les jeunes gens d'aujourd'hui.* 9ᵉ édition, pp. 23 et suiv.

p. 244. « *L'ennui baille sur ce monde...* » *ibid.*, pp. 4-5.

p. 246. Une anglaise convertie... Miss Baker. Cf. Th. Mainage. *L'Heure des âmes*, p. 109.

p. 247. « *... Mais les jugements qu'il importe...* » Victor Giraud. Un demi-siècle de pensée française. *Revue des Deux-Mondes*, 1ᵉʳ mars 1918, p. 105.

p. 248. « *... l'âme aussi est dans la nature...* » *ibid.*, p. 106.

ibid. « *Pour résumer nos idées sur ce que...* » E.-M. de Vogüé. *Le Roman russe*, 9ᵉ édition, avant-propos, p. XXV.

p. 249. « *tournant d'histoire* » Cf. Agathon, *op. cit.*, p. 13. V. Giraud, les *Maitres de l'Heure*, t. 1. 3ᵉ édit. p. 277 et suiv.

ibid. « *Je ne conclus qu'une chose...* » Cf., *ibid.*, p. 282.

p. 250. « *... eût le droit de se désintéresser...* » *id.*, *ibid.*

p. 251. « *... le guide incontesté...* » George Sorel, cité par V. Giraud, *op. laud.*, p. 100.

p. 252. C'était le temps où Léon XIII, *ibid.*, p. 95.

ibid. « *... en dehors de l'idée religieuse...* » *ibid.*, p. 104.

p. 253. « *... j'ai cherché un point d'appui...* » cité par V. Giraud, *ibid.*, p. 105.

p. 255. « *Il n'y a pas de doctrine plus débilitante...* » G. Fonsegrive, *op., cit.*, p. 148.

CHAPITRE IX

p. 258. « *... ouvrant toutes grandes les portes...* » Fonsegrive. *Evolution des idées...*, p. 337.

p. 262. « *La mystique d'un parti...* » D'après Lauroc, *Le Renouveau catholique dans les Lettres*, p. 13.

ibid. « *... carré d'épaules...* » D'après Lotte, *Bulletin des Professeurs catholiques de l'Université*, 1894.

p. 263. « *Trente ans nous avons été trahis...* » Cité par Massis dans *Le Sacrifice*, Paris, Plon, p. 23.

p. 264. « *Puisque à notre corps défendant...* » *ibid.*, p. 28.

p. 265. « *... une France menacée du dehors...* » *Les Témoins du Renouveau catholique*, p. 108.

ibid. « *A cette époque un frisson...* » Agathon. *Les jeunes gens d'aujourd'hui*, p. 29-30.

p. 266. « *L'existence que nous menons...* » *ibid.*, p. 32.

ibid. « *Il ne faut désespérer.* » Massis, *op. cit*, p. 27.

p. 267. « *Le débat, dit-il, n'est pas...* » *ibid.* p. 38.

p. 268. « *Cette fécondité antérieure...* » *ibid.* p. 34.

ibid. « *Une dignité, une fierté...* » Péguy. *L'Argent*, pp. 18-19.

p. 269. « *Le monde moderne avilit...* » Cf. Massis, *op. cit.*, p. 37.

ibid. « *... poursuivi par d'étranges remords...* » Cf. Laurec, *op. cit.* p. 209.

ibid. « *Où trouver une raison d'être...* » Cf. Laurec, *ibid.* p. 210.

p. 270. « *Ils ont horreur du dérèglement...* » Agathon, *op. cit.*, pp. 61-63.

p. 271. « *Les treize ou quatorze siècles...* » Cité par Laurec, *op. laud.*, p. 19.

ibid. « *La renommée aux cent bouches...* » P. Pacary. *Joseph Lotte*, Préface, pp. xiv-xv.

p. 273. « *Chaque année, raconte Lotte...* » Lotte, *Bulletin...*, 23 mai 1911.

p. 274. « *Nous tenons depuis vings ans...* » Cité par Laurec, *op. laud.*, p. 18.

p. 275. « *La réalité religieuse...* » G. Agathon, *op. cit.* pp. 91-92.

p. 276. « *Certes, disait-il, l'âme inquiète...* » Cité par Laurec, *op. laud.*, p. 224.

p. 277. « *Je fus profondément attristé...* » *Les Témoins du Renouveau catholique*, p. 183.

ibid. « *Le catholicisme est la forme...* » Agathon, *op. cit.* p. 87.

p. 280. « *Quand à suivre notre ami...* » P. Pacary. *Joseph Lotte.*

p. 281. « *Nous croyons premièrement...* » P. Pacary. *Joseph Lotte.*

p. 283. « *Pour nous, écrit Péguy...* » Cité par Laurec, *op. laud.*, p. 70.

ibid. « *Donnez-nous aujourd'hui...* » Francis Jammes. *Géorgiques chrétiennes,* chant I.

p. 284. « *Soyez béni, mon Dieu...* » Paul Claudel. *Cinq grandes Odes,* pp. 85 et svv.

p. 285. « *Heureux ceux qui sont morts...* » Ch. Péguy. *Eve.*

p. 286. « *Aujourd'hui, écrit Vallery-Radot...* » Cf. Agathon, *op. cit.* p. 204.

TABLE DES MATIÈRES

Imprimé par Desclée, De Brouwer et Cie, Paris-Lille-Bruges.

www.ingramcontent.com/pod-product-compliance
Lightning Source LLC
LaVergne TN
LVHW020608060726
842526LV00003B/648

9 782019 954079